Franz Maurer

Die Nikobaren - Colonial-Geschichte und Beschreibung

Franz Maurer

Die Nikobaren - Colonial-Geschichte und Beschreibung

ISBN/EAN: 9783743414556

Hergestellt in Europa, USA, Kanada, Australien, Japan

Cover: Foto ©ninafisch / pixelio.de

Manufactured and distributed by brebook publishing software (www.brebook.com)

Franz Maurer

Die Nikobaren - Colonial-Geschichte und Beschreibung

DIE NIKOBAREN.

Colonial-Geschichte und Beschreibung

nebst

motivirtem Vorschlage

zur

Colonisation dieser Inseln

durch

Preussen.

Von

Franz Maurer.

Mit 4 Karten.

BERLIN.

Carl Heymann's Verlag

(A. E. Wagner).

1867.

Inhalts-Verzeichniss.

Einleitung.

Als ich im Jahre 1851 das ungemein reichhaltige ethnographische Museum zu Kopenhagen besuchte, fielen mir in einem Schranke, der die Nummer 48 trug, eine Anzahl dänischer Amtsstöcke auf, deren silberbeschlagene Knöpfe die Namenszüge der Könige Christian VII., Friedrich VI. und Christian VIII. trugen. Anfangs glaubte ich, es läge hier ein komisches Versehen vor, denn die betreffende Abtheilung enthielt nur Sachen von den Nikobaren-Inseln und zwar vorwiegend solche, denen man auf den ersten Blick ansah, dass sie von einem noch sehr niedrig stehenden Menschenschlage angefertigt oder benutzt worden waren. Während ich mir noch über das wunderliche Hineingerathen der Amtsstöcke in diese Gesellschaft Gedanken machte, trat der leutselige und überall gegenwärtige Director des Museums, der nunmehr verstorbene Conferenzrath Thomsen, an mich heran und erklärte mir unaufgefordert, wie das so seine liebreiche Art war, den Inhalt des Schrankes und die Geschichte jener Stöcke. Diese waren den Häuptlingen der Wilden zu verschiedenen Zeiten von den Dänen übergeben und von diesen mit grösster Sorgfalt bis in die neueste Zeit aufgehoben worden, worauf dann im Jahre 1848 der Commandeur der dänischen Corvette „Valkyrien" diese Amtsstöcke, die dänischen Flaggen und andere Zeichen der dänischen Oberhoheit über die Nikobaren-Inseln beim definitiven Aufgeben der Colonie den Eingeborenen abgenommen und nach Kopenhagen zurückgebracht hatte.

Von Natur etwas leicht erregbar und national-habgierig, schoss mir nach dieser Erklärung sofort folgender Gedankenlauf durch meinen jungen Kopf: „Was müssen das für Wilde sein, die in solcher Weise die Andenken europäischer Oberherren aufbewahren? Und diese bildsamen, rohen Menschen sind nebst ihrem Lande jetzt wieder von Europäern zu erwerben? Könnte da nicht Preussen mit Hülfe seiner in der Gründung begriffenen Marine durch Besitznahme von den Nikobaren den Anfang einer colonialen Carrière machen?"

So ist der Mensch. Damals lastete auf uns nationale Schmach, wie selten vorher: die Tage von Olmütz und Dresden lagen kaum hinter uns, und ein winziger Gegner, Dänemark, auf dessen Gebiet ich mich befand, triumphirte über uns, und dieses selbigen Dänemarks Besitznachfolger auf den Nikobaren zu werden, wünschte ich sogar in jenem Augenblicke meinem Vaterlande. Zu meiner Entschuldigung sei darauf hingewiesen, dass ich damals noch nicht das zwanzigste Jahr erreicht hatte und von einer nationalen Schwärmerei beseelt war, die an Ueberspanntheit gegrenzt hätte, wenn mir nicht zugleich die nächsten Mittel zur Wiederherbeiführung der entschwundenen deutschen Herrlichkeit mit einseitiger Klarheit vorgeschwebt hätten, nämlich Schaffung einer starken Kriegsflotte, Gründung überseeischer Colonien und dann, mit Hülfe des wiedergehobenen Nationalbewusstseins, des wiedergewonnenen Ansehens und der maritimen Macht Preussens, die Befreiung Schleswig-Holsteins dem ganzen Europa zum Trotz. Ausserdem war ich entschlossen, für die Verwirklichung dieser meiner Wünsche zu wirken, so weit sich für mich dazu Gelegenheit fand — und diese hat sich gefunden, mehr als ich damals zu hoffen wagte. — Nur für die drei genannten zunächst gesteckten Ziele hielt ich also Sinn und Auge offen, für alles andere blieb ich so gut wie todt und freue mich jetzt über die einseitige Richtung, welche ich meistens bei meiner schriftstellerischen Thätigkeit verfolgt habe. Schleswig-Holstein ist unser; ob es ohne die Mitwirkung der jungen preussischen und östreichischen Marine gelungen wäre, das Land von Dänemark loszureissen, bleibt zu bezweifeln, aber so gewiss wie es ist, dass die Befreiung Schleswig-Holsteins der erste Anlass zu der jetzt erfolgten Wiederaufrichtung Deutschlands war, eben so gewiss ist es andererseits, dass eine starke deutsche Kriegsflotte unter gemeinsamer Flagge, und überseeische Colonien Preussens, die allen Deutschen geöffnet sein müssten, ein nicht zu unterschätzendes Einigungsband für die Deutschen bilden werden, ja Colonien hätten schon für Preussen in Deutschland geworben, wenn Preussen solche seit 10 Jahren besessen hätte, und zwar würden dann nicht blos materielle Interessen, sondern auch edlere Motive mitgesprochen haben — Colonien hätten für uns „moralische" Eroberungen gemacht! Den Anfang zu einer starken Kriegsflotte haben wir, überseeische Colonien, die Stützpunkte und Nerven für Kriegs- und Handelsflotten, fehlen uns in diesem Augenblicke noch, wenigstens so weit wir wissen — denn die Besitzergreifung vom nicht chinesischen Theile Formosa's und die Annahme der dargebotenen Oberherrlichkeit über den Sulu-Archipel kann, während diese Zeilen geschrieben werden, erfolgt sein — aber in der deutschen Reichsverfassung und im deutschen Reichstage ist regierungsseitig der feste Wille ausgesprochen worden, überseeische Marinestationen, aus denen sich Colonien entwickeln sollen, anzulegen. Die Erfüllung des heissen Wunsches so manches deutschen Patrioten ist also nur noch eine Frage der Zeit.

Was die Nikobaren betrifft, auf welche sich zur Zeit

deutscher Machtlosigkeit mein Sinnen gerichtet hatte, so that ich letzteres, weil mir diese Inseln Angesichts unseres Mangels an Ansehen am besten zur Besitznahme geeignet schienen, indem ich annahm, dass keine einzige Grossmacht einen — damals sofort lähmenden — Protest gegen diese Erwerbung erheben würde, weil diese 40 Quadratmeilen im Bengalischen Meerbusen für alle Welt unnütz, für den Besitzer sogar gefährlich schienen, denn die im See- und Colonialwesen gewiss nicht jungen Dänen hatten sich ja an ihnen schon oft die Finger verbrannt, und da war zu hoffen, man würde ein Gleiches von Preussen erwarten, „welches sich dann ein für allemal eine heilsame Lehre daraus nehmen und vom weiteren Beschreiten des Colonialweges abhalten lassen würde." Ich hoffte aber mit dem Fanatismus der Jugend, dass deutsche Colonisten auf den Nikobaren trotz alledem gedeihen und Preussen, einmal auf colonialer Bahn, zum Weitergehen gezwungen werden würde.

Meine damaligen Motive sind jetzt hinfällig. Preussen oder Norddeutschland — was dasselbe sagen will — ist eine Macht ersten Ranges, ja im Bunde mit Süddeutschland die furchtbarste Macht Europas. Jetzt können wir unter den noch herrenlosen überseeischen Ländern auswählen, was uns beliebt, nicht, was man uns gestattet. Die Nikobaren haben jetzt für uns eine andere — mir damals nicht bekannte — Bedeutung: sie würden der Horst und Angelpunkt unserer maritimen Streitkräfte in den asiatischen Gewässern sein, der Herd, von denen aus sich die deutschen colonialen Bestrebungen strahlenartig nach allen Seiten hin, nach Ostafrika, Hinterindien, Ostasien, den Sunda-Inseln und Australien ausbreiten könnten. Ohne diese Inselgruppe, mit ihrem herrlichen Nangkowry-Hafen hingen alle zukünftigen deutschen Erwerbungen östlich von der Sundastrasse so zu sagen in der Luft. Einen vortrefflicheren Kriegshafen,

wie den von Nangkowry, giebt es, so viel bis jetzt bekannt,
in den asiatischen Gewässern nicht: er hat zwei vortreffliche Rheden, zwei enge und tiefe Einfahrten, zu denen noch
eine dritte mittels Durchstechung der schmalen Landzunge
gefügt werden kann, die jetzt noch die tiefe Ulálabucht vom
Nangkowryhafen trennt. Keine Flotte der Welt könnte diese
Eingänge, wenn befestigt, forciren, ja die blosse Blokade derselben möchte sich kaum durchführen lassen. In diesem Hafen
können Schiffe ohne Zahl „nach der Karte" ankern, wie
Commandeur Steen-Bille sagte, und an seinen Ufern können
alle Werthe aufgehäuft werden, die man den Elementen und
feindlichen Geschossen unnahbar entrücken will.

Meine weitere Beschäftigung mit den Nikobaren war
zunächst eine sehr beschränkte; wohl suchte ich nach Belehrung, aber ich verstand es damals noch nicht, Quellen zu finden,
und wusste auch nicht recht, worauf es hierbei hauptsächlich
ankam, doch verschaffte ich mir wenigstens die Gewissheit,
dass die Nikobaren seit 1848 weder den Dänen noch sonst
welchen Europäern angehörten. *) Uebrigens muss ich befür-
worten, dass die reichhaltige naturhistorische Literatur
über die Nikobaren, welche die dänische „Galathea"-Expe-
dition hervorgerufen hat, damals zum Theil noch nicht im
Drucke erschienen war und, da sie vollständig herauskam,
für meine finanziellen Verhältnisse (als Soldat) zu hoch hing.
Seit dem Ausbruche des glorreichen Krieges von 1864 besitze ich allerdings eine ziemlich umfassende Sammlung von
Schriften über die Nikobaren, und diejenigen, welche ich
nicht erwarb, lieh mir unter dankenswerther Behülflichkeit
der Herren Bibliothekare, die Königliche Bibliothek, während
solche Bücher, die weder in letzterem Institute noch auf dem

---

*) Merkwürdig sind die Irrthümer, welche sich in dieser Hin-
sicht sogar in geographischen Lehrbüchern anerkannter Autoritäten finden, auch in Auflagen aus der neuesten Zeit.

Büchermarkte Deutschlands, Englands und Dänemarks zu haben waren, mir durch die Güte des Herrn Unitätsbibliothekars Römer zu Herrenhut zugänglich gemacht wurden. Dem genannten Herrn habe ich ausserdem für den Hinweis auf manche mir vorher unbekannte, aber als Quelle nöthige Schrift zu danken, ebenso dem Herrn Prof. Dr. K. Fr. Neumann, dessen Kenntniss asiatischer Geschichte hier wohl nicht erst betont zu werden braucht. Auch meinem lieben Freunde, dem eben so gründlich als vielseitig gelehrten Herrn Dr. med. Scheye bin ich zu Dank verpflichtet für die Fingerzeige, welche er mir bei den medizinischen Studien gab, die ich zur Lösung meiner Aufgabe vornehmen musste.

Es musste mir, seit ich 1864 ernstlich daran ging, dies Buch zu schreiben, hauptsächlich darauf ankommen, die Geschichte der Colonisation der Nikobaren möglichst ausführlich zu geben, denn durch diese ist est feststellbar, ob das Klima der Inseln wirklich so mörderisch ist, wie es verschrien wird, oder nicht; freilich durfte ich darüber nicht die naturhistorische Seite der Inseln ausser Acht lassen, da keinem Leser zugemuthet werden kann, dieselbe genau zu kennen. Aus der vorliegenden Colonialgeschichte hoffe ich, werden unbefangene Leser die Ueberzeugung schöpfen, dass das Misslingen aller bisherigen Colonisations-Versuche nicht am Clima, sondern an den Colonisten lag, welche ersteres verkannten, ungerüstet herausforderten oder eine Lebensart führten, die sogar unter unserem Himmel keine gesundheitsfördernde genannt werden könnte. Es sind ja auch gelehrte Besucher der Inseln der Meinung, dass sich das nikobarische Klima mit den von ihnen angegebenen richtigen oder für richtig gehaltenen Mitteln sehr gut besiegen lassen werde und die Colonisation möglich sei. Am Schlusse dieses Buches habe ich mir erlaubt, einen Plan zur Colonisirung der Inseln durch Deutsche unter preussischem Schutze der Beurtheilung des

Publicums zu unterbreiten und bemerke zu demselben nur, dass sich die Sache vielleicht viel einfacher und billiger machen lässt, doch war ich gezwungen, überall schwarz zu sehen, um mir wenigstens den Vorwurf der Leichtfertigkeit und Phantasterei zu ersparen bei den strengen Gegnern deutscher Colonisation — den sogenannten Freihändlern oder doch den Doctrinären unter ihnen. Geht die preussische Regierung auf die Sache ein, dann wird sie wohl wissen, was sie mit den Inseln anzufangen hat, und sollte ich dann, worauf ich nicht rechne, um Rath gefragt werden, dann werde ich in der Lage sein, mehrere Pläne vorzulegen, von denen ich — vielleicht aus Selbsttäuschung — bis jetzt annehme, dass sie zu brauchbar sind, um Schwarz auf Weiss aller Welt mitgetheilt zu werden. Einen gedruckten Plan musste ich aber von mir geben, denn wer sich erlaubt, zu einem Unternehmen den Anstoss zu geben, von dem kann man auch Andeutungen verlangen über die Art und Weise, in der das Werk gethan werden soll. Wenn ich nun hierbei der colonialen Justizpflege mit keiner Silbe erwähnte, so geschah dies deswegen, weil die Soldaten auf der Colonie immer unter den Kriegsartikeln stehen werden, und weil die Civilisten auf den Nikobaren bis auf Weiteres unter die Jurisdiction der mit solcher betrauten Consulate gestellt werden können. Schwere Verbrechen werden wohl niemals auf der Colonie, sondern immer im Mutterlande abgeurtheilt und gerichtet werden, indem man die Verbrecher nach Aufnahme des Zeugenbeweises und des Thatbestandes mit einem Regierungsschiff nach Europa spedirt. Wäre auf den Nikobaren erst etwas zu regieren, wären vor allen Dingen Wohnungen vorhanden, dann könnte allerdings ein Geheimer Rath als Colonial-Regierungspräsident mit dem nöthigen Beamtenpersonal und ein Stabsoffizier mit hinreichender Militärmacht als Colonial-Gouverneur entsendet werden, bis dahin hätte man sich zu

begnügen, einen uns jetzt noch fehlenden, mit dem Colonialwesen vertrauten Stamm von Subaltern-Beamten sich
autodidaktisch auf den dazu besonders geeigneten (weil kleinen
und isolirten) Nikobaren ausbilden zu lassen, und hierbei
würden die zuerst hinübergesandten Soldaten gewiss das
beste Material bieten und die grösste Berücksichtigung verdienen.

Ueber meine Art zu arbeiten, will ich nur erwähnen,
dass ich, „weil ich nicht auf den Nikobaren gewesen bin,"
mich für verpflichtet hielt, alle' nur irgend denkbaren und
auffindbaren Quellen zu Rathe zu ziehen, wodurch ich mir
freilich die Arbeit wesentlich, obgleich nicht unnütz, erschwerte, denn ich fand in vielen Schriften entweder über
die Nikobaren gar nichts oder zu Unbedeutendes oder positiv
Unrichtiges. Diese Art Schriften habe ich deshalb nicht in
dem am Ende des Buches befindlichen Quellenverzeichniss
angeführt, auch das berühmte Werk des Herrn Dr. K.
v. Scherzer über die „Novara"-Expedition fehlt dort, weil
ich in demselben, welches ich zuletzt las, nur das fand, was
die dänischen und deutschen Gelehrten der „Galathea" (unter
ihnen befand sich auch der Preusse Dr. Philippi) meist
viel ausführlicher schon gebracht hatten; es finden sich auch
die sehr gelehrten, aber praktisch bedeutungslosen Citate des
Herrn Dr. K. v. Scherzer über die älteste Geschichte der
Nikobaren längst aus zweiter Hand in älteren Schriften über
die Inseln vor und sind 1804 durch neue vermehrt, oft sogar
unter Angabe der Seitenzahlen, von dem emsigen Prahl
so bequem zusammengestellt worden, dass man nur nöthig
hatte, sie abzuschreiben, was ich für meinen Theil verschmähte.
Die Notiz über den Schweden Kiöping ist von Latrobe
1812 ohne Angabe des Quellenwerkes gegeben, und so ist
sie denn auch geblieben. Ich hatte bei meiner Arbeit nicht
die Aufgabe, das berühmte Scherzer'sche Werk, so weit es

nahme, welche mein mit Namen unterzeichneter Aufsatz:
„Gegen die Nordpolfahrt und für deutsche Colonisation"
(Rheinische Ztg. Nr. 300, 1865), so wie die gediegenen Aufsätze des Herrn Assessor Ernst Friedel „Ueber deutsche
Colonisation Formosa's" gefunden haben. Den Werth der
Autopsie verkenne ich wahrlich nicht; aber wohin kämen wir
wohl, wenn geistigem Anstoss und Buchwissenschaft alle Bedeutung abgesprochen würde! Wer sich seit seiner Kindheit
in die Rolle eines Colonisten hineindachte und als Jüngling
und Mann beständig aus den Schriften der Praktiker Belehrung
schöpfte, der kann über manches Land besser unterrichtet
sein, wie Jemand, der an Ort' und Stelle war. Herr Assessor
Ernst Friedel hat übrigens das Verdienst, von uns jüngeren
Männern zuerst mit einem bestimmten, ausführlichen
Hinweise zur Gründung einer Colonie in die Oeffentlichkeit
getreten zu sein, denn meine kurze, eingestreute Aufforderung
zur Colonisirung der Nikobaren, die sich in einem der von
mir verfassten 28 Aufsätze „Kritische Gänge durch die Stettiner
internationale Ausstellung" (Vossische Ztg. 1865, Mai bis August) vorfindet, kann diesen Anspruch nicht erheben. Gemein-
sames Streben hat mich mit dem wackeren, kenntnissreichen
Manne zusammengeführt, und ich fühle mich veranlasst, hier
öffentlich auszusprechen, dass ich seine Idee hinsichtlich
Formosa's für durchaus vortrefflich und ausführungswerth,
die meinige freilich daneben als eine unabtrennbare Ergänzung
seines Planes halte, und will nur wünschen, dass man an
massgebender Stelle derselben Ansicht werden möge.

Berlin, im April 1867.

Franz Maurer.

Kurzgefasste
allgemeine Beschreibung
der
Nikobaren-Inseln.

Die Nikobaren bestehen aus 8 grösseren und 12 kleineren Eilanden; sie liegen im südöstlichen Theil der Bengalischen Bucht und erstrecken sich von Nord-Nord-West nach Süd-Süd-Ost in einem Raume von 39¼ geographischen Meilen zwischen 6° 46' und 9° 15' nördl. Br., 92° 35' und 93° 38' östl. Länge von Greenwich. Sie bestehen eigentlich aus 2 Inselgruppen, einer nördlichen und einer südlichen, welche durch den sogenannten Sombrero-Canal getrennt sind; die nördliche Gruppe theilt sich wieder in 2 Abtheilungen, welche sich von Süden nach Nord-Nord-West und Norden ausbreitet. Die Nikobaren bilden in Verbindung mit den Andamanen-Inseln eine schwach geneigte durchbrochene Verbindungslinie zwischen der Nordspitze von Sumatra (von der sie 80 Seemeilen entfernt liegen) und der vorspringenden Südwestspitze der Küste von Pegu, genannt Cap Negrais. Die höchsten Berge der Inseln finden sich am Südende der Nikobaren und am Nordende der Andamanen, so dass beide Gruppen so zu sagen nach den Berührungspunkten hin einsinken und bei den Entfernungspunkten emporstreben. Das Fahrwasser zwischen den Inseln ist ungemein sicher, nur die Inseln selber

1

sind in einer Entfernung von zwei bis höchstens sechs Kabellängen von ihren Ufern mit Korallenriffen umgürtet, wie
auch die meisten der eingeschlossenen Buchten mit Korallen
angefüllt sind. Im Allgemeinen kann man annehmen, dass
das Meer an der Ostseite der Inseln jäher bis zur grössten
Tiefe abfällt, als wie an der Westseite. Wenn die Monsune
eingetreten sind, hat man immer auf einer von beiden Seiten
der Inseln einen gegen Wind und See ganz geschützten
Ankerplatz, doch muss man meistens sehr nahe an die Küste
gehen (oft eine Achtel-Meile), um nur die „geringe" Tiefe
von 10 bis 20 Faden zu finden; man liegt sogar besser vor
Anker unter Legerwall, wenn der Wind recht auf's Land
weht, als man glauben sollte, indem die Strömung, die immer
parallel mit dem Lande läuft, die See bricht und bewirkt,
dass man im Allgemeinen zwischen See und Strom schwan-
kend liegt; doch kann man zu dem letzteren Manöver nicht
beim Südwest-Monsun rathen. Ebbe und Fluth ist bei den
Inseln ziemlich regelmässig; die Fluth, welche gewöhnlich
am stärksten läuft, setzt nach Osten, Nordosten und Norden
um, je nach Richtung der Inseln und Canäle, die Ebbe macht
natürlich den entgegengesetzten Weg nach West, Südwest und
Süd; bei den Landspitzen bringt die Gezeit natürlich ein
sehr unruhiges Wasser hervor, sie beträgt im Nangkowry-
Hafen 9 Stunden und ziemlich eben so viel bei der ganzen
Inselgruppe. Das Steigen und Fallen des Wassers in dem
genannten Hafen beträgt 4—5—7 Fuss, im Hafen von Klein-
Nikobar nur 2½ Fuss, doch ergab sich an mehreren frei-
liegenden Stellen der Inseln ein grösserer Unterschied zwischen Hoch- und Tiefwasser; Horsbourgh giebt denselben
sogar auf 8 bis 9 Fuss an. Die Missweisung der Magnet-
nadel ist zufolge des Mittels mehrerer Beobachtungen, die
an verschiedenen Punkten vorgenommen wurden, 2° N.O.
Die Nikobaren sind im Allgemeinen auf der Ostseite höher

als auf der Westseite, nach der sie flacher abfallen; die Küsten sind fast überall im hohen Grade unzugänglich wegen der schweren Brandung, sie bieten aber durchgehends mit ihrer üppigen Vegetation, die von den höchsten Punkten bis auf den Strand herabreicht, einen entzückenden Anblick; nur selten zeigt sich ein jäher Abhang am Ufer, gewöhnlich erhebt sich ganz aussen am Meere ein hoher Strand von Korallensand, der ein Tiefland von derselben Masse umschliesst, welches mit einer dünnen Lage Dammerde bedeckt ist, die landeinwärts an Mächtigkeit zunimmt. Dieses Tiefland ist von verschiedener Breite, von einigen Schritten bis zu einer halben Meile, es ist auch sehr uneben von den daselbst umherliegenden alten Korallenblöcken und darin zurückgelassenen Vertiefungen, die entweder von Bächen oder Sümpfen oder auch von Salzwasser-Lagunen ausgefüllt sind. Dieses Vorland, wie man es auch nennen kann, ist von einer reichen Wald-Vegetation bedeckt. Der Boden ist stets feucht, so dass man beim Graben schon in einigen Fuss Tiefe süsses Wasser findet. Vom Strande trennt ihn fast immer ein Dünenwall, der vom Winde aus Korallensand zusammengefegt und mit Sandpflanzen bewachsen ist, die ihn mit ihren langen kriechenden Wurzeln binden und nach und nach düngen. Eine Scaevola ist besonders häufig auf diesem Wall. Das Vorland ist durch frühere Sandwehen verbunden mit den Pflanzenabfällen oftmals höher geworden wie das dicht dahinter liegende Binnenland, so dass es das niederströmende Regenwasser zurückstaut und eine Art Tiefland erzeugt, welches bei der Regenzeit zum Theil unter Wasser steht, während sich sein Boden bei der trockenen Jahreszeit dadurch auszeichnet, dass er von Kraut-Gewächsen und zum Theil von Unterholz kahl ist und sich deshalb leichter durchdringen lässt, wie der andere verworrene Urwald. Der das Vorland bedeckende „lichte" Wald besteht hauptsächlich

aus Kokuspalmen und von den Eingeborenen sonstwie kulti-
virten, d. h. angepflanzten Gewächsen, als da sind Betel,
Yams, Bataten, Bananen, Zuckerrohr etc.; dort stehen auch
die Hütten der Leute. Dieser Culturwald umgiebt meistens
gleich einem Gürtel den völlig wilden Wald, der sich besonders durch Arekapalmen und Pandanus - Arten auszeichnet
und so undurchdringlich ist, dass man ohne Hülfe des Hau-
messers kaum 6 Schritte weit in ihn hineindringen kann.
Sein Boden ist völlig bedeckt mit faulenden Pflanzentheilen,
todten Stämmen und dornigen Schlinggewächsen, besonders
Rotang; oben schliessen die Kronen der ungemein hoch auf-
schiessenden Bäume so dicht, dass nur ein Dämmerlicht nach
unten dringen kann. Wo der Strand noch vom Fluthwasser
bedeckt wird, oder wo ein Wasserlauf mündet, da wächst
dichtes Mangrovegebüsch, das von aussen saftig grün und
etwa wie Erlengebüsch aussieht, weiter landeinwärts aber
nichts als schwarzgraue, feuchte Stämme, bogenförmige Wurzel-
zweige und knieförmige Wurzelstubben und Luftwurzeln zeigt,
zwischen denen der Wanderer tief in Morast und nassen
Sand sinkt; kein Gewächs bedeckt diesen vom Sonnenstrahl
ausgeschlossenen Boden, und giftige Dünste schweben über
ihm. Auf den nördlichsten Inseln besteht das vom Vorland
umgürtete Innere oftmals aus schwach wellenförmigen Ebenen,
die mit Gras bedeckt sind und auf einer Unterlage von
festem Korallenkalk eine sehr fruchtbare $\frac{1}{2}$—1 Fuss mächtige Schicht aus Pflanzenerde und Sand tragen, welche unbewohnt und unbenutzt daliegt. Auf den mittleren Inseln,
wo die festen Thon- und Sandsteinbildungen das Uebterge-
wicht haben, besteht das Innere selten aus Ebenen, sondern
vorwiegend aus einem Hügelland, das nur an den tieferen
Punkten da und dort mit Bäumen dichter bewachsen ist,
während die 100—500 Fuss hohen Hügel mit Gras bewachsen
sind; je schärfer und spitzer diese Hügel sich aufthürmen,

desto härter und unfruchtbarer ist ihr Boden und ist zuletzt nicht einmal mehr völlig von dem hartnäckigen Lalánggrase bedeckt; sind die Höhen (was seltener der Fall) schwach oder halbkugelförmig gewölbt, dann haben sie auch fruchtbareren Boden, wie auf der Nordwestseite von Teressa und tragen dann sogar auf ihren Gipfeln vereinzelte Bäume, zur grossen Zierde der Landschaft. Auf den südlichen Inseln erheben sich dagegen die Höhen steiler, kreuzen einander in der Richtung und umschliessen enge, tiefe Thäler, deren Abhänge fast unzugänglich sind. Diese Berge sind bis zur höchsten Spitze mit fruchtbarer Erde bedeckt, werden aber schwerlich der Kultur dienstbar gemacht werden können, wenigstens nicht an der Ostseite von Gross-Nikobar, denn wenn der Urwald niedergeschlagen würde, dann müsste das blossgelegte Erdreich unfehlbar von den heftigen Regengüssen abgespült werden. Auf den südlichen Inseln ist der Boden zur Quellenbildung vorzüglich geeignet, auf den nördlichen hingegen nicht. Die Süsswassersümpfe, welche sich während der Regenzeit bilden, trocknen während der dürren Jahreszeit fast aus, doch bleibt ihr Boden auch dann noch weich und oft unpassirbar; den Seebildungen geht es nicht besser, aber ihre Thierwelt (Aale etc.) bleibt im Schlamme am Leben.

Ueber die geognostische Bildung der Inseln hat Dr. Rink folgende Ermittelungen gemacht: Man beobachtete theils auf Kamorta, theils bei Gross-Nikobar, dass serpentinische sowohl als euritische und schalsteinartige Gebirgsarten, nachdem sie an die Oberfläche getreten, von einem Conglomerat umgeben waren, dessen Entstehen nicht aus der Wirkung des Wassers, sondern nur aus der Bewegung der unteren geschmolzenen Masse, nach der Erstarrung der äusseren Rinde, erklärt werden konnte; aber wiederum verschieden von diesem Erstarrungsconglomerat sah man die aus magnesiahaltigem

Thon bestehenden Hügel, mit denen Kamorta, Nangkowry und Trinkut grösstentheils erfüllt sind, von Geröllen und Conglomeraten serpentinischer Gesteine durchzogen, die ihrem Ursprunge nach zwar plutonisch, später jedoch von jenen Gebirgsmassen losgerissen und vom Wasser abgesetzt waren. Man kann also auf den Nikobaren 4 oder 5 scharf von einander getrennte geognostische Bildungen unterscheiden: 1) die Sandstein- und Schieferbildung mit Braunkohlen; umfasst Gross- und Klein-Nikobar und wahrscheinlich auch Katschall; 2) die plutonischen Berge; findet sich auf Teressa, Bambok, Tillangtschong und auf den Felseninseln an der südöstlichen Seite von Gross-Nikobar; 3) die von den plutonischen Felsarten herrührenden, aber aufgespülten Thon- und Conglomeratmassen; ist auf Nangkowry, Kamorta und Trinkut, sowie wahrscheinlich auch auf Kar-Nikobar und Tschowry vorhanden; 4) die jüngste Korallenbildung, welche als mehr oder minder breiter Gürtel alle Inseln von nicht zu senkrechter Steigung umgiebt, sich wenigstens bei allen vorfindet; 5) ein Süsswasser-Alluvium, welches sich auf Gross- und Klein-Nikobar sowie auf Katschall da findet, wo grössere Wasserläufe Zeit und Platz hatten, ihre Sinkstoffe abzulagern; das meiste Alluvium ist im Galathea-Thale auf Gross-Nikobar.

Das Klima der Nikobaren ist durch eine hohe Mitteltemperatur, die weder so hoch steigt, noch so tief fällt wie im südlichen Ostindien, durch geringe jährliche Variation, beständig herrschende Winde und grosse Feuchtigkeit ausgezeichnet. Rosen giebt die Durchschnitts-Temperatur auf 28° C. an, die zwischen 21° und 35° schwankt, und diese Beobachtung ist von den Offizieren der „Galathea" als zutreffend erkannt worden. Die Temperatur des Meeres erwies sich im Durchschnitt zu 22,9° C. mit geringer Schwankung. Die Jahreszeiten werden von den Monsunen und der von ihnen mitgeführten Regenmenge bestimmt. Anfangs April beginnt der Wind von Osten nach Süd zu Südwest sich zu drehen, kommt von dorther im April und Mai mit nur geringen Abweichungen; im Juni, Juli, August, September und theilweise im October weht er beständig aus dieser Richtung; Anfangs November wird er östlich und dann und wann nordöstlich, bis er aus dieser Richtung beständig im Januar, Februar und März kommt. Die Regenzeit beginnt mit dem Südwest-Monsun, also etwa in der Mitte des April; es findet im Mai noch ein gewöhnlicher Regenfall statt, der aber im Juni bedeutend zunimmt und im Juli, August, September und October am stärksten wird, worauf dann wieder im November und December die Abnahme eintritt, d. h. eben so wie im Monat August trockene Tage mit nassen abwechseln. Im Anfang des Januar beginnt die trockene Zeit, die bis Ende März dauert, aber doch häufig von gewaltigen Regengüssen unterbrochen wird, überhaupt gehört ein völlig wolkenfreier Tag auf den Inseln zu den Seltenheiten. Die Regenmenge, welche während des ganzen Jahres fällt, kann man nicht gut unter 100 Zoll anschlagen. Trotzdem immer Wind herrscht, derselbe auch, wie wir sehen werden, oftmals sehr heftig weht, sind Orkane auf den Nikobaren gänzlich unbekannt.

Die nördliche Gruppe der Nikobaren besteht aus den grösseren Inseln Kar-Nikobar (auf nikobarisch Pû), Teressa (Teilong), Katschall (Athenju), Tillangtschong (Mongujianga), Kamorta (Nangcovry) und Nangkowry (Laoî), sowie den kleineren Eilanden Batty-Malwe (Aek't), Tschowry (Tatât), Bambok (Pôhat), Trinkut (Lafûl) und Laóuk. Zur südlichen Gruppe gehören die grösseren Inseln Gross-Nikobar (Sjambalong oder Loáng) und Klein-Nikobar (Tafóat), sowie die kleineren Eilande Treiss (Meló), Track (Ghaâ), Meroë, Pulo-Milú, Montschall (Mantiol), Pulo-Condûl und Cabra (Tschaghangha). Sämmtliche Inseln bis auf Batty-Malwe, Laóuk, Treiss, Track und Cabra sind bewohnt, von Tillangtschong weiss man dies jedoch nicht positiv, im Uebrigen werden auch die unbewohnten Eilande von den Nikobaresen besucht und zu Pflanzungen benutzt. Die südlichen Inseln sind von den nördlichen, wie schon angedeutet, ziemlich verschieden, erstere sind höher, fruchtbarer, von üppigerer Vegetation, aber auch wohl ungesunder wie die letzteren und weisen Spuren von Steinkohlen auf, welche jene voraussichtlich nicht haben, wie auch manche Producte, z. B. Salanganen, Holothurien, Ambra und verschiedene Pflanzen auf den südlichen vorwiegender sind oder den nördlichen ganz fehlen, während jenen dafür wieder das eigentliche Kokusland mangelt, oder doch nicht häufig auf ihnen vorkommt, in Folge dessen sie schwächer bevölkert sind wie die nördlichen, ihre Einwohner auch im Ganzen vor denen der anderen Inseln in materieller und geistiger Entwickelung zurückstehen, ja auf Gross-Nikobar findet sich sogar ein wilder Urstamm, Orang-Outangs oder Waldmenschen genannt, von denen wir noch weiter unten sprechen werden.

Kar-Nikobar

ist die nördlichste von allen Inseln und ist seit langer Zeit als diejenige bekannt, welche am meisten von Fremden besucht wurde. Sie ist 1½ geographische Meilen lang und 1⅜ Meilen breit, im Ganzen flach, doch erhebt sich im Nordwesten ein Hügelkern von älterem Alluvium (Thon und Geschiebe), im nördlichen und westlichen Theil finden sich mehrere offene Ebenen, wohingegen die südliche Seite ein fast undurchdringliches Mangrovegebüsch und Dschungel darbietet. Das Fahrwasser um die Insel ist rein, so dass man sich überall nähern und je nach Umständen dicht beim Lande einen ziemlich guten Ankerplatz in 8—14 Faden Wasser finden kann; die Landung ist aber überall wegen der Brandung beschwerlich, namentlich auf der Ostseite (die beiläufig gesagt, am stärksten bewohnt ist), und nur da möglich, wo die von allen Seiten 600—1000 Schritt in das Meer hinaustretenden Korallenriffe in Folge der Mündung eines Süsswasserbaches oder aus anderen Ursachen unterbrochen sind. An derartigen Stellen kann man mit Kanoes und auch anderen Fahrzeugen ziemlich sicher landen. Beim Nordost-Monsun findet sich ein guter Ankerplatz in der Bucht auf der Nordwestseite der Insel, namentlich in ihrem nördlichsten Theile, woselbst eine Oeffnung in einem schmalen Kalksteinfelsen einen guten Landungsplatz bietet. An der Südseite dieser Bucht liegt das Dorf Saui, an der Nordseite liegt Arrow, an der Ostseite Moose, Lapata und Malakka, und an der Südwestspitze Kummiös. Auch auf der südlichen Seite der Insel, nach der Südwestspitze hin, findet sich ein guter Ankerplatz beim Nordost-Monsun, von dem aus die Landung leicht ist. An der betreffenden Stelle tritt das Meer weit in's Land hinein, während dichtes Mangrovegebüsch weit hinaustritt und im Wasser eine scharfe Strömung herrscht; auf der Barre ist starke Brandung. Kar-Nikobar hat von allen Inseln die meisten Kokuspalmen, ausserdem findet sich daselbst Brodfrucht, Ananas, Orangen, Limonen und Yams, Hühner und Schweine sind reichlich vorhanden, und in der nordwestlichen Bucht sind mehrere Stellen mit beständig rinnendem Trinkwasser; Schiffe können also auf Kar-Nikobar immer Erfrischungen erhalten. Diese Insel ist die am besten bevölkerte und ihre Einwohnerzahl wird auf 1000 Seelen angeschlagen; ausser den Dörfern liegen noch einzelne Hütten im Dickicht zerstreut. Die Kar-Nikobaresen sind von allen ihren Stammesgenossen geistig am besten entwickelt, doch scheinen sie körperlich schwächer und kleiner zu sein wie die anderen; ausser der Kokuspflanzerei scheinen sie keine

Industrie zn treiben, doch fanden die Herren der „Galathea"-Expedition eine mangelhaft construirte Kokuspresse eigener Erzeugung, die etwa wie eine Citronenpresse eingerichtet war. Im Handeln sind die Leute jedoch tüchtig und machen jährlich ziemlich bedeutende Geschäfte; von Kokusnüssen sollen sie jährlich 25 Schiffsladungen, je zu 100,000 Stück Nüssen, also im Ganzen 2½ Millionen ausführen, obwohl kaum einzusehen ist, dass sie den übrig bleibenden Rest, etwa 4 Millionen, für sich allein verbrauchen. Die Leute sind sehr begierig nach europäischen Waaren, besonders lieben sie Taback, Waffen, Kleidungsstücke aller Art, Proviant und Spirituosa, ja sogar Medizin. Sie sind stolz darauf, sich „gute Leute" nennen zu können, d. h. solche, die sich nie an Angriffen auf fremde Schiffe betheiligten, und sie zeigen den ankommenden Fremden stets ihre „Bücher", nämlich eine Anzahl Atteste über Ehrlichkeit im Handel und Wandel, die ihnen von den ab - und zureisenden Schiffsführern auf Verlangen gegeben worden sind und meistens vortheilhaft für die Inhaber lauten; sie haben auch eine Art Hafenbücher, in welche die ankommenden Schiffskapitaine ihren Namen und den des Schiffes einzutragen pflegen; diese Aufzeichnungen sind meistens in englischer Sprache abgefasst, und man kann daraus ungefähr die stattgehabte Frequenz berechnen, so hatte u. A. das Dorf Lapata in zwei Jahren den Besuch von 20 Schiffen gehabt.

Batty-Malwe

liegt in Süd-Südost 19 Seemeilen von Kar-Nikobars Südwestende entfernt und misst etwa eine halbe geogr. Meile von Norden nach Süden und eine Viertelmeile von Osten nach Westen. Sie bildet eine steile, unbewohnte, scheinbar unzugängliche, aber nicht hohe Klippe, die im Verhältniss zu den anderen Inseln nur spärlich bewachsen ist, doch zeigt sich auf der südwestlichen Seite eine Reihe von Kokuspalmen. Die Insel scheint überall, nur nicht an der Westseite, von einem Korallenriff umgeben.

Tschowry

liegt südöstlich 24 Seemeilen von Batty-Malwe, ist eine Viertelmeile von Norden nach Süden und ³/₈ Meile von Osten nach Westen breit. Die Insel ist flach und von geringer Höhe; nur bei der Südostspitze erhebt sich senkrecht aus der See ein 3—400 Fuss hoher Kalkfelsen, „Hatrock" genannt, der mit dem Eilande zusammenhängt und von demselben aus zugänglich ist; sein Plateau ist 1000 Quadratellen gross, flach und dicht bewachsen. Die Insel hat in der Mitte eine grosse, offene Grasfläche, aber längs des Strandes ist sie dicht bewachsen und hat Kokuspalmen in Hülle und Fülle. Gutes Trinkwasser scheint indessen zu fehlen, wenigstens fanden die dänischen Gelehrten nur eine geringe Menge und dazu noch modriges Wasser in den von den Eingebornen selber gegrabenen Brunnen. (Da die Nikobaresen niemals Wasser trinken sollen, darf man annehmen, dass sie jenes Wasser nur zur Thonverarbeitung benutzen.) Bei der Nordostspitze liegt ein grosses und bei der Ostseite ein kleines Dorf, ausserdem lagen vereinzelte Hütten an der Südseite. Das Fahrwasser um die Insel ist ziemlich tief, von der Südwestspitze erstreckt sich ein Riff mit grossen darauf liegenden Steinen und heftiger Brandung in die See hinaus, auch von der Nordwestspitze reicht der Landgrund ziemlich weit hinaus. An der Nordseite, bei dem Dorfe, und ein wenig nördlich von diesem, ist ein ziemlich guter Ankerplatz. Die Brandung ist überall sehr heftig und das Landen höchst beschwerlich. Tschowry ist verhältnissmässig am dichtesten bevölkert, etwa von 500 Menschen bewohnt, die zu Zeiten Hungersnoth leiden sollen; die Tschowryaner sehen kräftiger, wilder und unabhängiger aus wie die Kar-Nikobaresen, sind im höchsten Grade misstrauisch, haben wenig Berührung mit Fremden, treiben jedoch mit den anderen Insulanern einen beständigen Tauschhandel, indem sie ihnen die auf der Insel erzeugten Thongefässe, deren Fabrikation die Hauptnahrungsquelle der Tschowryaner zu sein scheint, gegen Lebensmittel austauschen; sie kultiviren auch den Boden am besten von allen Nikobaresen, hegen ihre Pflanzungen sorgfältig ein, legen Fusssteige zu denselben an, befreien sie vom Unkraut und bauen ihre Hütten mit besonderer Sorgfalt. Man sagt, dass von dieser social am meisten entwickelten (man verzeihe uns diese Worte) Insel jährlich eine Anzahl junger Leute nach den anderen Eilanden auswandere, um dort als sogenannte Laskaren Tagelöhnerdienste für Ihresgleichen zu verrichten. Die Frauenzimmer auf Tschowry tragen eine eigenthümliche, aus Bastquasten verfertigte Kleidung.

Teressa

ist eine sehr hübsche Insel; sie erstreckt sich von Nordwest zu Nord nach Südost zu Süd in einer Länge von 2½ geogr. Meilen bei einer Breite von 3 Viertelmeilen am Nordende und einer halben Meile am Südende; ihr Grundriss beschreibt einen Halbmond mit der Bucht an der Ostseite, welche sich nach Norden eine halbe Meile weit ins Land hinein erstreckt und dicht am Ufer eine grosse Tiefe hat. Es finden sich auf dem Nordende der Insel bedeutende Höhen, die mit Gras bis zum Gipfel bewachsen sind und nach der Seeseite hin steil abfallen; auf dem südlichen Theile sind nur niedrige grasbewachsene Hügel. Die Landung ist überall, namentlich aber an der Ostseite, sehr beschwerlich; auf der Westseite, gegenüber vom Dorfe Henam, findet man während des Nordost-Monsuns einen recht guten Ankerplatz; am Südostende der Insel, 2000 Schritte von der Landspitze liegt ein grosser Stein, der bei niedrigem Wasser 4 Fuss aus der See hervorragt, und von ihm geht ein Steinriff bis in die Insel hinein. Am tiefsten Bogen der Bucht (Nordende) liegt das Dorf Bengâla, und in der Mitte der Bucht, an der Ostseite, liegen dicht neben einander die Dörfer Eoïe, Meniaine (auch Lalohm oder Teressa genannt) und Bahiale; südlich hingegen Maniong und an der Südwestseite Laksee, nördlicher auf der Westseite Henam und Tamika und auf der Nordwestseite Jalumle. Von diesen Dörfern ist Laksee das bedeutendste, die anderen sind minder zahlreich an Hütten, doch haben sämmtliche Teressaer Hütten ein solideres Aussehen und sind besser gebaut wie die auf den anderen Inseln. Teressa scheint die fruchtbarste aller nördlichen Inseln zu sein, die Eingeborenen preisen auch nach Kräften den Reichthum ihres Landes, .und anlangende Schiffe können mit Leichtigkeit Tauben, Hühner und Schweine erhalten; trotzdem ist die Cultur lange nicht so weit vorgeschritten wie auf Kar-Nikobar oder Tschowry. Der Haupt-Ausfuhrartikel soll aus Arekanüssen bestehen. Die Zahl der Bewohner wird auf ca. 1000 geschätzt und die Leute theilen sich selber in „gute" und „schlechte" ein; zu den letzteren gehören die Einwohner von Bengâla, Eoïe, Meniaine, Bahiale und Jalumle, welche sich der Ermordung von Schiffsleuten und des Strandraubes schuldig gemacht haben. Auf dieser Insel herrscht eine eigenthümliche Begräbnissweise, indem man die Leichen nach Verlauf einer gewissen Zeit ausgräbt, in ein abgeschnittenes Kanoe legt und mit diesem in den Bäumen aufhängt. In der Nähe von Henam fanden die dänischen Gelehrten einige Schauer und in einem derselben eine unvollkommene Presse, welche zur Bereitung von Kokusöl bestimmt schien, auch fand sich eine Quantität ausgepresstes Oel daselbst. Diese Insel hat jetzt vielleicht Axishirsche, wenigstens haben die

Dänen daselbst im Frühjahr 1846 zwei Stück Axishindinnen, von denen eine tragend sein sollte, ausgesetzt. Der Bock starb auf der Ueberfahrt von Trankebar.

Bambok

ist unstreitig die hübscheste aller Nikobarischen Inseln; sie liegt nordöstlich von dem Südostende Teressa's, von welcher sie durch einen reinen, tiefen, eine halbe Meile breiten Kanal geschieden ist. Bambok ist eine halbe Meile lang und an der breitesten Stelle eine Viertelmeile im Durchmesser, sehr hoch, eigentlich nur ein Berg (erloschener Vulkan) ohne Flachland, dessen Krater und Fuss dicht mit Bäumen bewachsen, während die Seiten mit Gras bedeckt sind. Nur an der Südwestseite finden sich menschliche Wohnungen.

Katschall

ist die südlichste Insel des westlichen Armes der nördlichen Gruppe, und liegt in Süd-Ost ½ Süd 16 Seemeilen von Teressa entfernt, sie misst von Norden nach Süden 1³/₄ und von Osten nach Westen 2½ geogr. Meilen. Diese Insel ist die höchste der nördlichen Gruppe; es zieht sich eine Reihe hoher, waldbewachsener Hügel längs ihrer Südostseite von der Südostspitze in westlicher Richtung durch die Mitte derselben; die Südwestseite ist niedrig, auf der West- und Nordseite finden sich da und dort Klippen. In die Mitte der Ostseite tritt eine Bucht ziemlich weit hinein, dies Bassin soll jedoch nach Aussage der Eingeborenen mit Korallen erfüllt und gefährlich anzulaufen sein. Die Südostseite ist steil und das Fahrwasser rein, die Südseite hingegen bildet in ihrer ganzen Ausdehnung eine etwa eine Viertelmeile tief einspringende Bucht voller Korallenriffe, und man sah an ihren Ufern keine einzige Hütte. Auf der Südwestseite befindet sich auch eine Bucht, deren südlicher Theil mit Korallenriffen erfüllt ist, wohingegen der nördliche Theil rein ist; ausserhalb derselben hat man einen guten Ankerplatz, die Brandung ist nicht sehr heftig, weshalb auch die Bewohner der drei Dörfer bei jener Bucht mit anlegenden Schiffen sofort einen regen Verkehr eröffnen. Uebrigens findet das Bassin an seiner innersten Stelle noch durch einen engen, seichten Einlauf eine Fortsetzung in Gestalt eines ähnlichen Bassins, das ziemlich rein zu sein scheint. Die West-, Nord- und Nordostseiten der Insel sehen unkultivirt und unbewohnt aus, und die Brandung war dort überall hoch. Nach der Anzahl der Dörfer zu schliessen, die zufolge der Aussagen der Eingeborenen auf der Insel vorhanden sein sollen, kann die Zahl der Bewohner derselben nicht viel kleiner sein wie die von Teressa. Die geognostisch eigenthümliche Insel ist sonst noch naturgeschichtlich merkwürdig dadurch, dass sich auf ihr Affen und sehr viele Papageien finden. Rosen behauptet auch, dass auf Katschall die sogenannte Seychellen-Palme wächst, die übrigens auch noch anderwärts auf den Nikobaren vorkommen soll.

Tillangtschong

ist die nördlichste Insel des östlichen Armes der nördlichen Gruppe und bis jetzt wenig untersucht worden, d. h. nur an einigen Stellen des Strandes. Die „Galathea"- sowohl als die „Novara"-Expedition hat sich mit derselben beschäftigt, und verdankt man den Oesterreichern eine genaue Zeichnung der Umrisse dieser steilen, hohen, düster und kahl aussehenden Insel. Ihr vorherrschendes Gestein ist Serpentin, dessen Verwitterung langsam vor sich geht und unfruchtbares Erdreich giebt, welches überdies von den steilen Hügelwänden beständig abgespült wird und dann unmittelbar in das circa 60 Faden tiefe Meer fällt, welches sich bei seiner Steilheit der Küste nicht zum Bau der Korallenthierchen eignet, also kein Vorland erzeugen kann. Die Mitte von Tillangtschong liegt in Südost zu Ost 62 Seemeilen von der Südwestspitze Kar-Nikobars und 32 Seemeilen in Nordost zu Ost vom Nordende Teressa's entfernt, sie erstreckt sich von Nordnordwest nach Südsüdost in 1³/₄ geogr. Meilen Länge und ist von isolirten mehr óder minder grossen Klippen umgeben; die südlichste und grösste von diesen wird Laouk genannt und liegt 3 Seemeilen von der Hauptinsel entfernt. An der Mitte der Ostseite von Tillangtschong haben die Oesterreicher von der „Novara" eine nach Südosten offene Bucht entdeckt, die durch einen etwa ½ Meile langen Vorsprung gebildet wird.

Kamorta

liegt in Süd zu Ost ½ Ost 17 Seemeilen von Tillangtschong, ist 3³/₈ geogr. Meilen lang und reichlich 1³/₄ Meilen an der breitesten Stelle (des Nordens), aber nur etwa 1¼ Meile am Südende breit. Das Nordende liegt unter 8⁰ 14' n. Br. und 93⁰ 18' östl. L., und die Stakethöhe (Stakadehöien) am Nangkowryhafen liegt unter 8⁰ 2' 25″ n. Br. und 93⁰ 20' 24″ östl. L. von Greenwich. Kamorta wird von den Eingeborenen Nangcovry genannt, während diese von den Europäern also bezeichnete Insel wieder von den Nikobaresen Laoi genannt wird. Kakena, das Nordende von Kamorta, ist nicht sonderlich hoch, sieht kahl und öde aus, ist nur theilweise auf den Hügeln mit Gras bewachsen und zeigt da und dort einzelnstehende Bäume; die Küste ist mit einem Korallenstock umgeben. In der Mitte der Ostseite erstreckt sich eine Bucht ½ Meile weit und ziemlich 1 Meile breit in das Land hinein, setzt sich auch mittels einer kleineren Bucht, die vom Zenith ihres Bogens ausgeht, weiter fort. Die äussere Bucht ist ganz und gar mit Korallenriffen erfüllt und an den Ufern mit Mangroven überwachsen, die sich auch weit südwärts über die übrige Küste ausdehnen. Hier liegen die Dörfer Inaka und Hentoin, nördlich hingegen Takarooit und Taka, während La und Lanunge auf der Südseite der kleineren Bucht liegen. Der südliche Theil von Kamorta ist höher wie der nördliche und bis in's Meer mit Wald und Dickicht bewachsen (obwohl die Hügel kahl sind), und die Mangrovegebüsche treten weit in's Wasser hinaus. Auf der Westseite der Insel, 2½ Seemeilen nördlich von der Südwestspitze, befindet sich die enge Einfahrt zur Ulálabucht *(canalo falso)*, die mit ihren vom Wasser durchhöhlten Felsen abenteuerlich und gefährlich aussieht. Diese mit Mangrove umwachsene Bucht, welche eine Meile lang zu sein scheint und an verschiedenen Punkten vom Nangkowryhafen nur durch eine schmale Landenge getrennt ist, auch in mehrere Bassins zerfällt, ist im Allgemeinen durch Korallen unsicher gemacht, hat aber in ihrem südlichen Theil Raum und Tiefe genug, um Linienschiffen Bewegung und Ankerplatz zu verstatten. Hier herum liegen die Dörfer Janolo, Huau und Tungeoang. An der offenen, kahl und unwirthlich aussehenden Westküste Kamorta's liegen die Dörfer Mohiaije und Kaihul. Die Bewohner der Insel haben sich seit geraumer Weile als Schiffeplünderer bemerkbar gemacht, und deshalb von ihren Nachbaren auf Nangkowry den Beinamen „schlechte Leute" erhalten; sie flüchteten auch Alle in das Dickicht, sobald sich eins der dänischen Kriegs- oder Transportschiffe im Jahre 1846 näherte. Ihre Hütten sind im Allgemeinen armseliger wie die auf den andern nördlichen Inseln. Auf der in Rede stehenden Insel giebt es Büffel, und zwar von riesenhafter Art, die Steige durch das dichte Unterholz getreten haben, so dass Kamorta wegsamer ist wie die anderen Inseln. Schweine und Hühner sind gerade nicht im Ueberfluss vorhanden, Schlangen sind sehr häufig, und zu ihrer Ausrottung wurden im Jahre 1846 von den Dänen eine Anzahl aus Trankebar herübergebrachter Ichneumons ausgesetzt; Tauben und Waldhühner sind gleichfalls in Menge vorhanden, auch findet man essbare

Schwalbennester und sieht häufig Schildkröten. Das Meer ist reich gesegnet und wird von den Eingebornen fleissig benützt — Fische, Austern und andere essbare Muscheln, sowie Conchilien überhaupt sind zahlreich (es findet sich unter den letzteren auch die echte Perlmutter), während die Korallenriffe der Ostseite förmlich mit Holothurien bedeckt sind.

Trinkut

liegt östlich von der südlichen Hälfte Kamorta's, ist 1¼ geogr. Meilen lang und ⅛ bis ⅜ Meilen breit — in der Mitte am schmalsten. Die Insel ist ziemlich flach, fast überall mit Dickicht bis an den Strand bewachsen und beinahe auf allen Seiten mit bedeutenden Korallenriffen umgeben, die reich an Holothurien sind; besonders von der Nord- und Nordostspitze schiessen lange Riffe in die See hinaus. An der nordwestlichen Küste liegt ein Dorf und bei demselben eine bequeme, korallenfreie Landungsstelle mit 7 Faden Wasser in nur 25 Schritten Abstand vom Ufersand. Die Insel wird von den Eingebornen Kamorta's und Nangkowry's als Plantagenplatz benutzt, wie schon angedeutet. Der Kanal zwischen Trinkut und Kamorta ist in dem nördlichen und zugleich engsten Theile nur 1 Seemeile breit und so mit Korallen erfüllt, die von beiden Seiten in Riffen und abgerissenen Streifen auslaufen, dass die Passage höchst schwierig ist; der südliche Theil des Kanals ist etwas breiter, sowie auch reiner und bildet eine vorzügliche Rhede für den Nangkowryhafen mit 7—10 Faden Wassertiefe, ist aber leider nach Südosten offen.

Nangkowry

liegt dicht südlich bei Kamorta und ist von diesem durch den Nangkowryhafen getrennt. Die, wie schon gesagt, von den Eingeborenen Laoi genannte Insel ist 1¼ geogr. Meilen von Norden nach Süden lang und 1 Meile am Nordende breit, von wo sie allmälig nach Süden hin schmaler wird. Sie ist ziemlich hoch und waldbewachsen im nördlichen Theile, aber theilweise eben und kahl, d. h. grasbewachsen, im Süden. Von Katschall trennt sie ein 3½ Seemeilen breiter, tiefer und reiner Meeresarm. Die Bewohnerzahl von Nangkowry, Trinkut und Komorta zusammengenommen wird hoch auf etwa 800 Köpfe geschätzt. Zwischen Kamorta und Nangkowry liegt der geräumige, sichere und leicht zugängliche Nangkowryhafen, der beste Hafen Südasiens. Gegen Westen schliesst ihn das schützende Katschall und gegen Osten zum Theil Trinkut ein; er hat eine Tiefe von 6—28 Faden und, so weit man weiss, nur an zwei Stellen modrigen, sonst überall den besten Ankergrund. Die im Jahre 1790 vom Kapitain Alex. Kyd aufgenommene Karte dieses herrlichen Hafens erwies sich noch im Jahre 1846 als in der Hauptsache völlig zuverlässig, nur die Korallenriffe scheinen an den meisten Stellen zugenommen zu haben. Durch zwei von Kamorta bez. Nangkowry vorspringende Landzungen wird er in zwei Theile getheilt — in den sogenannten Kreuzhafen oder (kross-harbour) im Osten und den eigentlichen oder Westhafen im Westen, welcher der geräumigste von beiden ist. Die östliche Einfahrt ist etwa 1¼ Kabellängen breit und 20—22 Faden tief, die westliche ist etwas schmaler, aber 30—36 Faden tief. Der Meeresstrom geht scharf durch diese Einfahrten hindurch, besonders durch die westliche, und bringt hier eine Menge Strömungen und Wirbel hervor, welche das Kreuzen darin erschweren. Im Hafen macht sich der Strom jedoch nicht sehr bemerklich, und kann man daselbst seinen Ankerplatz ganz nach Gutdünken wählen, doch hat man in der Mitte desselben frischeren Luftzug. Das Land am Hafen bietet einen für das Auge entzückenden Anblick, wie kaum eine andere Stelle dieser mit Naturschönheiten so verschwenderisch ausgestatteten Inseln; leider ist das, was für das Auge schön ist, nicht immer

2*

gut für Gesundheit und materielle Entwickelung, so auch hier, denn die Thäler und zum Theil die Hügel sind dicht mit Urwald und Unterholz bewachsen und die ganzen Küsten sind mit Ausnahme der paar Landungsstellen bei den Dörfern ganz mit Mangrovedickicht bedeckt, so dass eine Landung fast nur an den bezeichneten Stellen möglich ist. Zur Cultur geeignetes Land ist nicht besonders häufig, deshalb sind Kokus- und Areka-Anpflanzungen im Allgemeinen nur spärlich vorhanden, aus diesem Hafen sollen jährlich auch nur ca. 200,000 Stück Kokusnüsse ausgeführt werden; Brennmaterial und Nutzholz hingegen ist im Ueberflusse vorhanden, gutes Wasser findet sich an mehreren Stellen, obwohl während der trockenen Jahreszeit nicht in zu grosser Menge, am besten wohl beim Dorfe Bajuha auf Kamorta, unfern der westlichen Einfahrt. Auf Nangkowry in der Nähe der östlichen Einfahrt liegen die Dörfer Itoë, Inuang und Malakka, am offenen Meere hingegen Injoang und Eldegoang. Die Höhe, an deren Fuss das mährische Brüder-Etablissement lag, wurde von den Dänen 1846 abgeholzt und mit einer Flaggenstange für den Danebrog versehen.

Zwischen der nördlichen und der südlichen Inselgruppe liegt der circa 23 Seemeilen breite Sombrero-Kanal, der nur eine einzige Korallenbank im nördlichen Theile hat (welche schon seit 1770 bekannt), sonst aber rein und sehr tief ist. An seinem Nordrande liegen die Inseln Katschall und Nangkowry, am Südrande Klein-Nikobar, Treiss, Track und Meroe.

Meroe,

die nordwestlichste Insel der südlichen Gruppe, liegt in Süd zu West ¼ West 26 Seemeilen von der Südspitze Nangkowry's und west-nordwest 9½ Seemeilen von der Nordostspitze Klein-Nikobars. Es ist nur eine sehr kleine, flache

Insel, aber doch bewohnt, und kann in einem Abstande von 14—16 Seemeilen gesehen werden.

Track und Treiss.

Track liegt in Ost-Süd-Ost 5 Seemeilen von Meroe, und Treiss in derselben Richtung 6 Kabellängen von Treiss, aber 3½ Seemeilen in West-Nord-West von der Nordspitze Klein-Nikobars und 4 Seemeilen in Nordwest zu Nord von Pulo-Milù. Track und Treiss sind zwei kleine, ziemlich hohe, unbewohnte Inseln, doch haben sich die Bewohner von Klein-Nikobar daselbst einige Kokuspflanzungen angelegt und ein paar Hütten für den gelegentlichen Besuch errichtet. Die Landung ist äusserst beschwerlich und bei erregter See gewiss unmöglich. In der Mitte von Treiss befindet sich ein Thal, in welchem sich das Regenwasser ansammelt und ein Bassin bildet, das zwar während der trockenen Jahreszeit sehr zusammenschrumpft, in der Regenperiode aber bedeutend an Umfang und Höhe gewinnen muss. Die Insel ist mit Wald bewachsen, der verschiedene ausserordentlich hohe Bäume enthält, auch Spuren von Steinkohlen wurden daselbst gefunden. Tauben sind dort so massenhaft, wie auf keiner anderen Stelle, aber auch von Ratten wimmelt das Eiland.

Klein-Nikobar und Pulo-Milù.

Das Nordostende der erstgenannten Insel liegt 29 Seemeilen in Süd ½ Ost vom Südende Nangkowry's; Klein-Nikobar erstreckt sich in einer Länge von 3 geogr. Meilen von Norden nach Süden und in einer Breite von 2¼ geogr. Meilen von Osten nach Westen. Der südöstliche Theil ist mittwärts sehr hoch und das Land fällt daselbst steil zur See ab; nach Westen hin ist es flacher, durch einzelne niedrige Hügel unterbrochen und mit Wald sowie Dschungel bis zum Strande bewachsen, wie dies auch die Hügel bis zu ihren

Spitzen sind. Die Ostseite bildet so ziemlich in ihrer ganzen Ausdehnung eine lange flachgebogene Bucht, an der ein paar einzelne Hütten und südlich das Dorf Jurforte liegen; die hier nördlich vorspringende Landzunge ist an der breitesten Stelle nur 1 Viertelmeile breit. Der ganze südöstliche Theil hat vor sich ein tiefes und reines Wasser, das Land ist aber ohne Kokuspalmen, Hütten oder sonst welche Spur von Kultur oder Bewohntheit. Gegen die Mitte der Südseite, etwa grade nördlich von Pulo-Condul wird der Boden flacher und es zeigen sich Kokuspalmen; die Südseite bildet eine lange flach einspringende, tiefe und reine Bucht; auf der Westseite finden sich 4 kleine Buchten und da und dort einzelne Hütten sowie Gruppen von Kokuspalmen; von den Landspitzen treten, wie gewöhnlich, kleine Korallenriffe hinaus und längs der Küste hat man überall Ankerplatz mit 15—20 Faden Wasser. Von der Nordwestspitze läuft die Küste zunächst Ost-Nord-Ost 1 geogr. Meile weit, wobei sie einige kleine Buchten mit den üblichen Korallenriffen bildet, dann wendet sie sich ¾ Meile lang nach Norden bis zur Nordostspitze, die felsig und wie schon angedeutet ⅛—¼ Meile breit ist, und von der sich nach Nordwest zu West ein Riff 3 Kabellängen weit in die See erstreckt und am Ende einen grossen Stein trägt, der bei niedrigem Wasser 4 Fuss hervorragt. Die beiden letztbeschriebenen Küsten bilden demnach eine sehr tief einschneidende Bucht, vor deren enger Verlängerung sich die nur 2200 Schritte lange und 1400 Schritte breite Insel Pulo-Milù befindet, welche einen der vorzüglichsten Häfen bilden hilft; ihr Südende liegt unter 7° 23′ 50″ n. Br. und 93° 24′ 30″ östl. L. von Greenwich. Pulo-Milù hat an der Nord- und Westseite 100—150 Fuss hohe Hügel, der übrige Theil ist flach und mit Bäumen bewachsen; an der Ostseite liegen die Hütten der Eingebornen und ihre Kokuspflanzungen. Diese Insel wurde 1846

von den Dänen zu einem neuen Colonisationsversuche benutzt
und auf ihrer Nordostspitze nochmals die schon so oft wieder
eingezogene Danebrogsflagge gehisst. Pulo - Milù ist überall
von Korallenriffen umgeben, die nur an einer Stelle der Ostseite durch das Ausmünden eines Bächleins unterbrochen
sind und dort ein bequemes Landen erlauben; der Hafen ist
nicht sehr gross, etwa ¼ Meile von Norden nach Süden lang
und zwischen den Korallengründen 4 Kabellängen breit, aber
9½—15 Faden tief und hat einen Ankergrund von Sand
mit einigen Korallenflecken. Der Landungsstellen sind auch
nur wenige, aber ziemlich sichere, da wo die Korallenriffe
unterbrochen sind; zwischen der Südseite von Pulo-Milù und
Klein - Nikobar zieht sich eine gewundene, enge, aber reine
Rinne mit 13—16 Faden Tiefe hindurch und vom südöstlichen Ende des Hafens dringt eine enge Bucht nach Ost-
Süd - Ost noch 1 Viertelmeile tiefer in das Land, hat aber
nur einige Fuss Wasser auf Thon- und Morastgrund; in diese
Bucht ergiesst sich ein kleiner Fluss, dessen versumpftes Bett
leicht schiffbar gemacht werden könnte, so dass Boote bis
zu dem brauchbaren Wasser gelangen könnten. Nördlicher
an der Küste liegt eine vortreffliche Landungsstelle mit dem
süssen Wasser eines kleinen Wasserfalles; auch an anderen
Stellen finden sich noch kleinere Wasserläufe. Brennholz ist
im Ueberfluss vorhanden. Das Fahrwasser zwischen Klein-
Nikobar, Treiss und Track ist ungefährlich obwohl von häufig
wechselnder Tiefe, und zwischen Pulo-Milù und Treiss liegt
eine Korallenbank mit nur 6 Faden Wasser darüber. — Auf
diesen Inseln hat Dr. Rink Steinkohlenlager entdeckt, sie
sind aber weit geringer bevölkert und viel weniger benutzt
wie die nördlichen Inseln und haben höchstens zusammengenommen 150 Bewohner, die sämmtlich eifrige Fischer sind.
Die Hütten sind grösstentheils elender wie im Norden und
liegen vereinzelter; Schweine, Hühner und Kokuspalmen sind

seltener. Die Dänen setzten bei ihrem letzten Colonisationsversuche einige Schaafe, Ziegen und Gänse ans Land, von denen aber wohl nur noch die letzteren in ihren Nachkommen vorhanden sein dürften, da die ersteren weder das Gras besonders schmackhaft zu finden scheinen, noch das feuchte Clima vertragen können. Holothurien kommen beim Strande in Menge vor, auch giebt es essbare Schwalbennester ziemlich zahlreich; die hier vorkommenden Krokodile *(crocodilus biporcatus)* werden von den Eingeborenen gegessen; in den Wäldern halten sich Affen auf und eine grosse Zahl Tupajas (Insecten fressende, dem Eichkätzchen ähnliche Thiere), von den sogenannten Cabritten (muthmaasslich entweder der Muntjak oder der lichtbäuchige Russa, *C. Russa*), deren Vorhandensein auf Klein- und Gross-Nikobar die älteren dänischen Berichterstatter behaupteten und sogar zwei Arten unterschieden, scheinen neuere Entdecker keine Spur gefunden zu haben. Zu bemerken ist noch, dass die Eingeborenen einen Fusssteig von Norden nach Süden mitten durch die Insel angelegt haben; Dr. Rink fand auch an diesem Steige einige Lichtungen, die vermuthlich vom Abholzen der zu Canoes brauchbaren Bäume herrührten.

Südlich von Klein-Nikobar befindet sich der St. Georgs-Kanal, der diese Insel von Gross-Nikobar trennt, von Nordost zu Ost nach Südwest zu West läuft, 12 Seemeilen lang und 4 Seemeilen am westlichen und 7 Seemeilen am östlichen Auslaufe breit ist, aber in der Mitte zwischen der kleinen Insel Pulo-Condul und Klein-Nikobar bis auf 2 Seemeilen eingeengt wird. Längs der letztgenannten Insel ist das Fahrwasser tief und rein, im südlichen Theile ist die Tiefe hingegen ungleich und östlich wie westlich von Condul strecken sich Korallenbänke aus. Die Rinne südlich von Condul ist 1 Seemeile breit, völlig rein und tief. Am östlichen Ende des St. Georgs-Canals befinden sich die Inselchen

Montschall und Cabra.

Montschall liegt nordöstlich vom Südostende Klein-Nikobars und ist von diesem durch einen vollkommen reinen und zwei Seemeilen breiten Meeresarm getrennt; die Insel ist etwas grösser wie Pulo-Milù, ziemlich hoch,, bewaldet und hat an der Südostseite ein Nikobaresendorf. — Cabra liegt in Nord zu Ost zwei Seemeilen vom Nordostende Gross - Nikobars; sie ist noch kleiner wie Pulo - Milù, aber hoch, bewaldet, unbewohnt und anscheinend ohne Riffe bei den Landspitzen. Der Meeresarm zwischen Cabra und Montschall ist sehr tief (bis 100 Faden) und vollkommen rein.

Pulo - Condul

liegt mitten im St. Georgs - Kanal, ist kaum ³/₈ geogr. Meilen lang und höchstens ¹/₈ Meile breit. Die Insel ist besonders am Nordende felsig und hoch, an der Westküste liegen einige Hütten und dort ist auch die einzige gute Landungsstelle und zugleich ein vortrefflicher Ankerplatz mit 11—14 Faden Wasser beim Nordost-Monsun. Auf Condul wurden Spuren von Steinkohlen in nicht unbeträchtlicher Menge angetroffen.

Gross - Nikobar

ist die südlichste, höchste und grösste Insel der ganzen Nikobarengruppe und wird von allen Nikobaresen als ihr „Festland " betrachtet und bezeichnet; sie misst 7 geogr. Meilen von Norden nach Süden und 3 Meilen am Nordende, von wo sie allmälig nach Süden verjüngt bis auf die Breite von einer halben Meile zuläuft. Diese Insel ist von der Natur am reichsten ausgestattet, aber am weitesten in der Entwickelung zurück. Längs ihrer Nord- und Ostseite läuft ein Höhenzug, der gegen das Nordostende zu am höchsten emporstrebt und ca. 2500 Fuss hoch sein kann; er hat rundliche, bis zur äussersten Spitze mit Wald bewachsene Gipfel;

gegen Süden nehmen diese Hügel allmälig in Höhe ab und nach Westen hin wird das Land ziemlich flach. An vielen Stellen der Nord- und Ostküste fanden sich nicht unbedeutende Bäche und Wasserläufe, und an der Westküste werden vielleicht noch mehr entdeckt werden; in die Bucht am Südende mündet sogar ein ansehnlicher wirklicher Fluss. Die ganze Nordküste der Insel besteht aus einer Menge Vorsprünge, welche mehr oder minder tief einschneidende Buchten bilden, die aber sämmtlich unrein sein sollen, bis auf diejenige in der Nähe des Ostendes dieser Strasse, welche von den Dänen 1846 als „Ganges-Hafen" getauft wurde. Diese ansehnliche Bucht tritt erst flach gewölbt in das Land ein, dann entsendet sie nach Osten, Südosten und Süden vier einspringende schmalere Föhrden, von denen die beiden im Südosten 2000 Schritte lang sind, doch ist nur die östliche gegenwärtig für Schiffe unbedingt zugänglich. Die Sehne der Bucht oder dieses Hafens zwischen den zwei schützenden Vorgebirgen ist etwa zwei Seemeilen breit, an ihrer nördlichen Einfahrt (genau von Ost nach West) liegen zwei landlose Korallengründe unter $2\frac{1}{2}$ resp. $3\frac{1}{2}$ Faden Wasser und durch einen etwa 1700 Schritte breiten, tiefen und in der westlichen Hälfte völlig reinen Strom getrennt. Im Hafen findet man zwischen 11 und 20 Faden Tiefe, aber unebenen Ankergrund aus Lehm und Sand oder grobem Sand. Die Küste ist fast überall mit einem, 1 Kabellänge breiten Korallenriff umgeben und mit Mangrove oder undurchdringlichem Dschungel bis an den Strand bewachsen, das Landen ist sehr beschwerlich. Die Nordostspitze von Gross-Nikobar ist ziemlich hoch und an ihrem Fusse liegt wieder eine, jedoch dem Winde ziemlich offene Bucht, mit erträglicher Landungsstelle in der Nähe eines elenden Dorfes. Die Ostküste bildet eine Reihe flachgewölbter Buchten, in denen das Landen unter dem Nordost-Monsun aber überall beschwerlich ist.

Längs dieser Küste liegen grosse, dunkle Steinblöcke oder Felsen im Wasser, von denen der grösste und äusserste (etwa 1½ Seemeilen vom Lande) wegen seiner Gestalt, die einem umgekehrten Boote gleicht, „Boatrock" genannt wird. An der Südspitze der Insel tritt die Küste 4 Seemeilen weit in der Richtung von Nord zu Ost ziemlich scharf zwischen zwei Vorgebirgen zurück und bildet die sogenannte „Galathea-Bucht", deren windfreier Theil aber kaum 1 Seemeile tief und ½ Seemeile breit, jedoch vollkommen rein ist. Die einzige gute Landungsstelle dieser Bucht liegt am östlichen Ufer; Erfrischungen für Schiffe sind hier kaum vorhanden, denn die Anwohner der Bucht sind nicht zahlreich, aber sehr arm und haben nur wenig Kokusnüsse. Hier ergiesst sich der Galathea-Fluss, der zwischen zwei Höhenzügen, die in der Richtung von Nord-Nordwest laufen, ein äusserst fruchtbares Thal in vielen Windungen nach Süd-Südost durchströmt, eine Mitteltiefe von 10—12 Fuss hat, bei einer Breite von 50—60 Fuss auf der unteren Strecke (1½ geogr. Meilen), dann 24 Fuss auf der mittleren (5 Meilen aufwärts) und schliesslich bei einer plötzlichen Erhöhung des Bettes zwischen den Felswänden immer enger wird. An seiner Mündung liegt eine für Boote unpassirbare Barre; Ebbe und Fluth macht sich ½ Meile weit aufwärts noch bemerkbar, etwa so weit wie die Ufer mit Mangrovedickicht bewachsen sind; dann wird der Boden höher und es folgt eine tropische Urwald-Vegetation. — Die Westseite von Gross-Nikobar haben die Oesterreicher von der „Novara" untersucht und geben an, dass dort drei von Korallen unsicher gemachte Buchten sind, auch einige sehr hohe Hügel bis dicht an die See herantreten.

Die Bewohner dieser grossen Insel sind mehr zurück, wie die der übrigen und vielleicht 300 Köpfe stark, abgesehen natürlich von dem wilden Urstamm. Ihre Hütten und

all ihre Habe ist elend, nur auf Fischereigeräthschaften verwenden sie einigen Fleiss, weil sie hauptsächlich vom Fisch-
fang leben. Bei der Nordküste finden sich Holothurien im
Ueberfluss, darunter sogar die werthvolleren helleren Arten,
die bei den anderen Inseln nicht so häufig vorzukommen
scheinen; auch Salanganen und Schildkröten wurden angetroffen.

Im Ganzen haben die Nikobaren-Inseln zusammengenommen vielleicht 5000—6000 Einwohner.

Das Thier-, Pflanzen- und Mineralreich der Nikobaren, sowie Vorschläge zu dessen Ausnutzung bez. Ergänzung.

Der herrlichste und am meisten in die Augen fallende Schmuck der nikobarischen Eilande ist natürlich ihre Pflanzenwelt, die ungemein reich an Arten und zahlreich an Individuen ist und sich vor jener der benachbarten tropischen Länder durch höheren, kräftigeren Wuchs und nie mangelnde, saftigere Frische auszeichnet. Das wichtigste Gewächs der Nikobaren ist augenblicklich die Kokuspalme, die ihren ersten Rang auf den Eilanden wohl stets behaupten wird. Diese Palme *(Cocos nucifera)* erreicht auf den Nikobaren oftmals eine Höhe von 80 Fuss, obwohl sie dort nicht gewässert und auch viel dichter gepflanzt wird, wie in Indien. Ein in voller Kraft stehender Baum lässt immer mit Sicherheit auf eine Ausbeute von jährlich 80 Nüssen rechnen, ein mit Kokus bepflanzter englischer Acre Landes bringt jährlich im Durchschnitt 3000 Nüsse und verzinst sein Anlagecapital mit 40 bis 50 pCt., wenn man nur den Handel mit der unverarbeiteten Nuss im Auge hat, legt man sich jedoch an Ort und Stelle auf die sorgsamste Ausnutzung aller Theile des Baumes, dann lässt sich ein Reingewinn von gegen 100 pCt. erzielen. Der Baum beginnt 5 Jahre nach seiner Pflanzung zu blühen und Früchte zu tragen, wenn der Boden ihm besonders zusagt (am liebsten hat er reinen Korallensand), sonst trägt er im 7. und 8. Jahre zum ersten Male und bleibt ca. 12 Jahre lang bei voller Kraft, worauf er abnimmt, dann gefällt und durch einen anderen Baum er-

setzt wird. Das Holz ist ein gutes Bau-, Schnitz- und
Möbelholz, es kommt über England als „Stachelschweinholz"
oder *porcupine-wood* in den Handel, die Schalen der Nüsse
werden zu feinen Drechslerwaaren verarbeitet, die Fasern
oder Hülsen dieser Nüsse (Copperah oder Câprah genannt)
geben die haltbarsten, Ungeziefer freien. Matten oder das
schier unzerstörbare Tauwerk, welches in der englischen Marine als „Coir" bekannt ist; der Abfall der Fasern liefert
Matratzenfüllung, welche das Ungeziefer meidet, oder mit
Erde vermischt, eine vortreffliche, dem Unkraut schädliche
Dammerde. Das Fleisch der reifen Nuss giebt gekocht oder
gepresst das bekannte, vielseitig verwendete Kokusöl, während der Rückstand ein nahrhaftes und gutes Viehfutter
bleibt. Die Flüssigkeit der unreifen Kokusnuss enthält nach
Professor v. Löwenich's Analyse 900,88 Wasser, 4,43
Zucker, 17,67 Gummi, 28,29 ausziehbare Stoffe (Fett),
5,44 im Weingeist auflösbare und 6,29 im Weingeist un-
lösliche Salze. Ausser dem Oel der Nüsse lässt sich unmittelbar aus dem Safte des angezapften Baumes Palmenwein
oder Toddy, und aus diesem wieder Palmenessig, Palmen-
zucker und ein äusserst starker Arrak, aus dem Palmen-
zucker hingegen „Jaggery" (ein zu kauendes Erregungsmittel)
gewinnen. Für die Fasern der Blätter wird sich auch wohl
noch eine besondere Verwendung finden lassen, die Blatt-
scheiden geben jetzt schon ein lederartiges Flechtmaterial.
Gegenwärtig erzeugen die Nikobaren jährlich etwa 10 Millionen Nüsse, auf Kar-Nikobar könnten aber allein 16,000
Acres mit Kokuspalmen bepflanzt und dadurch eine jährliche
Ausbeute von 50 Millionen Nüssen mit der Zeit erzielt werden, wodurch bei rationeller Ausnutzung ein unmittelbarer
Reingewinn von 250,000 Thlrn. erreicht werden könnte, abgesehen von dem Nutzen; welchen die Düngererzeugung der
Gartencultur brächte. Ein Sachkenner wie Steen-Bille hat

die Ansicht ausgesprochen, man könne die ganze Inselgruppe mit Kokuspalmen bepflanzen, auch die nicht zu steilen Abhänge bis 200 Fuss hinauf, aber selbst wenn man die Kokuscultur nicht so weit triebe oder treiben könnte, hätten die Nikobaren in derselben die Garantie für das Bestehen einer europäischen Colonisation, denn die Kokuscultur lässt sich, wenn einmal eingerichtet, von fleissigen, ausdauernden Deutschen auch ohne Mithülfe von Kulies verrichten. Ob es sich lohnte, die auf den Inseln — nach Rosen's ganz bestimmter Angabe — gleichfalls vorhandene maldivische Nuss oder Seychellenpalme (*Lodoicea Sechellarum*) grossartig anzupflanzen, müsste durch Versuche an Ort und Stelle entschieden werden.

Neben der Kokuscultur wird für die Nikobaren die Zucht des Ricinusbaumes (*Ricinus communis*) empfohlen, der jetzt 10—12 Fuss hoch sporadisch im wilden und plantageweise im halbwilden Zustande auf den Inseln wächst. Sein geeignetster Platz wären die Intervalle zwischen den Kokuspalmen, soweit sie das Strandgebiet einnehmen. Die Ricinusölbereitung im Grossen würde nach dem Gutachten von Sachverständigen kaum 30 pCt. theurer sein wie die Kokusöl-Erzeugung, was bei dem grossen Unterschiede im Handelspreise ein sehr vortheilhaftes Geschäft abgäbe.

Ein alter und weitverbreiteter Besitzer des Nikobarischen Bodens ist auch die kleine, schlanke Arekapalme, welche jene Nüsse erzeugt, die einen unzertrennlichen Bestandtheil der Betelpfriemchen bilden. Diese Arekapalme wächst gegenwärtig im dichtesten Urwalde, trägt jährlich 400—600 Stück Nüsse von der Grösse einer kleinen Welschnuss, die im Januar, Februar und März abfallen, in vielen Schiffsladungen von den Malayen und Birmanen abgeholt, in ungeheuren Massen von den Eingeborenen selber verbraucht werden, im Uebrigen aber in noch grösseren Mengen unbenutzt verfaulen.

Sie sind im ganzen südöstlichen Asien ein gesuchter Artikel, der gut bezahlt wird, doch fragt es sich, ob nicht eine noch grössere Verwerthung durch Ausziehen ihres Gerbestoffes zu erzielen wäre. Gegenwärtig ist ihre Ausnutzung sehr mangelhaft, denn zum Abschälen der Hülsen sind keine billigen Kräfte vorhanden, packt man sie aber mit den Hülsen in das Schiff, dann entwickeln diese eine mit grosser Hitze und Gestank verbundene Gährung. Herrenhuter Missionsschulen könnten mit dem Schälen dieser Nüsse auf den Nikobaren einen grossen Theil ihres Aufwandes decken, indem sie malayische Kinder herüberholten und diese einen Theil ihrer Zeit auf Zubereitung der Nüsse verwenden liessen. Die wirkliche Cultur der Areka würde stets in's Auge zu fassen sein.

Ein anderer hochwichtiger und auf den Nikobaren ziemlich reichlich vorhandener Baum ist der Punnei oder Pinei (*Calophyllum Inophyllum*), ein Laubbaum, welcher eine Menge öliger Nüsse trägt, die dort nutzlos verfaulen, an der Koromandelküste aber zur Bereitung eines mit dem Kokusöl im Preise gleichstehenden Brennstoffes verwandt werden. Das Holz wird an jener Küste und wo es sonst noch hinkommt, als schönstes Schiffsbauholz theuer bezahlt. Die Cultur dieses nach jeder Seite hin nützlichen Oelbaumes, welche gar keine Mühe macht, würde daher neben der Pflege des vieltragenden Galedupa indica, der grosse Oelbohnen bringt und sich auf den Inseln sehr häufig findet, durchaus nöthig sein. Ausser diesen vorhandenen Oelbäumen könnte der indische Illupe (*Bassia longifolia*), der schönes Holz und Seifen-Oel und technisch verwendbare Bläthen und Blätter bietet, von Trankebar eingeführt werden. Der indische Pûvarasa oder Porus (*Thespesia populnea*) mit seinem Tischlerholz, wächst schon auf den Inseln, er könnte mit den anderen schon vorhandenen Nutzholzbäumen, wie Heretiera littoralis,

Chatappa (*Terminalia catappa*), mehreren Arten Galedupa
indica, Ficus religiosa, Hernandia ovigera, Baryngtonia spe-
ciosa, Cerbera Odollam eigens gepflanzt und gepflegt werden.
Ueberdies giebt es auf den Inseln wohl noch manchen herrlichen Baum mit dem kostbarsten Nutzholze, von dem die
europäischen Naturforscher schlechterdings nichts wissen
können, da die Eingeborenen die Standorte der betreffenden
Gewächse eifersüchtig geheim halten und darin so consequent
bleiben, dass selbst der über sie Alles vermögende Rosen
nichts auszurichten vermochte, obwohl er alles aufbot, um
zu erfahren, woher die Wilden gewisse unzerstörbare Holz-
arten holten. Sassafras (*Laurus sassafras*) hatte er selber
gleich am Anfange entdeckt, aber Ebenholz z. B. fand er
erst kurz vor der Aufgabe der Colonie. Der Teak-Baum,
der das theuerste Schiffsholz liefert, wird wohl nicht auf den
Nikobaren vorhanden sein, doch wäre seine dortige Anpflanzung nicht mit den geringsten Schwierigkeiten verknüpft und
dringend zu empfehlen, ebenso wie die des Mahagony-
baumes, obwohl ein Zeitraum von 40 Jahren darüber hin-
laufen könnte, ehe die Stämme eine Dicke von 1½ Fuss erreichten. Schneller würde sich die Einführung des bald nutz-
baren Sapanbaumes (*Caesalpinia Sappan*), des Sandel-
holzes (*Santalum album*) und des Aloëbaumes (*Aqui-
laria agallocha*) lohnen, von denen die beiden letzteren auf
den Bergen anzupflanzen wären, ebenso wie der sundaische
Campherbaum (*Dryobalanops camphora*), der mit den
schlechtesten Stellen vorlieb nimmt, und der japanische Campherbaum (*Laurus camphora*); das in den nikobarischen
Wäldern wuchernde kampherhaltige Unkraut (*Conyza bal-
samea?*) könnte immer unter den Plantagebäumen seinen
Platz nützlich ausfüllen, während die feuchten Stellen der
Inseln, wo Sagobäume nicht recht angebracht wären, mit
Cajaputölpflanzen (*Melaleuca cajaputi*) besetzt werden könn-

ten; dorthin könnte man auch Benzoë (*Styrax Benzoin*) pflanzen, der gegenwärtig auf den Inseln zu fehlen scheint. Da die Nikobaren einmal mit zwei Arten Pandanus odoratissimus gesegnet sind, diese wunderlich geformten Bäume grade solche Plätze einnehmen, die nicht jedes andere Gewächs vertragen kann, so würde es gut sein, sie förmlich zu kultiviren, denn es lässt sich überdies nicht einsehen, warum nicht auch Europäer aus ihren Früchten eine wohlschmeckende Speise ziehen könnten, da Wilde dies vermögen, überdies lassen sich aus ihm vortreffliche Fasern zu Matten, Kaffee- und Zuckersäcken gewinnen. — Die Sagopalme (*Sagus Rumphii*) bedarf eines mit Süsswasser reichlich getränkten Bodens, den man ihr auf den Nikobaren nicht überall wird bieten können, es müsste sich denn durch praktische Versuche herausstellen, dass ihr die auf jenen Inseln häufigeren atmosphärischen Niederschläge zum Gedeihen genügten; in solchem Falle wäre natürlich dieser nach 9—10 Jahren nutzbare ungemein lohnende Baum unbedingt zur allgemeinen Einführung empfehlenswerth, er giebt im Mittel 150 ℔ Sago, ferner Palmwein aus den Blüthen und Hanf aus den Blättern. Tiefes Flachland ist sein Platz. Salep wächst wild auf den Inseln und die Eingeborenen geniessen seine Blätter, seine Cultur würde sich demnach sehr leicht bewerkstelligen lassen. Von sonstigen Bäumen, welche den Inseln noch fehlen, deren Gedeihen im Falle der Einführung jedoch mit Sicherheit vorauszusagen ist, wären zu nennen: der kostbare Sassaparil; der ein mahagonyartiges Tischlerholz liefernde Sissu; die Schoten und Nutzholz gebende Tamarinde, als nächste Nachbarin der Wohnhäuser; die Saccopalme der Molukken, welche einen kühlenden und für Europäer gesunden Wein, den sogenannten Sagoweer, ausserdem aber Zucker und Einmache-Essig liefert. Von den Sachverständigen der „Galathea"-Expedition wurde ausserdem die Einführung des Gambirstrauches (*Nauclea gambir*) empfohlen, aus dessen Blättern und Zweigen sich der unter dem Namen Katechu bekannte Gerbstoff ziehen lässt, wobei ein Rückstand bleibt, welcher einen vortrefflichen Dünger für Pfeffer abgiebt, der bekanntlich den Boden bis zur völligen Erschöpfung aussaugt, wie auch Kaffee und Betelrebe dies thun. Der Gambirstrauch kann 14—15 Monate nach der Anpflanzung gepflückt werden, und dann jeden 8. Monat. — Bambusrohr, von dem die feinsten und die stärksten Sorten auf den Inseln wachsen, würde bei seiner Nützlichkeit und vielseitigen Verwendung unter dem tropischen Himmel seine Cultur unbedingt lohnen, ebenso die feinere Sorte Rotang. Ein anderes nützliches Gewächs, das aber erst eingeführt werden müsste, wäre die Sauseviera zeilanica, der sogenannte Bogenstrang-Hanf. Es ist dies eine lilienartige Pflanze mit saftigen Blättern, welche 3 Fuss lange, ausserordentlich zähe Fasern liefern, die sich zu allen Schnüren eignen, die viel Spannung ertragen sollen. Sie wächst willig, bedarf kaum der Pflege, ist mehrjährig, nach 14 Monaten zum ersten Male und dann zweimal jährlich zu ernten. Ob die Vanille, deren Einführung auf Mauritius glückte, auf den Nikobaren fortkommen würde, müssten erst Versuche lehren, Taback ist eingeführt und wächst auf Teressa, giebt aber dort ein ordinaires Blatt, welches vielleicht an seiner Behandlungsweise liegt, von der die Nikobaresen doch wohl nicht viel verstehen können; auf Kamorta glückte dem Missionär Rosen die Anpflanzung nicht, oder besser gesagt, die Ernte wurde vereitelt, denn kaum hatten sich dort die Blätter entwickelt, da kam ein Insect und frass sie bis auf die Stiele ab. Möglich, dass dieses Insect nicht auf allen Eilanden haust. Orangen, Limonen und Citronen wachsen seit der Zeit der Herrenhuter Missionäre auf fast allen Inseln, sind aber vernachlässigt und deshalb schlecht. Die sorgsame Zucht dieser herrlichen Bäume

zur Gewinnung von Früchten für Saft- und ätherische Oel-
gewinnung, sowie von Blüthen für Theewürze (wofür China
ein lohnender Markt) müsste sich reichlich lohnen. Die köst-
liche Mangustane, welche eine der aromatischsten Früchte
liefert, war schon zur Zeit Haensel's auf den Nikobaren hei-
misch, auch Rosen kultivirte sie; sie sowohl wie die üppige
nikobarische Ananas, welche nur Schatten und Schutz
vor Unkraut verlangt, könnten zur massenhaften Herstellung
von Essenzen, vielleicht auch zum Einmachen für Versandt
dienen. Ueberhaupt müsste die Erzeugung von Essenzen,
ätherischen und anderen Oelen, Parfümen, Arzneimitteln, feineren Droguen und das Einmachen von Früchten einen wesentlichen Theil des Broderwerbes künftiger Colonisten aus-
machen, denn es erfordert keine schwere Arbeit, ist lohnend
und den natürlichen Verhältnissen entsprechend. — Einen
Versuch mit der Einführung von Hanf und seine Anpflanzung auf den Stellen, welche jetzt grobe Gräser einnehmen,
müsste man unbedingt machen, glückte er, dann erreichte
man einen doppelten Zweck: Gewinn einer Nutzpflanze und
Ausrottung einer der Cultur widerstrebenden Pflanze.

Die guten und wohlschmeckenden Nahrungsmittel Yams,
Bataten, Pisang und Bananen sind seit undenklichen
Zeiten auf den Nikobaren vorhanden, ihre Vermehrung nach
Belieben unterliegt daher nicht dem geringsten Zweifel; die
Bananen zudem nehmen mit jedem Boden vorlieb und kommen
auch auf Höhen fort, überdies geben sie noch nützliche Fasern. Ein grobes Nahrungsmittel, Collocasia indica und Calla-
dium nymphäofolium ist auch schon da, sein Anbau möchte
vielleicht lohnen, so lange Kulies zu verpflegen sind. Ob die
zwei Ernten im Jahre gebende Durha oder gemeine Moh-
renhirse *(sorghum vulgare)* und Raggih (eine Eleusine-
Art) auf den Nikobaren gedeihen, müsste ein Versuch lehren;
Melonen, Gurken und Kürbisse gedeihen üppig. So

lange die Rodung dauert, würden Hochlandreis und Mais, als zwei Pioniere einer dauernden Cultur, zur ersten Bepflanzung jeder neuen Lichtung die geeignetsten Gewächse sein. Sie verhinderten eine sofortige Ueberhandnahme des Unkrauts, nähmen dem Boden die erste Säure, verhinderten durch ihre Bedeckung und Lebensthätigkeit die Bildung von Miasmen, und lieferten vortreffliche Nahrungsmittel für Mensch und Thier, während ihr Kraut für Verbesserung des Bodens mitsorgen hülfe. Mais könnte wohl zum eigenen Bedarf der Colonie immer gebaut werden, Anfangs aber hätten ihm sowohl wie dem Hochlandsreis andere Gewächse zu folgen.

Kaffee, Pfeffer, Muskatnussbäume und Gewürznelkenbäume haben den Nachtheil, den Boden mit der Zeit gänzlich zu verderben; die beiden letztgenannten Gewürze sind „eigensinnig" und lassen nie mit Sicherheit auf Ertrag rechnen, wollen auch sehr sorgsam gepflegt sein; von den Muskatnussbäumen ist auch immer der dritte unfruchtbar, beide kommen übrigens wild auf den Inseln vor. Indigo würden gedeihen, seine Bereitung ist aber zu kostspielig. Von Zuckerrohr hat man auf den Nikobaren zwei Arten, die durch Cultur gewiss veredelt werden könnten, eine violettrothe, die am kräftigsten wächst und am meisten Saft giebt, und eine blassrothe, minder üppige von grösserer Süssigkeit. Pflanzungen im Grossen könnten nur mit Hülfe von Kulies in Billigkeit der Ackerarbeit mit den englischen und holländischen Schritt halten, deshalb empfiehlt sich seine Anpflanzung blos in kleinen Parcellen, deren gesammte Ernte an einzelne Raffinerien zu verkaufen wäre. Kleine Parcellen gestatteten Bodenwechsel, da bekanntlich die jetzigen Zuckerrohrkrankheiten in den genannten Colonien von Ermüdung des Bodens herrühren. Die Zuckercultur dürfte jedoch den eigenen Gebrauch der Colonie nicht überschreiten, und hätte die Rum-Erzeugung scharf in's Auge zu fassen, zu der man

sich aus Westindien die besten Lehrmeister holen könnte.
Von Theepflanzung wäre durchaus abzurathen, da muthmasslich nur ein untergeordnetes Product und dies auch nur
mit unverhältnissmässiger Arbeit erzeugt würde, deren Kunst-
griffe und gründliche Kenntniss schwerlich jemals Eigenthum
europäischer Arbeiter werden würde. — So lange die höchsten
Berge der Nikobaren von Europäern noch gar nicht bestiegen
worden sind, wird es wohl eine offene Frage bleiben, ob
nicht der Fieberrindenbaum, der auf Java und in Indien glücklich eingeführt worden ist, nicht auch auf den Nikobaren sein Fortkommen finden könnte. Würde seine Einführung glücken, dann hätte eine werdende Colonie eine
Quelle des Wohlstandes mehr. Die ersten Versuche freilich
würden kostspielig sein.

Zum Schluss noch ein Wort über die Mangrovebäume
(*Rizophora Magnolia*). Sie sind von der Natur erschaffen,
in tropischen Zonen die Brakwasser-Regionen einzunehmen,
in denen keine anderen lebenden Organismen lange bestehen
können. Diese Brakwasser-Regionen sind die gefährlichsten
Striche heisser Länder, da sie eine beständige Fäulniss her-
vorrufen. Ist das Salzwasser vorherrschend, dann entstehen
Salzwasserorganismen und die Süsswasserorganismen gehen zu
Grunde, gewinnt das Süsswasser die Oberhand, dann entstehen ihm entsprechende Organismen und die des Salzwassers
sterben und verfaulen, es folgt also eine Verwesung in rascher
Folge der anderen. Einen grossen Theil dieser Stoffe scheinen die Mangrovebäume zu absorbiren, denn in ihrem lebenden Dickicht stinkt es nicht im Entferntesten so stark,
wie in ihrem erstorbenen — die Bäume sterben nämlich
ab, wenn der Süsswasserlauf, der das Brakwasser ihres Grun-
des bilden half, seine Richtung verändert oder weggelenkt wird.
Ihre Wurzeln mögen auch wie Fangzäune den Meeresschlamm
der Fluth auffangen und zurückhalten uud auf diese Weise

zur allmäligen Erhöhung der Küste beitragen. Vielleicht enthält ihre Rinde Gerbstoff, ihr Holz, Laubwerk und Früchte
taugen nichts. Selbstverständlich müssten die Mangrovewäl-
der wenigstens da verschwinden, wo eine Ansiedelung angelegt wird, dann aber wäre es nöthig, den von ihnen bisher
besetzten Boden über die Fluthlinie künstlich zu erhöhen
und die Mündung der Süsswasserläufe wo möglich zwischen
Molen bis in eine grössere Tiefe zu führen, dieselben auch,
wenn thunlich, durch eine selbstwirkende Schleuse zu schliessen.
Ein Ummauern aller Quellen und steinerne Röhrenleitungen
nach verschiedenen Richtungen zur Bewässerung des Landes
und Tränkung des Viehes — wodurch wenigstens die klein-
sten Rinnsale zu beseitigen wären — würde sich überhaupt
empfehlen, denn es verminderte die Zahl der Punkte mit
Brakwasserbildung; damit freilich auch die Landungsstellen,
die sich selbst bei den unbedeutendsten Mündungspunkten
finden, da die Koralle nur im reinsten Salzwasser baut.

Das Thierreich der Nikobaren ist arm an höher organisirten Arten, die auch mit wenigen Ausnahmen nicht
einmal zahlreich an Individuen sind. Desto reicher ist die
Individuen- und Artenzahl der niedriger organisirten Wesen,
besonders der Insecten. Von Säugethieren giebt es Riesen-
Büffel auf Kamorta, die aber noch nie ein Eurpäer gesehen
hat. Hänsel wagte sich nicht an sie, Rosen konnte sie
beim Jagen nicht finden, obwohl er ihnen ganz nahe kam,
und der noch jetzt in Kiel wirkende Professor Behn konnte
sie auch nicht erblicken, er mass aber ihre frische Fährte,
die 6 Zoll lang und ebenso breit ist, die Schrittweite beträgt 5 Fuss; die von den Eingeborenen gezeigten Hörner
wogen jedes 7—8 Pfund und die Losung gleicht der von
jungen Elephanten. Das Vorkommen dieser Thiere spricht

für ehemaligen Zusammenhang der Inseln mit dem Festlande. Würden die Nikobaren kultivirt, dann müssten diese Büffel natürlich verschwinden. — Ausser diesen Büffeln giebt es auf Kamorta wilde Schweine, mit gewaltigen Hauern und von solcher Bösartigkeit, dass die nikobarischen Hunde sich nicht an sie wagen, dies haben die Eingeborenen seiner Zeit dem Rosen versichert. Das zahme Schwein der Nikobaren ist kürzer und niedriger gebaut wie das europäische, hat auch kürzere Ohren, aber stärker entwickelte Hauer wie dieses; es ist nicht besonders fruchtbar, denn Säue mit mehr als drei Ferkeln sind selten; dabei sind die Thiere unbändig und scheu, weil sie beständig in den Wäldern umherlaufen. Ihre allmälige Ausrottung auf dem Wege des Ankaufs und Ersetzung durch eine bessere, zahmere Art, wäre im Interesse der Colonisation geboten, denn die jetzige verwilderte Rasse ist ein gefährlicher Feind aller Pflanzungen, vor der nichts sicher ist, weder junge Kokusbäumchen noch Wurzelfrüchte. — Der nikobarische Hund ist von geringer, unansehnlicher Art; klein, fett, träge und feig, er heult mehr als er bellt, hat aufrechtstehende Ohren und kurzes Haar, seine Färbung ist verschieden; Fremden wird er nicht lästig, als Jagdhund ist er unbrauchbar, muss durch eine bessere Art verdrängt werden. Auf Kamorta existirt eine wilde oder verwilderte Art, die Rosen's Schaafe und Ziegen todtbiss, aber nie von ihm selber gesehen wurde. — Katzen sind in geringer Zahl und, soweit man weiss, nur im zahmen Zustande auf den Inseln. — Mäuse und Ratten sind in ungeheurer Zahl vorhanden, sie leben theils auf Bäumen, theils in Erdlöchern, die ersteren werden auf Kar-Nikobar mit Hülfe von Fallen verfolgt. Die Ausrottung dieser schädlichen Thiere wird unsägliche Mühe verursachen, doch sind hierzu Katzen am wenigsten zu empfehlen, vielmehr wilde Ichneumons für die Wälder und Planzungen, sowie gezähmte für

das Haus, ausserdem Dämmerungsraubvögel. — Auf Gross-
Nikobar lebt ein Tupaja (*Cladobates*), ein eifriger Insecten-
fresser. — Von Affen giebt es zwei kleine langschwänzige
Arten, eine von grauer und eine von schwärzlicher Färbung,
doch sind sie nur auf einigen Inseln häufig; gegen diese
schädlichen Thiere wird wohl nur das Schroot des Jägers
helfen, da die Einführung wilder Katzen mit zu empfindlichen Nachtheilen für die nützliche Thierwelt verknüpft
wäre, wie überhaupt kletterfähige Raubthiere von den Inseln
ferngehalten werden müssen. — Flughunde sind auf den
Nikobaren sehr häufig, besonders zwei Arten, deren Leib
etwa die Grösse einer Katze hat, während sie 6 Fuss breit
klaftern; sie leben hauptsächlich von den Früchten des
Mangobaumes. Die Ausrottung dieser schädlichen Pflanzen-
fresser wird sich leicht bewerkstelligen lassen, da sie bei Tage
an den Bäumen hängend und Abends in der Luft schwebend
sehr bequem zu schiessen sind. Auf Kamorta hat man auch
eine sehr kleine Fledermaus beobachtet, die höchst wahrscheinlich von Insecten lebt und deshalb sorgfältig geschont
werden müsste. — Ob auf Gross-Nikobar wirklich der
Pferdehirsch oder lichtbäuchige Russa bez. Muntjak vorhanden ist, wie ältere Berichterstatter behaupten,
muss erst eine genauere Untersuchung lehren, hinsichtlich
der Cultur der Inseln ist die Frage sehr unwichtig. — Wenn
die von den Dänen 1846 ausgesetzten Axishirsche und Ichneumons sich vermehrt haben, was hinsichtlich der letzteren
gar nicht zu bezweifeln ist, dann wären die Inseln um zwei
Arten Säugethiere bereichert worden, im Uebrigen sind bis
jetzt auf den Nikobaren keine weiteren Arten bemerkt, ihre
Vermehrung kann aber mit Leichtigkeit bewirkt werden, denn
die bisherigen Colonisationsversuche haben bewiesen, dass
Rinder und Einhufer auf der Insel prächtig gedeihen, nur
Schaafe und Ziegen wollen nicht fortkommen. Zu Zug- und

und Reitpferden würden sich die billigen, mittelgrossen, ausdauernden Thiere Sumatra's, zu Zugstieren hingegen Büffel
während der ersten Zeit der Colonisation am besten eignen;
im Uebrigen hätte man darauf zu sehen, Rinder einzuführen,
welche nicht bloss schönes und reichliches Fleisch, sondern
auch im Handel geschätzte Häute liefern. Die Einführung
von Hasen und Kaninchen müsste hingegen bei Strafe ver-
boten werden, da diese Thiere in allen, besonders aber
Zuckerrohrpflanzungen unermesslichen Schaden anrichten und,
einmal eingenistet (wie auf Mauritius), kaum je wieder aus-
zurotten sind. Die Abwechselung in Fleisch wäre für die Colonie im Reiche der Vögel zu suchen. Als ungeniessbare,
aber im höchsten Grade nützliche Säugethiere, müssten ma-
dagassische Borstenigel oder auch vielleicht gewöhnliche deutsche Igel einzuführen versucht werden, hinsichtlich der ersteren ist dies auf Mauritius mit 300 Paaren geglückt. Diese Thiere sind unersättliche Insecten- besonders
Ameisenfresser und richten doch durch Wühlen keinen Schaden an, wie dies Gürtelthiere thun. Die Einführung des
madagassischen Fingerthiers oder Aye-Aye (*Chiro-
mys madagascariensis L.* oder *Lemur psilodactylus Schrb.*)
wäre wohl sehr zu empfehlen, aber jedenfalls schwierig zu
erreichen, da diese nächtlichen scheuen Thiere schwer zu
fangen sind; sie fressen am liebsten die in und an Bäumen
lebenden Insecten, welche sie mit grosser Geschicklichkeit
mit Hülfe ihrer merkwürdig geformten Nägel und Finger
hervorholen.

Das Reich der Vögel ist besser auf den Nikobaren
vertreten wie das der Säugethiere, indem man ca. 40 Arten
beobachtet hat, worunter 1 grosser Fischadler, 2—3 Arten
Papageien, 1 grosse Waldhühnerart, 6 Arten Tauben von
ansehnlicher Grösse und sehr zahlreich, den Meinavogel (*Gra-
cula religiosa*), Kolibris auf Gross-Nikobar, verschiedene ess-

bare Strandvögel der Geschlechter Totanus, Numenius und Charadrius, 1 Seeschnepfe, 1 Eisvogel, Salanganen und noch einige nicht bestimmte Arten. Haushühner, welche genau den unsrigen gleichen, halten sich fast alle Nikobaresen, doch vermehren sich diese Thiere nicht sehr, da die Pflege und Beaufsichtigung der Küchlein durchaus mangelhaft ist; sehr viele werden von den Schlangen verspeist. Auf diesem Gebiete lässt sich noch Vieles thun, denn die Nikobaren eignen sich vortrefflich zur Federviehzucht, wie dies wirklich erprobt ist — Gänse, Enten und Puten geriethen dem Missionär Rosen ganz nach Wunsch; Perlhühner, Fasanen, Pfaue, Riesenstörche werden deshalb als Hausthiere, und Ibisse, Repphühner, fremde Singvögel (als Insectenvertilger), Stelzengeier, numidische Kraniche und andere schöne und gleichzeitig nützliche Vögel werden sich gewiss als heimische freie Thiere sehr gut acclimatisiren. Die Einführung des Stelzengeiers auf Martinique, zur Vertilgung der Schlangen, und des Martinsvogels auf Mauritius, zur Ameisenvertilgung, ist ja geglückt; der Ibis fände Mollusken und Würmer im Ueberfluss und würde wohl mit der Zeit besonders die letzteren sehr vermindern.

Ehe wir zu anderen Thierklassen übergehen, müssen wir doch der Salanganen noch eingehender erwähnen, jener Vögelchen, die für die holländische Regierung eine unversiegbare Einnahme-Quelle geworden sind — Monay schlägt sie auf 5000 Pfd. Sterling an, andere schätzen die Summe gar auf 250,000 Pfd. Sterling. Von den Salanganen (*Hirundo esculenta* oder *Collocalia fuciphaga*) behaupten bekanntlich Lamouroux und Desfontaines, dass sie den Stoff zu ihren Nestern aus verschiedenen Seetangen, z. B. aus Fucus bursa, Sphaerococcus cartilagineus, Gelida-Arten etc. hernähmen, wohingegen Rafles in Folge eigener auf Java angestellter Beobachtungen den Ausspruch thut, dass die Ma-

teria aus Frosch- oder Fischlaich sowie anderen animalischen
Stoffen in Verbindung mit dem Speichel oder Magensaft der
Thierchen entstände und von diesen mit heftiger Anstrengung
durch den Schlund ausgestossen würde, wobei mitunter Bluts-
tropfen kämen, die man an den Nestern bemerken könne.
Dass den Salanganen das Arbeiten nicht leicht fällt, lässt
sich denken, besonders wenn sie zu häufig dazu genöthigt
werden; ihr eigener Saft muss auch wohl die Hauptsache dabei
sein, insofern wenigstens, als er den aufgenommenen Stoff
zurichtet, ob dieser jedoch animalischen oder vegetabilischen
Ursprungs, das scheint trotz alledem noch nicht entschieden
zu sein. Die nikobarischen Salanganen werden in scho-
nungsloser Weise ausgebeutet, indem Eingeborene, sowie Malayen und Chinesen um die Wette die Nester rauben, nur
bedacht, anderen Concurrenten in der Wegnahme zuvorzu-
kommen, aber ohne alle Rücksicht auf den Vogel. Vermuthlich kommt deshalb seit langer Zeit auch nur eine mittel-
mässige oder bloss zu Leim brauchbare Qualität Nester von
jenen Inseln, z. B. sehr häufig solche, die mit Moos und anderen nicht hineingehörigen Stoffen gemischt sind, weil entweder
die nach jeder Seite hin nützlichen Thierchen der Anstrengung des ununterbrochenen Nestbaues schliesslich nicht mehr
gewachsen bleiben oder instinctmässig gelernt haben, dieselben
zu verschlechtern. Einer intelligenten und praktischen Colonieverwaltung würde sich gewiss die Frage aufdrängen: „Giebt
es keine Mittel, die Zahl der Nestbauer zu vermehren und
die Qualität der Nester dauernd zu verbessern?" Da würde
dann gewiss zunächst und mit Recht die Monopolisirung der
Ausbeutung in's Auge gefasst werden müssen, nächstdem eine
bei strenger Strafe innezuhaltende Schonzeit, dann aber eine
künstliche Anlage neuer Höhlen an geeigneten Plätzen und
die möglicherweise zu bewerkstelligende Cultur jener Pflanzen,
von denen man mit Bestimmtheit erfährt, dass sie den Salan-

ganen zum Nestbau dienen — ob überhaupt Pflanzenstoffe dazu genommen werden, das kann selbstverständlich der Verfasser nicht entscheiden, obwohl er es glaubt, doch hält er es für sein Recht, das mitzutheilen, was alte Nestersammler und langjährige intelligente Beobachter der Salanganen aufgezeichnet haben. Der Missionär Haensel sagt über diesen Gegenstand wörtlich Folgendes:

„Ich kann es nicht übernehmen, dies Thierchen zu klassificiren; es ist der Erbauer jener essbaren Nester, welche zu den Delicatessen indischer Gelage gehören. Diese Vögel werden von den Eingeborenen Hinlene genannt; sie bauen in Spalten und Höhlen der Felsen, besonders in denen, die sich nach Süden öffnen. In den letzteren findet man die feinsten und weissesten, und ich habe oftmals bei einem einzigen Ausfluge zu diesem Zwecke funfzig Pfund derselben eingelesen. Sie sind klein und wie Schwalbennester geformt; wenn sie fertig sind, gehen 72 auf ein Catty oder 1¾ Pfd. Der beste Verkaufsplatz für sie ist China. Was den Stoff betrifft, aus dem sie gemacht sind, so war ich trotz der emsigsten Forschung nicht im Stande, diesen festzustellen, auch ist mir keine einzige der ausgesprochenen Ansichten mir bekannter Naturforscher genügend, es haben ja auch jene Autoritäten die Vögel niemals selber gesehen. Diese Schwalben haben auffallend kurze Beine und sind unfähig, aufzufliegen, wenn sie einmal zu Boden gefallen sind oder sich dort niedergelassen haben. Ich habe manche in dieser Lage überrascht und aufgenommen; nachdem ich sie genugsam untersucht, warf ich sie dann in die Höhe, worauf sie sogleich wegflogen; deshalb können sie nicht, wie viele vermuthen, das Baumaterial ihrer Nester an der Seeküste oder auf Felsen in der See finden. Ich vermuthe, dass sie die Nester aus dem Harze eines eigenthümlichen Baumes bauen, den manche die Nikobarische Ceder nennen und der in

grosser Menge auf allen südlichen Eilanden der Gruppe
wächst. Sein Holz ist hart, schwarz und sehr schwer; vom
December bis Mai ist er mit Blüthen bedeckt und trägt
Früchte, welche einigermassen den Cedern- oder Tannen-
zapfen ähneln, aber doch mehr wie mit Augen oder Drüsen
bedeckte Beeren aussehen und ein Harz oder doch eine har-
zige Flüssigkeit ausschwitzen. Wenn diese Bäume in Blüthe
stehen oder Frucht tragen, sah ich sie von unzähligen Schwärmen dieser Vögelchen umgeben, die wie Bienen um die Blüthen flogen und flatterten, und ich bin der Ansicht, dass sie
dabei das Material für ihre Nester einsammelten. Ich theile
diese oft und genau beobachtete Thatsache einfach mit, ohne
Anspruch auf gemachte endgültige Entdeckung zu erheben. Wie ich schon vorhin sagte, leben diese Vögel in
Felsenhöhlen wie Bienen im Korbe und fliegen auch so wie
diese ein und aus; ihre Nester bauen sie dicht beisammen
wie Martinsvögel oder Schwalben. Das Weibchen verfertigt
ein sauberes, geräumiges und wohlgeformtes Nest, welches
zum Legen und Ausbrüten der Jungen bestimmt ist; das
Männchen hingegen legt dicht neben diesem ein anderes an,
das aber kleiner und unförmlicher gebaut ist: denn diese
Nester sind nicht blos zum Zwecke des Brütens da, sondern
auch als Ruheplätze, von wo aus die Thierchen zum Fluge
ansetzen können. Wenn man ihnen dieselben raubt, dann
machen sie sich unverweilt an die Arbeit, um neue zu bauen,
und da sie sehr fleissig sind, gelingt es ihnen in einem Tage
so viel fertig zu machen, wie nöthig ist, das Gewicht ihres
Körpers zu tragen; zur Vollendung des ganzen Nestes haben
sie aber drei Wochen nöthig. Während des Nordost-
Monsuns sind sie alle munter und fliegen lebhaft umher,
aber sowie der Wind aus Südwest kommt, sitzen oder liegen
sie alle in ihren Nestern in einer Art Betäubung und geben
kein anderes Lebenszeichen von sich, als eine gewisse zit-

ternde Bewegung des ganzen Körpers. Ich habe in diesem Zustande manchmal eins der Thierchen aus dem Neste genommen und auf die flache Hand gelegt, wobei ich dann eben kein weiteres Lebenszeichen als jenes Zittern wahrnahm und, nachdem ich es wieder an seinen Ort gelegt, konnte ich kaum verhindern, dass es völlig machtlos auf die Seite fiel. Wenn man den armen Vögeln die Nester bei dieser Witterung fortnähme, müssten sie unfehlbar sterben."

Eine andere Notiz Haensel's, welche vielleicht einen Wink hinsichtlich der besten Einsammlungszeit der Nester enthält, lautet:

„Als die Malayen darauf wegen Nester in der folgenden Saison ankamen, war ich ihnen zuvorgekommen, so dass sie nichts bekamen, denn kaum hatte der Nordostwind begonnen, da eilte ich nach den südlichen Inseln, blieb dort einen Monat und sammelte eine Unmasse von Nestern, kaufte auch den ganzen Vorrath der Eingeborenen auf."

Der Missionär Rosen hingegen sagt über die Salanganen:

„Man hat behauptet, der Vogel lese die Materialien zu seinem Neste an der Seeküste auf und dass sie aus einer gewissen Art Seegras beständen, doch habe ich nie einen Grund für diese Behauptung finden können. Die Nikobaresen sagen, dass der Vogel selber eine Art Schleim hervorbringe, aus dem er sein Nest bilde."

Hiergegen ist es wiederum interessant zu hören, was Dr. H. Rink, auf Grund eigener Wahrnehmungen an Ort und Stelle, sagt:

„Die Vögel, welche jene Nester liefern und verschiedenen Arten des Geschlechtes Collocalia angehören, leben vorzüglich auf den südlichen Inseln. In den Felsen des weichen Sandsteins hat das Meer an manchen Stellen tiefe Höhlen gebildet, in denen sich gewöhnlich ganze Schwärme dieser Vögel versammeln und deren Fussboden mit einer 2—3 Fuss dicken Schicht eines Guano's bedeckt ist, der aus den härteren Theilen der Insecten, gemischt mit kleinen Gypskrystallen, besteht. Uebrigens sind die Nester sehr verschieden, indem einige nur die bekannte schleimige Materie, andere mehr oder weniger fremde Theile beigemischt enthalten. Als Beitrag zur Entscheidung der häufig erörterten Frage über den Ursprung jenes Leims könnte vielleicht der Umstand dienen, dass die Felsenwand in der Nähe einer solchen Höhle auf Bambok mit einer gelatinösen Masse, vielleicht einer Alge, bedeckt war, die ganz den Geschmack jener Nester hatte."

Amphibien sind auf den Nikobaren zahlreich, obwohl nicht in vielen Arten vertreten; zu den sehr nützlichen gehören das Chamäleon und der essbare Leguan, sowie eine sehr kleine, aber ungemein zahlreiche Eidechsenart; zu den lästigen und schädlichen muss natürlich das Leisten-Krokodil (*Crocodilus biporcatus*) gezählt werden, das besonders auf den mittleren und südlichen Inseln sehr häufig ist. Es wird bis zwanzig Fuss lang, jedoch von den Eingeborenen gar nicht gefürchtet, wohl aber gejagt und gegessen. Die neueren Berichterstatter behaupten, diese unheimlichen Thiere seien selten auf den Inseln — es ist möglich, dass ihre Zahl gegen früher abgenommen hat, die Mittheilungen älterer Sachkenner, die überdies länger auf den Eilanden lebten, lauten indessen ganz anders und verdienen wohl gehört zu werden, auch wenn sie mitunter wunderlich klingen:

Haensel behauptet nämlich ausdrücklich, dass auf den Nikobaren Krokodile und Alligatoren seien und zwar massenhaft, doch nur auf den Eilanden, welche Süsswasserbäche oder Süsswasserseen hätten. Die Krokodile, sagt Haensel, frässen nur todte Körper und er erzählt einen Fall, der allerdings für diese Behauptung entschieden spricht. Er sah nämlich eines Tages an der malayischen Küste mehrere Kinder im Seewasser spielen, als sich diesen plötzlich aus einem Bache kommend ein grosses Krokodil näherte. Erschreckt rief er einer Gruppe chinesischer Arbeiter zu, ihm beim Schutze der Kinder gegen das Unthier zu helfen, diese lachten ihn jedoch aus, weil er nicht einmal wisse, dass Krokodile keine lebenden Wesen angriffen, und wirklich, die Kinder flüchteten nicht, sondern bespritzten das Thier mit Wasser und suchten es durch Lärm zu verscheuchen. Die Alligatoren hingegen beschreibt er als sehr muthig und dem Menschen gefährlich; sie griffen alles an, was sie erreichen könnten, doch vermöchten sie keinen Gegenstand vom Boden aufzuheben, da ihre untere Kinnlade stark hervorspränge. Er hatte verschiedene Affairen mit diesen Thieren, welche er sehr fürchtete. — Rosen hingegen spricht nur von Alligatoren „oder kleineren Krokodilen“, von deren Vorhandensein er und seine Leute erst geraume Zeit nach geschehener Ansiedelung etwas merkten; besonders mit dem Eintritte der Fluth stellten sie sich ein und schienen mitunter nicht übel Lust zu haben, den Ansiedlern auf dem Lande einen Besuch abzustatten. Doch sah Rosen nie mehr als zwei dieser Thiere gleichzeitig, deren gründliche Ausrottung gewiss dann eintreten wird, wenn jeder Süsswasserlauf von seinem Ursprunge bis zur Mündung im Dienste der Cultur steht und Ichneumons fleissig ihr Jagdrevier durchstreifen.

Es giebt verschiedene Schildkröten bei und auf den Nikobaren, aber vielleicht keine für europäische Gaumen geniessbare, wenigstens hat diejenige, welche das sogenannte echte Schildpat liefert, einen thranigen Beigeschmack, wird aber dennoch von den Eingeborenen gegessen. Die Schildkröten lieben bekanntlich mit besonderem Eigensinne gewisse Plätze als Brutstätten für ihre Eier, sollte man diese Stellen auf den Inseln ermitteln, dann wäre die Unnahbarkeit derselben als Mittel zur Beförderung der Vermehrung dieser nützlichen Thiere dringend zu empfehlen; ob es lohnend wäre, auch noch fremde Landschildkröten einzuführen, müsste die Zeit lehren.

Schlangen sind auf den Inseln ungemein zahlreich, doch sollen nur zwei giftige Arten dabei sein, was dahin gestellt bleiben muss, in jedem Falle ist eine dabei — wenn auch vielleicht nicht so häufig — die zu den entsetzlichsten, nämlich zu den Dreieckköpfen zu gehören scheint. Haensel hat sie kennen gelernt und beschrieben; ihr Biss ist für Menschen fast immer tödtlich, weit schrecklicher wie jener der Klapperschlange. Dies Ungeziefer wird mit der Bodencultur und Einführung von schlangenfressenden Thieren abnehmen, wenn auch vielleicht nicht gänzlich verschwinden.

Die See wimmelt von Fischen, unter denen man verschiedene der geschätztesten Arten bemerkt hat; die Ausbeutung dieser Schätze wird man natürlich den Nikobaresen überlassen müssen, und käme es hauptsächlich darauf an, sie an eine lohnendere Fangweise zu gewöhnen und ihnen das Fischereigewerbe womöglich als Hauptlebensberuf passend zu machen. Hierzu bietet noch ein absonderliches Meeresproduct eine der günstigsten Veranlassungen, nämlich die sogenannte Seegurke (*Holothuria edulis*), welche in 13 bis jetzt bestimmten Arten bei den Inseln vorkommt. Diese Holothurien, die im Handel unter dem Namen Trepang bekannt sind, bilden eins der (vermuthlich stimulirenden) Leckermittel der Chinesen, welche dafür enorme Preise zahlen. Die hellste Art ist die theuerste und wird bis 40 Dollars pro Pikul (133 engl. Pfund) bezahlt. Die Thiere sind um die Nikobaren, d. h. auf dem unter Wasser stehenden Theile des Strandes, so massenhaft vorhanden, dass sie förmlich auf einander liegen, aber nur die Malayen und vereinzelte Chinesen befassen sich mit ihrer Fischerei und Zubereitung, wobei sie die besseren Arten bis zur Erschöpfung ausbeuten, die schlechteren dunklen aber liegen lassen. Diesem Unwesen müsste natürlich sofort gesteuert und die Trepangfischerei zum Regal erklärt werden; nächstdem wäre eine völlige Schonung aller theuren Holothurien-Arten und die allmälige Beseitigung oder doch Schwächung der schlechteren Arten durchzuführen (die schlechte Sorte könnte nöthigenfalls als Enten- und Gänsefutter etc. Verwendung finden); wäre dies geschehen, dann könnte die Fischerei durch eingeborene Kräfte bewirkt werden und würde der Colonieverwaltung dann Jahr aus Jahr ein bedeutende Summen abwerfen. Ebenso könnte Austernfang und Austernzucht eine Quelle der Einnahme werden, denn auch mit diesen Producten der See sind die Nikobaren verschwenderisch gesegnet; ob die Ausbeutung der echten Perlmuschel (bei Kamorta nachgewiesen) von Regierungswegen sich lohnte oder auch hier durch künstliche Zucht etwas gethan werden könnte, das müsste erst die praktische Erfahrung lehren. Krebse und Krabben der verschiedensten Art, bis zur ungewöhnlichsten Grösse, so dass nach Rosen eine Scheere zum Frühstück für einen erwachsenen Mann ausreicht, bevölkern den Strand der Nikobaren in solcher Menge, dass ihre Bewegungen einen förmlichen Lärm verursachen. Bis jetzt haben diese gefrässigen Thiere dort nur den Sanitätspolizeidienst versehen, denn sie fressen jeden vegetabilischen oder animalischen Stoff, am liebsten freilich greifen sie zu Pflanzenstoffen, nämlich zu jungen Schösslingen, die sie abkneifen, und dadurch entschiedene Feinde jeder Pflanzung sind; sie klettern sogar auf die Kokuspalmen hinauf und sollen die Nüsse herabholen, die sie leidenschaftlich gern fressen. Hat erst der Mensch dort sein Reich aufgeschlagen, dann wird sich ihre Zahl wohl bald auf das richtige Maass vermindern, so dass sie mehr nützen als schaden.

Nun noch ein Wort über die so einträgliche Trepang-Bereitung. Die Seegurke wird bei den Nikobaren im December, Januar, Februar und März aus dem Wasser genommen; sobald dies geschehen ist, giebt sie den ganzen Inhalt ihrer Eingeweide von sich und wird sofort in hinlänglicher Masse in eine grosse eiserne Pfanne oder Kasserole gelegt. Hier kocht sie in ihrem eigenen Safte, der sich schliesslich in einen dicken ekelhaften Schleim verwandelt; wenn sie 6 Stunden oder so lange gekocht haben, dass sie beginnen, einen pfeifenden Laut von sich zu geben, dann werden sie herausgenommen, um geräuchert und gedörrt zu werden. Hierzu bedient man sich folgender Vorkehrung: es wird eine Hütte gebaut, in welcher 3 Fuss über dem Boden ein Rost von gespaltenen Bambusstäben angebracht ist, der dicht mit den gekochten Thieren belegt wird, während darunter ein ziemlich starkes Feuer brennt; nach zwei bis drei Tagen werden die mittlerweile flach und eingeschrumpft gewordenen Seegurken herabgenommen, um noch 1—2 Tage in der Sonne nachzutrocknen, worauf ihre Verpackung für den Handel beginnt. Im lebenden Zustande ist das Thier $\frac{1}{2}$—1 Fuss lang und 2—3 Zoll dick, wurmförmig, etwas runzlig, mit einigen schildförmigen Fühlern am Maule und verkümmerten Füssen auf allen Seiten des Körpers; es ist sehr träge und lässt sich von der Ebbe überraschen, sein Nahrungsmittel sind Mollusken. Die Trepangbereitung könnten die Eingeborenen, soweit sie dieselbe nicht schon verstehen, von gemietheten Malayen lernen, den Handel mit der Waare würden deutsche Häuser gewiss sehr gern übernehmen, besonders wenn sie mit der Regierung Contracte auf mehrere Jahre im Voraus abschliessen könnten.

Die Insectenwelt der Insel ist gegenwärtig überreich an Arten sowohl als Individuen, am häufigsten vorhanden sind Ameisen, besonders Termiten, ausserdem giebt es viele Käfer und andere Feinde des jungen Holzes und der Blätter sowie Blattknospen. Eine Art Bienen findet sich auch vor, und Rosen hat bisweilen in ihren in hohlen Bäumen angelegten Nestern 2 Pot Honig gefunden. Die Bienenzucht kann auf den Inseln erst getrieben werden, wenn mehr Blumen vorhanden sein werden. Tausendfüsse, darunter eine sehr giftige Art, fehlen auch nicht, ingleichen giebt es eine kleine, giftige Skorpionenart in faulen Baumstämmen. Spinnen sind massenhaft vorhanden, auch Fangheuschrecken zahlreich, ingleichen Laubheuschrecken, Muskitos hingegen und Fliegen sind auf den Nikobaren (mit Ausnahme einiger Plätze) weniger lästig wie auf dem Festlande. Unter den Würmern ist besonders ein ungewöhnlich grosser Regenwurm auffällig. Der Kampf mit den Insecten und Würmern kann nur mit Hülfe von Thieren geführt werden, die man zum grossen Theile auf den Nikobaren erst einbürgern muss, zum Theil sind solche auch schon vorhanden und bedürfen nur der Schonung, die ihnen bisher nicht zu Theil wurde. Im Uebrigen werden den Menschen für seine eigene Person der Fortschritt der Landeskultur und alle die Hülfsmittel der Civilisation und des Luxus schützen, welche Europäern im tropischen Asien zur Verfügung stehen.

Die mineralischen Schätze der Nikobaren können erst ermittelt werden, wenn der Urwald verschwunden sein wird und alle diejenigen technischen Hülfsmittel an Ort und Stelle vorhanden sein werden, deren man sich in Europa zu geognostischen Erforschungen bedient. Trotz alledem ist doch schon festgestellt, dass Steinkohlen auf den Nikobaren vorhanden sind, und zwar hat dies der tüchtige dänische

Geognost Dr. H. Rink ermittelt. Er theilt über diese hoch-
wichtige Sache Folgendes mit:

An den Küsten der südlichen Gruppe findet man häufig
abgerundete Stücke von Braunkohlen unter dem aus festem
Sandstein und Korallenbruchstücken bestehenden Gerölle. Die
Eingeborenen hatten dies Mineral schon lange gekannt und
brachten den Naturforschern der „Galathea"-Expedition verschiedene Proben desselben, die sie beim Fischen auf dem
Korallenriffe gefunden hatten. Um zu entscheiden, ob diese
Stücke wirklich von der Sandstein- oder Schieferbildung herrührten, suchte Dr. Rink zunächst von den Eingeborenen
zu erfahren, wo sie das Geröll hauptsächlich gefunden hatten.
Sie wussten jedoch nur, dass sie es nie auf dem festen Lande,
sonst aber überall um die ganze Küste herum angetroffen
hätten. Es wurden dem Dr. Rink auch von allen Seiten
der Inseln Gross- und Klein-Nikobar Kohlenstücke gebracht,
die meisten aber von dem kleinen Eiland Treis, wo er selber
auf seiner Wanderung mehrere im Korallensande fand. Da
die erlangte Auskunft den Dr. Rink nicht befriedigte, suchte
er zunächst nach den gewöhnlichen Begleitern der Kohlenlager, nämlich nach bituminösem Schiefer und Pflan-
zenabdrücken, allein diese kamen ebensowenig in dem vorhandenen Schiefer vor, wie thierische Reste im Sandstein.
Die einzige Spur bituminöser Stoffe fand der emsig suchende
Forscher in den schwarzen Streifen des Sandsteins; die Schiefer hingegen zeigten fast keine Spur bituminöser Stoffe, dennoch traf Dr. Rink schliesslich mehrere und grössere Mengen
Kohle an verschiedenen Stellen der Inseln Klein-Nikobar,
Treis, Milu und Kondul, zuletzt auch ein fossiles Harz im
Sandstein der Insel Milu an. Diese Kohlenpartien zeigten
sich aber allenthalben als isolirte Massen von 1—2 Zoll
Mächtigkeit, und der Schiefer oder Sandstein war rein und
unverändert in ihrer unmittelbaren Nähe. Die Gerölle waren

alle stark abgerundet, zum Theil von Pholaden durchbohrt und schienen den Meereswellen lange Zeit ausgesetzt gewesen zu sein. Sie zerfielen nach Rinks Untersuchung in folgende organische Reste:

1) Fossiles Holz von graulich oder röthlich schwarzer Farbe; es war sehr hart und nahm Politur an; der Querbruch zeigte in der dunkleren Grundmasse isolirte Gefässbündel, und die Fasern hatten in der Längenrichtung einen geschlängelten Lauf. Das specifische Gewicht war 1,₄₄₈; das Holz hinterliess beim Verbrennen 31,₈ pCt. dunkelbraunrothe Asche, welche ausser etwas aus Schwefelkies entstandenem Eisenoxyd grösstentheils Kieselsäure enthielt. Sowohl die isolirten Gefässbündel als der geschlängelte Lauf der Fasern und endlich der völlige Mangel an Jahresringen deuteten ihren Ursprung aus monokotyledonen Bäumen an, auch schien die Kieselsäure in der Asche, welche bei den folgenden Varietäten fehlte, hierauf hinzuweisen.

2) Fossiles Holz von grauschwarzer Farbe. Der Bruch war matt und erdig, es nahm keine Politur an, aber im Querbruche bemerkte man dichte und feine, jedoch deutliche concentrische Linien, die zu grösseren concentrischen Ringen zusammengruppirt waren; diese Stücke rührten höchst wahrscheinlich von dikotyledonen Bäumen her; das grösste zeigte 2 concentrische Systeme neben einander, welches auf eine Verzweigung des ehemaligen Stammes deutete. Die Masse war stark wassersaugend, zeigte ein specifisches Gewicht von 2,₂₃₄ und gab 68,₆ pCt. hellbraune Asche, aus Eisenoxyd, Thonerde und Kalk bestehend.

3) Fossiles Holz von schwarzer Farbe. Der Querbruch zeigte ähnliche isolirte weisse Punkte wie Nr. 1, aber die deutlichen concentrischen Ringe und ein Ast nebst dem unteren Theile eines Zweiges deuteten doch auf den Ursprung aus dikotyledonen Bäumen hin. Die Holzstructur

ging an gewissen Stellen in eine tiefschwarze, glänzende Pech-
kohle über, in der keine Holzfasern mehr mit blossem Auge
zu entdecken waren. Das specifische Gewicht betrug 1,828,
es hinterliess an dunkelrothbrauner Asche 23,7 pCt.

4) Kohle von muscheligem, stark glänzendem Bruche
und tiefschwarzer Farbe, in der sich keine Holzstructur mit
blossem Auge wahrnehmen liess; sie wurde von Dr. Rink
auf der Nordseite von Klein-Nikobar anstehend gefunden
und ausserdem wurden dem Reisenden viele Gerölle davon
gebracht, unter denen ein Stück 8 Zoll Länge und 6 Zoll
Breite hatte. Eine Probe dieses Gerölles ergab specifisches
Gewicht 1,363 und Asche 8,8 pCt. Eine Probe der an-
stehenden Kohle ergab 1,411 specifisches Gewicht und
8,0 pCt. Asche; sie ergab bei einer Prüfung nach der bekannten Methode mit Bleioxyd und Chlorblei einen Brennwerth von 3457. Bei der trockenen Destillation entstand viel
Schwefelwasserstoff, die überdestillirte Flüssigkeit war grösstentheils wässerig, ohne viel brenzliches Oel, enthielt kohlen-
saures Ammoniak und war übrigens von einer ähnlichen Beschaffenheit wie diejenige welche man auf dieselbe Weise aus
Torf erhält.

5) Kohle, gleichfalls ohne kennbare Holzstructur und
von muscheligem, aber mattem Bruche. Die meiste, welche
Dr. Rink anstehend fand, gehörte dieser Varietät an.
Eine Probe von der Nordseite von Klein-Nikobar ergab 1,338
specifisches Gewicht, 6,7 pCt. Asche und 3760 Brennwerth.

6) Ein dem Bernstein entsprechendes fossiles Harz
fand unser Gewährsmann im Sandstein der Insel Milu, aber
sonst nirgends; es war bald dunkel und pechartig, bald hellgelb und durchsichtig und wurde durch Reiben elektrisch.
Specifisches Gewicht 1,037; es war sehr spröde und liess sich
mit Leichtigkeit zwischen den Fingern zu Pulver zerreiben.
Kochender absoluter Alkohol zog aus diesem Pulver nur

Spuren heraus, in kochendem Aether aber backte es zusammen, und was dieser auflöste, wurde vom Alkohol wieder gefällt. Kochende Kalilauge wirkte gar nicht darauf. Beim Erhitzen gab es einen ähnlichen Geruch wie Bernstein, allein keine Säure. Es scheint von allen fossilen bekannten Harzen verschieden zu sein, stammt aber jedenfalls aus denselben Bäumen, wie die beschriebenen Braunkohlen.

Sowohl die dikotyledone Form der fossilen Hölzer, als die Beschaffenheit der Kohlen deutet nach Dr. R i n k auf ein ziemlich junges Alter dieser Formation hin, allein der völlige Mangel sonstiger organischer Reste macht eine genauere Bestimmung des Alters unmöglich, am nächsten würde man wohl durch einen Vergleich mit anderen Kohlenbildungen des südöstlichen Asiens darauf geleitet werden. Man hat bekanntlich sowohl längs der südlichen Grenze des grossen Alluviallandes des Ganges, als des Nerbuddaflusses und besonders in Assam zu beiden Seiten des Puremputer Sandsteinbildungen mit einer Menge Kohlenlagern entdeckt, auch auf der Arrakanküste und den Inseln, die längs derselben liegen, sowie in der Provinz Tenasserim hat man bedeutende Kohlenbildungen gefunden. In Burduan sind schon seit den vierziger Jahren Kohlenminen unter Bearbeitung und dort, so wie in Assam, namentlich in Cherra Punzie sind seitdem noch mehr in Angriff genommen worden. Man kann also sehr gut annehmen, dass auch die Nikobaren ansehnliche und ausbeutungswerthe Kohlenlager bergen, obwohl Dr. R i n k in seinen Annahmen sehr vorsichtig ist und Nichts unbedingt zugiebt, vielmehr auf eine genauere Untersuchung der Inseln verweist, als er sie unternehmen konnte.

Der Mensch der Nikobaren.

Die Nikobaresen wissen über ihre Abstammung nichts, das Einzige, was der Missionär Rosen in dieser Hinsicht von ihnen in Erfahrung bringen konnte, war die Behauptung der um den Hafen von Nangkowry wohnenden Eingeborenen, dass sie sämmtlich von Gross-Nikobar oder Loáng gekommen wären, und dies hat etwas für sich. Uebrigens findet sich unter ihnen, trotz all ihrer Vergesslichkeit, eine Sage von der Sündfluth, die keineswegs von Aussen her bei ihnen eingeführt zu sein scheint, vielmehr sehr wohl als eine dunkle Erinnerung an jene Katastrophe gelten kann, die das Versinken ihres mit Sumatra und Hinterindien einst zusammenhängenden Continents zur Folge hatte. Diese Sage lautet nach Rosen's Mittheilung:

„In den ältesten Zeiten kam eine grosse Wasserfluth, welche Menschen und Thiere ersäufte, doch rettete sich ein nikobarischer Mann, indem er den höchsten Baum des höchsten Berges von Loáng erkletterte und dort wartete, bis das Wasser fiel. Als dies geschehen war, stieg er herab und sah sich nach Menschen und Thieren um, doch fand er auf der ganzen Insel kein anderes lebendes Wesen, als eine Hündin. Mit dieser zeugte er hierauf das Geschlecht der Nikobarenmenschen."

Noch interessanter, als obige Sage, dürfte in anthropologischer Beziehung das sein, was Rosen und die Gelehrten der „Galathea"-Expedition aus dem Munde der Eingeborenen von Nangkowry und Kamorta über die Reste einer Urbevöl-

kerung auf Gross-Nikobar vernahmen. In dem unzugäng-
lichen Innern der letztgenannten Insel soll sich nämlich ein
noch völlig wildes Volk aufhalten, das jedenfalls älter ist, wie
die nikobaresische Rasse. Die Leute der letzteren dünken
sich so erhaben über jene, wie etwa der Mensch über den
Affen; sie vergleichen jene Wilden auch stets mit diesem Vier-
händer und behaupten von ihnen, dass sie weder Wohnungen noch
Kleidung hätten, sich wie wilde Thiere immer im dichtesten
Walde aufhielten, den Anblick des Menschen scheuten und
nur aus ihren Schlupfwinkeln hervorkämen, um Nahrung zu
suchen, die sie mitunter aus den nikobaresischen Hütten ent-
wendeten, wenn sie merkten, dass die Bewohner derselben
nicht zu Hause seien; ausserdem sollten sie Kröten und
Schlangen, die sie durch Zauberkünste fingen, als Nahrung
verzehren, gelegentlich aber für Bündel Rotang sich Messer
von den Küsten-Nikobaresen eintauschen.

In früheren Jahrhunderten standen die Bewohner der
Nikobaren im Verdacht, M e n s c h e n f r e s s e r zu sein, und da
ist es leicht möglich, dass jene nunmehr zurückgedrängten
Urbewohner die Anthropophagen gewesen sein können, wenigstens ist eine Notiz des Missionärs H a e n s e l bemerkens-
werth, die in Veranlassung einer religiös-moralischen Straf-
predigt entstanden ist. Haensel warf den Nikobaresen nämlich
ihre Gottlosigkeit vor, besonders aber eine von ihnen verübte
Leichenschändung, der er beigewohnt hatte. Sie hatten die
Körper der Erschlagenen so lange mit Spiessen durchbohrt
und mit Säbeln zerhackt, bis keine Spur einer menschlichen
Gestalt von ihnen wahrnehmbar blieb. Auf seine Vorwürfe
erwiderten die Nikobaresen jedoch: „Die Sache verstände er
nicht! die also Verstümmelten wären keine Menschen gewesen, sondern „gomoy“, d. h. Menschenfresser. Der Urstamm scheint jedoch trotz alledem auf einer materiell nicht
viel niedrigeren Stufe zu stehen, als die Nikobaresen selber,

wenigstens spricht hierfür das, was die Dänen bei ihrer Fahrt den Galatheafluss hinauf fanden (worüber an betreffender Stelle Näheres), vorausgesetzt, dass man es dort wirklich mit einer Wohnstätte der sogenannten Waldmenschen zu thun hatte und nicht mit einer Ansiedelung gewöhnlicher Nikobaresen.

Vergleicht man mit der Nachricht über die nikobarischen Waldmenschen das nunmehr als ziemlich gewiss anzusehende Vorhandensein eines wilden zurückgedrängten Stammes in den Bergen von Malacca und Pegu, der dort als verkommener Rest eines ehemaligen Urvolkes sein Dasein fristen soll. und zieht man ausserdem die Thatsache in Betracht, dass auch im Innern Sumatra's ein von den Malayen wesentlich verschiedenes Urvolk haust, dessen Sprache noch nicht genügend untersucht worden ist, eben so wenig wie die der Mincopy, jener merkwürdigen Bewohner der Andamanen-Inseln, die wieder eine eigene Rasse bilden, von zwerghaftem Körperbau, glänzend kohlschwarzer Haut und fein gekräuseltem Haar (nicht Negerwolle!), so wird man zugeben müssen, dass eine genaue Untersuchung der Nikobaren und deren auf niederster Stufe stehenden Autochthonen gewiss einen bemerkenswerthen Aufschluss über die Urgeschichte des Menschengeschlechts geben könnte.

Die Nikobaresen haben für sich keinen bezeichnenden Volksnamen, nicht einmal die bei alten Völkern so häufig gefundene Selbstbezeichnung „Die Sprechenden“ oder „Die. welche eine Sprache haben“, im Gegensatz zu den „Stotterern“, „Stummen“ oder „Taubstummen“, d. h. Fremden. Sie helfen sich damit, dass sie sich als „Leute“ von Nangkowry, von Laoi oder von Loang bezeichnen. Es spricht dies für ihre unmessbar lange Isolirung. Ueber ihren Ursprung weiss man bis jetzt nur Negatives mit Sicherheit, nämlich, dass sie weder mit Malayen, noch Birmanen, noch Siamesen und noch viel weniger mit Hindu's oder Tamulen irgend welche körperliche oder sprachliche Verwandtschaft besitzen und eben so scharf unterscheiden sie sich von den Mincopies der Andamanen, deren Gestalt bekannt ist. — Den mährischen Brüdern ist es nicht geglückt, die nikobaresische Sprache vollkommen zu erlernen, doch verstanden zu ihrer Zeit viele der Eingeborenen Portugiesisch, was auch noch unter Rosen der Fall war, obwohl damals auch einige Bekanntschaft mit dem Englischen sich einfand, so dass man sich den Leuten gleichwohl verständlich machen konnte, auch ohne ihre Sprache zu reden. Uebrigens haben diese sanften Wilden ein wahrhaft kindliches Talent zum Erlernen fremder Sprachen durch blossen Umgang mit Fremden; Malayisch z. B. sprachen damals und sprechen noch jetzt alle diejenigen mit Leichtigkeit, welche Gelegenheit haben, mit Malayen öfter in Verkehr zu kommen. Gegenwärtig ist Englisch das Medium, mit dessen Hülfe sich Europäer auf den Nikobaren verständlich machen können. Der wackere Rosen gab sich alle Mühe, die Sprache seiner Schützlinge zu erlernen, doch scheint auch er es nicht zu weit darin gebracht zu haben; wir wissen aber von ihm — und auf sein Urtheil kann man sich in diesem Punkte ganz sicher verlassen — dass das Nikobaresische eine eben so schwere wie übelklingende Sprache ist. Er hat in keinem der vielen ihm bekannten Idiome so viel Gutturallaute gefunden als in diesem und es kommen Worte darin vor, welche eine europäische Kehle fast zerreissen könnten; überdies näseln alle Nikobaresen ohne Ausnahme, sprechen leise und wegen des stets im Munde befindlichen Betelpfriemchen auch sehr undeutlich. Rosen hat das Verdienst, ein kleines nikobaresisches Wörterbuch der mittleren Gruppe für Wissensdurstige hinterlassen zu haben, nach ihm jedoch haben die französischen Jesuiten, welche sich Anfangs der Vierziger Jahre auf Teressa aufhielten, ein ziemlich umfangreiches Wörterbuch der mittleren

und nördlichen Gruppe angelegt, das wegen verschiedener
Ausdrücke für abstracte Begriffe und auch dadurch merkwürdig ist, dass es den oftmals sehr wesentlichen Unterschied
der Mundarten veranschaulicht. Nord- und Süd-Nikobaresen
können sich übrigens einander kaum verständlich machen.
Eine Probe aus Rosen's Wörterbuch mag hier eine Stelle
finden:

Himmel auf Nikobarisch Galahaía; Erde Voál-matái;
Sonne Hæhn; Mond Ghahæ; Sterne Sjok-malíkja; Tag Hæn;
Nacht Adâm; morgen Haghí; die See Goál-kamalæ; Insel
Pûlônga; Haus Njí; Dorf Mattäi; Mensch Djin-Bajú; alter
Mann Umjába; junger Mann Elôh; Frauenzimmer Angána;
Kind Gôán; altes Weib Angána umjába; Kopf Goéh; Stirn
Lâl; Antlitz Djakâh; Augen Oal-man; Nase Moáh; Mund
Manóing; Ohren Nâng; Zähne Kanâp; Hand Genâs; Fuss
Lâh; Norden Kafoâ; Süden Lang-sohông; Osten Full; Westen
Suhôm; Hund Ahm; Ratte Komæt; Papagei Katáagh; Maina-
vogel Ganjaú; Schwalbe Enléhnja; Waldhuhn Omáah; Ei Ojá;
Krokodil I-áu; Haifisch Mäin; Fisch Ghâ; Schwein Nôt;
Huhn Tafo'ák; Kokusbaum Gujáu; Kokusnuss Joang-Gujáu;
reife Kokusnuss Moát; Yams Kupíng; Lemone Sukâk; Banane
Talóeh; Papaja Lapó; Zuckerrohr Maágh; Ananas Sudú;
Konchylien Sin'algóeh; Ambra Kanpoéh; essbare Vogelnester
Egaí (Scherzer giebt an: Hegái); Rotang Potáng; Pandanus
oder Caldeira Larôm; Trepang Tóit; Schildkröte Kak-háh;
Harz Bagâu; Areka Hiáh; Nibongpalme Juáng-etúah.

Von Zahlwörtern giebt es folgende: 1 H'æáng, 2 Öh,
æh oder âh, 3 Luéh oder Lóeh, 4 Fúan oder fóan, 5 Ta-
neín, 6 Tafúet, 7 Is'át, 8 Önfóan, 9 Hæáng-hata, 10 Sam,
11 Sam-hæ'ng, 12 Sam-öh oder Sam-âh, 13 Sam-lóeh,
14 Sam-fóan, 15 Sam-taneín, 16 Sam-tafúel, 17 Sam-is'át,
18 Sam-önfóan oder Sam-anfóan, 19 Sam-hæáng-hata,
20 Hængineín oder Hæm-umdjómeh, 21 Hængineín-hæng-

ták oder hæm-nmdjómeh-hæáng, 22 Hænginein-åh-tak oder hæm-umdjómeh-åh, 23 Hænginein-lóeh-ták oder hæm-umdjómeh-lóeh, 30 Tuktei oder Hæng-umdjómeh-tuktei, 31 Tuktei-hæáng, 40 'Am-umdjómeh, 42 'Am-umdjómeh-åhták oder 'Am-umdjómeh-åh, 50 'Am-umdjóbmeh-'ruktei, 60 Lóeh-umdjómeh, 70 Lóeh-umdjómeh-'ruktei, 80 Fóanumdjómeh, 90 Fóan-umdjómeh-'ruktei, 100 Tanein-umdjómeh, 200 Sam-umdjómeh.

Rosen geht schweigend darüber weg, dass die Nikobaresen dasselbe Zahlensystem haben, wie die Dänen, dass sie nämlich nicht nach Zehnern, sondern nach Doppel-Zehnern oder Zwanzigern rechnen, wie zweimal zwanzig 40, dreimal zwanzig ein halb 70 (truktei und 'ruktei bedeutet aller Wahrscheinlichkeit nach halb). Weiter wie 200 sollen die Nikobaresen nicht zählen, sondern sich mit Zusammensetzungen behelfen, was nicht recht verständlich ist, da sie nach unserer Ansicht, wenn sie 300 mit Sam-tanein-umdjómeh und 500 mit hænginein-tanein-ták-umdjómeh ausdrückten, nur ihr Zahlensystem folgerichtig weiter ausnutzten; über 600 hinaus scheint freilich ein Zählen nicht gut möglich, da die doppelte Wiederholung von umdjómeh verwirren müsste; einen besonderen Ausdruck für 1000 haben sie nicht. Zu Rosen's Zeit konnten die wenigsten Nikobaresen weiter zählen wie bis 10, in unseren Tagen sollen sie jedoch Summen wie 1600 zu Stande bringen, wenigstens fand sich eine solche auf Kar-Nikobar nach Scherzer's Angaben auf Preiscouranten, die von Engländern in nikobarischen Händen zurückgelassen worden waren, ausgedrückt. Möglich, dass sich durch ihren wachsenden Tauschhandel und ihre zunehmenden Ansprüche auch ihr Fassungskreis erweitert hat, möglich auch, dass der betreffende englische Kapitän durch übertriebene Angaben — 1600 Kokusnüsse für einen Pariser Hut — irgend einen Handelskniff gegen Concurrenten beabsichtigt hatte.

Eine Schriftsprache haben die Nikobaresen nicht, eben so wenig wie eine Bilderschrift, obwohl sie die letztere, wenn sie deutlich ist, zu verstehen vermögen, wie dies Wechsel auf Taback bewiesen haben; sie können auch in rohen Umrissen Dinge auf Palmenblätter ritzen oder in Rinde ausschneiden, und wissen seit 1831 ein beschriebenes Stück Papier seiner ganzen Wichtigkeit nach anzusehen und aufzuheben, so z. B. Certificate und Empfehlungsschreiben. Der Kerbstock oder Knotenstrick ist ihr Erinnerungshülfsmittel.

Was das Aeussere der Nikobaresen betrifft, so ist ihre Farbe etwas heller, wie die der gewöhnlichen Hindu's und der Birmanen, sie stimmt einigermassen mit dem Teint der Malayen, doch ist sie wo'?. ein wenig mehr kupferroth. Ihre Gestalt ist gedrungen, oft athletisch, meist jedoch plump, gewöhnlich unter 5 Fuss, die Weiber noch ein wenig kleiner. Gewisse Körpertheile haben eigenthümliche Formen, was sich besonders am Kopf sehr deutlich sehen lässt, dessen hinterer Theil so wenig hervortritt, dass er fast flach erscheint. Dazu sind sie hohlrückig und gehen mit hoch aufgehobenen, gespreizten Beinen. Rosen glaubte Anfangs, man lege die Köpfe neugeborener Kinder in eine Klemme, wie dies bei manchen wilden Völkerschaften Gebrauch ist, doch bestritten die Nikobaresen dies ganz entschieden, gaben aber zu, dass die Mütter oftmals den Hinterkopf der Kleinen rieben oder sanft klopften und sie stets auf den Rücken zum Schlafen legten. Die Stirn der Leute ist schmal, jedoch ziemlich hoch und sogar ein wenig gewölbt, doch etwas zurücktretend; die Nase ist flach wie beim Neger, der Mund breit und der untere Gesichtstheil von der Nase an auffällig hervortretend. Auch das Gesäss (*nates*) der Nikobaresen ist eigenthümlich geformt, indem der *glutæus medius* so wenig ausgebildet ist, dass er fast gar nicht vorhanden zu' sein scheint, wodurch dieser Theil, der bei höher organisirten Rassen durch seine

Rundung und Fülle wesentlich das Ebenmass des Körpers herstellen hilft, bei den Nikobarcsen sehr zur Unzierde hohl und eckig erscheint.

Wir kommen nun zu den Verschönerungen, welche die Bewohner der reich gesegneten Inseln mit ihren Körpern vorzunehmen belieben. Sie punktiren oder tättowiren sich nicht, doch finden sie grosses Gefallen daran, bisweilen ihre Nasen, Backenknochen und das Kinn dick mit rothem Ocker oder dem Färbestoffe der Körner von *Bixa orellana* und Schweinefett zu bemalen, wodurch ihr Aussehen keineswegs gefälliger wird. Auf Kamorta und Nangkowry pflegen die meisten Männer ihr schönes, pechschwarzes und weiches Haar beim Erreichen der Mannbarkeit ganz kurz abzuscheeren, auf den anderen Inseln scheint dieser Gebrauch aber nur zu den Ausnahmen zu gehören, die Weiber hingegen, welche die Männer an Hässlichkeit weitaus übertreffen und breite Gesichter haben, scheeren ohne Ausnahme ihren Kopf ganz kahl. Sie bedienen sich hierzu geschliffener Muscheln, Glassplitter oder eingetauschter Scheeren. Beide Geschlechter durchbohren ihre Ohrläppchen und erweitern die gemachten Oeffnungen zuerst mit einem Stift, dann durch Hineindrücken des elastischen Markes einer heimischen Pflanze, bis sie endlich zur Aufnahme eines sonderbaren Schmuckes geeignet sind — der Cigarren oder Surute, welche Männer, Weiber und Kinder gerne stets bei sich führen, da sie leidenschaftliche Raucher sind, aber keine Taschen zum Aufbewahren haben. — Den grössten Fleiss verwenden die Leutchen jedoch auf ihre Zähne, um ihnen diejenige Farbe und Gestalt zu geben, die nach ihren Begriffen von Schönheit der Vollkommenheit am nächsten kommt. Nach Erreichung eines gewissen Alters glückt es auch allen Nikobaresen, ihre Zähne völlig schwarz zu färben, indem sie dieselben ab und zu mit dem scharfen Safte gewisser Kräuter bestreichen und beständig Betel kauen oder vielmehr eine Zusammensetzung von Arekanuss, Blättern der Betelrebe und Kalk. Zur Nachhülfe feilen die Männer ihre Vorderzähne, soweit sie dieselben erreichen können, damit ja der beizende Saft ihrer Pfriemchen recht tief einzudringen vermöge. Dies hat dann die Wirkung, dass die betreffenden Zähne förmlich erweichen und in der That aufschwellen. Haben sie diesen Zustand erreicht, dann fasst der Zahnkünstler mit dem Daumen in den Mund und drückt die Zähne so weit er nur kann, nach aussen, so dass sie zuletzt aus Ober- und Unterkiefer runzelig und daumendick wie Hauer über die Lippen hinausragen und dem gemisshandelten Munde ein Ansehen geben, als hätte er doppelte Lippen hinter- und über einander. Denkt man sich nun diese ungeheuerlichen Zähne mit Resten von zerkauten Betelblättern bedeckt, die bekanntlich vom Kalke roth gefärbt werden, hierzu den aufgeweiteten Mund mit dem geschwollenen und vom Betelkauen lederhaften Lippen, die gewöhnlich vom rothen Speichel überflossen sind, den schnauzenartig hervorstehenden unteren Gesichtstheil, die platte Nase und die rothe Bemalung des Antlitzes, dann hat man das Zerrbild eines menschlichen Kopfes, wie es eben nur der Mensch durch seine Narrheiten hervorzubringen vermag.

Uebrigens glückt nicht Jedem die vorbeschriebene scheussliche Präparation seines Gebisses, wenigstens nicht denjenigen, welche von der Natur mit kleinen Zähnen ausgestattet sind. Diese müssen sich mit dem Schwarzfärben begnügen. Selbstverständlich schadet die obige Behandlung den Zähnen in so hohem Grade, dass sie weder zum Beissen noch zum Kauen dienen können, denn sie werden locker in der Wurzel (wovon sich Rosen durch Untersuchen des Mundes eines lebenden Nikobaresen überzeugte), fallen aber sonderbarer Weise doch nicht allzu frühzeitig aus.

Die Nationaltracht der Nikobaresen ist sehr einfach und
besteht bei den Männern aus einem zollbreiten Streifen blauer
Leinewand von einigen Ellen Länge. Dieses Band schlingen
sie einmal um die Hüften, dann ziehen sie es vom Nabel ab-
wärts zwischen die Beine hindurch nach dem Gesässbein hinauf und lassen das lange Ende von dort aus wie einen Schwanz
herabhängen. Dieses schwanzartige Band gab dem Schweden
Kiöping, der die Leute nur von Weitem gesehen, Veranlassung zu der Behauptung, auf den Nikobaren lebten ge-
schwänzte Menschen.

Wenn die Nikobaresen mit Fremden in Verkehr treten,
bekleiden sie sich mit all' den europäischen Kleidungsstücken,
die sie sich eingetauscht haben, z. B. Hosen, Westen, Röcken,
Hüten etc. Im Uebrigen lieben sie es, um Hals, Arme und
Knöchel dicke silberne oder auch kupferne Ringe zu tragen,
die ihnen gewöhnlich die Malayen mitbringen; oft verfertigen
sie sich diesen Schmuck auch selber, indem sie Münzen kalt
aushämmern. Diejenigen von ihnen, welche langes Haar haben,
befestigen gern ein dünnes, breites Stirnblech aus Silber um
den Kopf, in Ermangelung dessen nehmen sie den zähen Bast
eines gewissen Baumes, den sie auch gelegentlich zu Arm-
und Beinspangen verwenden. Wenn sie zu einem Feste gehen
oder von der Arbeit aus dem Walde kommen, pflegen sie
Haupt und Lenden mit Kränzen verschiedenartigen Laubes
zu umwickeln.

Die Weiber, welche schon zu der Araber Zeiten im neunten Jahrhundert, nach Abu-Zeyd-Hassans Bericht, das, was man
nicht sehen sollte, mit Blättern bedeckten, wickeln stets ein
Stück blaues oder rothes Zeug um die Hüften, welches bis an
die Knie reicht; bei besonderen Veranlassungen hüllen auch
sie sich in ein Gewand, ähnlich dem der Hindufrauen, das den
ganzen Körper bedeckt. Diese Weiber lassen im Punkte der
Keuschheit natürlich viel zu wünschen übrig, weshalb auch die

5*

Männer sehr eifersüchtig sind und diese ihre besten Schätze sofort verstecken, wenn sich Schiffe den Inseln nähern. Die Ehen der Nikobaresen sind zwar nicht besonders zärtlich oder heilig, aber es sind immerhin Ehen. Polygamie ist auf den Inseln gänzlich unbekannt, Bigamie soll nunmehr, aber in sehr seltenen Fällen, bei besonders „reichen" Häuptlingen, die viel mit Malayen zu thun haben, vorkommen; die älteren Kenner der Nikobaresen bis auf Rosen herab wussten nur, dass die Eingeborenen in Monogamie lebten. Die Ehen werden ohne alle Ceremonie geschlossen; mögen sich ein Paar junge Leute leiden, dann findet sich der junge Mann im Hause des Schwiegervaters ein und lebt dort mit seiner Erkorenen so lange, wie beide Lust haben, oder sich entschliessen, eine eigene Hütte anzulegen. Mann und Weib sind hinsichtlich der Rechte und Pflichten völlig gleichstehend; ist die Frau besonders stark, so bekommt sogar der Mann oft die Schwere ihrer Faust zu fühlen. Gefällt einem von beiden Theilen die Ehe nicht, dann laufen sie auseinander, ohne dass sich jemand darum kümmerte. Nur bei Entführung oder offenkundiger Verführung einer Frau wird die Sache ernster genommen, indem der geschädigte Mann dem Galan eine Forderung zum Zweikampfe zuschickt, der nie abgelehnt, sondern im Beisein vieler Zeugen mit langen Stöcken ausgefochten wird. Oftmals erhält hierbei der Beleidigte mehr Prügel als der Beleidiger, tritt aber der umgekehrte Fall ein, dann erhält der siegreiche Ehegatte seine entlaufene Ehehälfte zurück, und beide leben weiter, als ob nichts vorgefallen wäre. Gegen Fremde wird aber so viel Gleichmuth nicht an den Tag gelegt, vielmehr von allen Männern die Ermordung des Eindringlings beschlossen und, wenn irgend thunlich, durch einen Ueberfall ausgeführt.

Die Ehen der Nikobaresen werden gewöhnlich mit 5 bis 6 Kindern gesegnet, doch gelingt es selten einer Familie, so viele Sprösslinge aufzuziehen, da die Kleinen sehr der Sterblichkeit unterworfen sind. Auf ihre Erziehung wird natürlich keine Sorgfalt verwendet, ist auch nicht nöthig, da sie die nikobaresischen Künste durch Sehen und Nachahmen ganz von selber lernen und die gütige Natur für Nahrung allein sorgt. Der Steuermann Panck (der zur ersten dänischen Niederlassung gehörte) behauptet, dass die Eltern während der Schwangerschaft der Mutter Kokusnüsse da und dort pflanzten, und die daraus emporgewachsenen Bäume dem betreffenden Kinde, sobald es drei Jahre alt geworden, wiederholt zeigten und als erbliches Eigenthum überwiesen. Werden Zwillinge geboren, dann wird sogleich dasjenige der beiden Kinder, welches die Mutter hierzu bestimmt, ermordet, indem man ihm Wasser in die Nasenlöcher giesst. Ein zärtliches, inniges Verhältniss zwischen Eltern und Kindern findet eben so wenig Statt, wie ein solches zwischen Mann und Frau, man ist sich gut, ohne sich zu lieben, und giebt sich den Affecten hin in der Weise, wie sich die Gelegenheit bietet, und gerade so, wie dies bei uns die Kinder zu thun pflegen. Als erwachsene Kinder, mit von Hause aus harmloser und guter Anlage muss man die Nikobaresen überhaupt auffassen, will man sie richtig behandeln und zu Menschen erziehen.

Die Geburt eines Kindes geht nicht so ganz unbemerkt vorüber. Die Mutter, welche sich während der letzten Zeit ihres gesegneten Zustandes möglichst der Arbeiten enthielt, thut bis zehn Tage nach der Niederkunft gar nichts und fastet etwa einen Monat lang. Dann werden die Bewohner der nächsten Dörfer eingeladen und es wird ein grosses Fest veranstaltet, bei dem tüchtig Toddy getrunken, gegessen und getanzt wird. Hierauf beginnt für die Mutter das alltägliche Leben wieder.

Lässt sich über die Ehe der Nikobaresen nicht viel sagen, so wird desto mehr über Sterben, Beerdigen und

Todtenfeste gemeldet. Sobald ein Sterbender seine Seele ausgehaucht hat, giesst ihm der nächste Verwandte ein paar Tropfen Kokusmilch in den Mund, und Weiber sowie Kinder stimmen ein lautes Wehegeheul an; etwa eine Stunde nach Eintritt des Todes werden 8 Stücke neues Zeug von beliebiger Farbe um die Leiche gewickelt, die dann an den Ellenbogen und an Händen und Füssen mit Stricken gebunden wird. Sobald alle Verwandte des Verstorbenen versammelt sind, was nicht lange dauert, und Boten an die benachbarten Dörfer geschickt sind, wird die Beerdigung vorgenommen. Hierzu kommen fast Alle und die Mehrzahl mit ihren Speeren in der Hand. Es wird auf dem gemeinsamen Ruheplatze unweit des Dorfes ein drei Fuss tiefes Grab gegraben, ein Schwein geschlachtet und der Rand des Grabes mit dem Blute des Thieres bespritzt, dann legen die Verwandten all ihren Schmuck ab, Geräthe, Waffen und Kleidungsstücke des Todten werden von einem der Trauernden getragen, ein Stück der Rinde eines gewissen Baumes um den Leichnam gewickelt und ein lebendiges Küchlein auf seiner Brust festgebunden. Das erste Schreien dieses Thierchens ist für alle Anwesenden das Zeichen zum Anstimmen des Klagegeheuls. Die Leiche wird demnächst von zwei Männern aufgehoben und um die Hütte herum getragen, wobei der vorderste Träger mit einem Stocke gegen jeden Hüttenpfahl schlägt; dann geht der Zug nach dem Grabe, wobei die Männer zu vorderst, die Weiber aber zu hinterst gehen; an der Gruft werden die Stricke von der Leiche gelöst, sie selbst mit sammt dem Küchlein hineingesenkt und verscharrt, auf dem Grabe wird ein Pfahl errichtet und mit den Sachen des Todten behangen, worauf jeder mit einem grünen Zweige in der Hand nach dem Meeresstrande eilt, um sich zu baden, dann gehen alle nach dem Trauerhause zurück, woselbst ein reichliches Mahl zubereitet und der Abend mit Schmausen,

Singen und Tanzen verbracht wird. Es geht der Glaube unter den Eingeborenen, dass die Seele des Dahingeschiedenen 3 Monate lang sich noch an den Stätten aufhalte, die er im Leben betreten, deshalb wird dieser Zeitraum von seinen Verwandten in Trauer verbracht, d. h. sie gehen ohne Schmuck, essen kein Schweinefleisch und betrinken sich nicht in Toddy; am Ende der drei Monate wird aber ein flottes Fest veranstaltet, das so lange dauert, wie die Vorräthe ausreichen. Hierbei ist nur auffällig, dass die zu verspeisenden Schweine nicht in gewöhnlicher Weise geschlachtet, sondern mit Spiessen förmlich erlegt werden, wobei es als ein böses Omen gilt, wenn das betreffende Thier entwischt. 3 Jahre nach dem Begräbniss des Todten wird ein seltsames Fest veranstaltet: Der Kopf des Hingeschiedenen wird nämlich ausgegraben, mit Saffranwasser gewaschen, mit einem Stücke Zeug turbanartig umwickelt, in der Hütte aufgestellt; man steckt ihm einen Betelpfriem zwischen die Zähne sowie eine angezündete Cigarre und giesst ihm schliesslich einen Schluck Branntwein oder Arrak in die Kinnladen; dann wird der Schädel wieder eingegraben, der Pfahl auf's Neue aufgerichtet, aber die bisher daran aufgehängten Sachen weggenommen. Selbstverständlich geschehen diese Ceremonien unter lautem Heulen und Schluchzen, nur bei dem hierauf folgenden Gelage und Tanz wird nicht gejammert, sondern lustig gesungen. Sieben Triennien wird dieses Todtenfest wiederholt, dann erst wird des Todten nicht weiter gedacht. Bei Gelegenheit solcher Feste entfaltet der Festgeber seinen ganzen Reichthum vor den Augen der Gäste, indem er alles, was er an Kostbarkeiten besitzt, in der Hütte ausbreitet und bewundern lässt.

Die Nikobaresen glauben nicht an ein höheres Wesen, haben überhaupt von einem solchen keine Ahnung, doch glauben sie desto eifriger an Dämonen, die sie Iwi oder Eiwi nennen und von denen sie allerlei Schabernack, ja sogar mörderische Absichten auf ihr Leben und ihre Gesundheit befürchten. Um diesen Unholden ein wenig zu steuern, haben sie Priester oder Zauberer unter sich, die in ihrer Sprache Manuénen genannt werden, sich früher gern Patres und nunmehr Doctores nennen lassen, wenn sie mit Fremden in Verkehr treten. Diese Menschen sind sehr geschickte Gaukler und verstehen es, Steine, Topfscherben, ja sogar eine ganze Banane in den natürlichen Höhlungen ihres Körpers zu verbergen und dieselben im geeigneten Augenblicke zu produciren, aber so, als ob sie dieselben aus dem Leibe des Kranken gezogen hätten, der ihre Hülfe gegen die Iwis beanspruchte. Sie haben auch einige chirurgische und medizinische Kenntnisse, dies behauptet wenigstens ihr genauester Beobachter, der Missionär Hänsel, der ihre Künste an sich selber versuchen liess, als er an der Elephantiasis litt. Zu gewissen Zeiten treiben die Manuénen den Iwi auch aus dem Dorfe, wobei sie erschrecklich bemalt, mit entsetzlichen Grimassen gegen den fingirten Feind kämpfen, ihn schliesslich bei den Haaren erwischen und auf den Hanmai werfen, der im rotangenen Schlepptau zweier Kanoes liegt, deren scharf bewaffnete Bemannung dann in sausender Eile mit ihrer unheimlichen Last auf das Meer hinaus rudert und das Teufelsschiff dort Wind und Wellen überlässt. Zwei bis drei Tage soll der Iwi nach solcher Behandlung noch die Macht haben, zu der Stätte seiner Austreibung zurückzukehren, nachdem jedoch nicht mehr. Wird er auf seinem Hanmai nach der Landungsstätte eines anderen Dorfes getrieben, dann entsteht zwischen den betreffenden Dorfschaften die grimmigste Feindschaft, die nur durch eine Schlacht gesühnt werden kann, wobei aber selten oder nie Jemand zu Tode kommt, indem der Kampf nur mit genau von den Kampfrichtern gemessenen und geprobten Stöcken geführt werden darf. Wer die meisten

Prügel bekommt, gilt als besiegt. Der Hanmai ist ein Floss aus zwei langen Baumstämmen, das man mit drei Masten aus Bambus, Segeln aus geflochtenen Blättern und Tauen aus Rotang ausstaffirt; von Weitem sieht so ein Floss wie ein europäisches Schiff aus. — Die Manuénen sind arge Trunkenbolde und grosse Schelme, müssen aber vor Erreichung ihres Grades eine Schule bei einem Adepten durchmachen, der sie die geheimen Künste lehrt und ihnen die Traditionen mittheilt. Sterben einem Manuénen sehr häufig Kranke oder hat sein Dorf viel Unglück, dann wird er, nach vorheriger Verabredung seiner guten Freunde, von diesen eines schönen Tages erschlagen. Dieselbe Radicalkur wird übrigens auch gegen unverbesserliche Diebe oder Mörder in Anwendung gebracht, bei ersteren aber nur, nachdem wiederholte im Zweikampfe erhaltene Prügel nichts fruchteten oder der Dieb immer Sieger blieb und deswegen das Gestohlene behalten durfte.

Einen wunderlichen Gebrauch beobachten die Nikobaresen der mittleren Inselgruppe, indem sie vor ihren Dörfern, etwa 150 Schritte vom Strande entfernt, 50 — 60 Fuss hohe Bambus-Stangen im Meere aufrichten und dieselben in gewissen Abständen mit grossen Büscheln einer langen Grasart umwickeln. Rosen glaubt, dass ihnen diese gegen den dunkeln Waldeshintergrund abstechenden hellen Stangen als Landzeichen dienen, wenn sie sich weit auf die See hinaus wagen. Vielleicht liegt dem Gebrauche auch irgend welcher Aberglaube zu Grunde.

Vom Gewitter machen sich die Nikobaresen eine ganz eigenthümliche Idee, indem sie den Blitz für die Zunge eines riesigen Krokodils halten, das dieselbe spielend emporschnellt und zurückzieht, während der Donner von dem Laufen dieses Unthiers im Wasser herrührt. Die Mittheilung verdanken wir Rosen, der bei Gelegenheit derselben nicht umhin kann, auf den niedrigen Zustand der Leute hinzuweisen, die selbst durch das grossartige Naturschauspiel eines tropischen Gewitters nicht in ernste, feierliche Stimmung zu setzen wären, obwohl doch die wildesten Völkerschaften bei solcher Veranlassung eine gewisse Scheu und Ehrfurcht vor der unbekannten Macht an den Tag legten.

In früheren Zeiten waren die Nikobaresen dem Strandraube sehr zugethan, sie mögen dies auch noch in dieser Stunde sein, doch lassen sie sich nicht mehr so frei gehen wie früher, da sie jedes strandende Fahrzeug rein ausplünderten, aber doch den Schiffbrüchigen, wofern sich diese nicht widersetzten, weiter kein Leid zufügten, ja sie nachher unter sich aufnahmen und wie Ihresgleichen behandelten. Es wäre müssig, ihre alten Sünden aufzuzählen, über ihre bösen Streiche aus neuerer Zeit, welche theilweise den Dänen fast diplomatische Verlegenheiten bereitet hätten, wird indessen Folgendes berichtet:

Im Jahre 1839 wurde zuerst ein englisches Schiff zwischen Kamorta und Trinkut von ihnen angefallen, doch sollen hier die Europäer der schuldige Theil gewesen sein, indem sie sich unsittlichen Betragens gegen die Frauen schuldig gemacht haben, in welchem Punkte die Eingeborenen bekanntlich keinen Spass verstehen; sie überfielen demnach den Capitain und seine Mannschaft am Lande und machten alle bis auf 5 Matrosen und 1 Schiffsmaat nieder, während sie gleichzeitig das Schiff erkletterten und rein ausplünderten. Die Entkommenen retteten sich im offenen Boote auf die hohe See und waren so glücklich, dort ein englisches Kriegsschiff zu treffen. 1840 wurde darauf von der englischen Regierung das Kriegsschiff „Conway" entsendet, um die Unthat zu rächen, richtete aber gar nichts aus, denn die Eingeborenen flüchteten sich bei der Annäherung des Fahrzeuges in den Wald, worauf der Capitain die unnütze Rache übte, die

Hütten anzünden und einige Kanonenschüsse auf's Gerathewohl in das Dickicht abfeuern zu lassen. Die Mannschaft
des „Conway" musste hierauf das ausgeplünderte Schiff bergen,
und bei der Gelegenheit holten sich zwei Leute das „nikobarische Fieber", dessen Hartnäckigkeit damals alle Aerzte
in Erstaunen versetzte. — Der zweite Fall ereignete sich
im August 1844, als der Capitain Ignazio Ventura mit
dem Schooner „Mary" zwischen Teressa und Bambok vor
Anker lag. Eine grosse Anzahl der Eingeborenen kam anscheinend freundschaftlich mit Handelswaaren und Geschenken
an Bord, zwei dieser Leute gingen zum Capitain in die Cajüte
hinab, der eine öffnete eine Kokusnuss und reichte sie ihm
zum Trinken dar, der andere hingegen hieb ihm, während
des Trinkens mit seinem grossen malayischen Messer in den
Kopf, dass er leblos niedersank. Dieser Mord war für die
Wilden das Zeichen zum allgemeinen Angriff; die feigen bengalischen Matrosen wehrten sich nicht, sondern suchten über
Bord zu springen und ertranken oder wurden ermordet.
Hierauf ward das Schiff geplündert, angezündet und dem Winde
preisgegeben. In demselben Jahre wurde noch ein englisches
Schiff, aber bei Kamorta, hauptsächlich von Anwohnern der
Ulàla-Bucht, überfallen und der Capitain Caw ermordet;
wieder sprangen die Matrosen über Bord, aber der Boots-
mann, ein Araber, ergriff eine Flinte und schoss einen der
Räuber todt, worauf die anderen in Schrecken die Flucht
ergriffen und der entschlossene Mann mit dem Schiffe nach
Pulo-Penang entkam.

Als 1846 der Capitain Steen Bille mit der Corvette
„Galathea" nach den Inseln kam, hatte er die Absicht, den
Uebelthätern aus diplomatischen Rücksichten eine derbe Lection
zu geben, die Bewohner der verdächtigen Dörfer flüchteten
jedoch allemal in's Dickicht, sobald eins der dänischen Schiffe
sich ihren Landungsplätzen näherte. Uebrigens hat man seit

langer Zeit nichts von Gewaltthaten der Nikobaresen gehört; es ist auch immer nur eine verschwindend kleine Minderheit gewesen, welche sich dergleichen Piraterie erlaubte, und von ihr weiss man nicht einmal, ob nicht (was sogar sehr wahrscheinlich ist) Malayen die Anstifter und Führer bei den Ueberfällen waren, denn die Eingeborenen lassen sich in allen Dingen leiten, zum Guten wie zum Bösen, je nachdem der Lehrmeister beschaffen ist; die ihnen geistig überlegenen räuberischen Malayen haben aber einen grossen Einfluss unter ihnen, obwohl sie gehasst und gefürchtet sind.

Sieht man sich auf den Inseln um, dann fallen natürlich zunächst die Wohnungen der Nikobaresen in's Auge. Dieselben sehen von Weitem aus wie Bienenkörbe auf Stangen, sind aber doch ziemlich geräumig und mit vieler Ueberlegung und Geschicklichkeit gebaut; sie stehen immer auf Pfählen, von denen 12—18 das Dach zu tragen haben. Diese sind von einem dauerhaften, dem Insectenfrasse nicht ausgesetzten Holze aufgeführt und bilden im Grundriss einen Kreis von ungefähr 30 oder mehr Fuss Durchmesser. Innerhalb dieses grösseren Kreises wird ein engerer von 8—10 Pfählen errichtet, auf den der Fussboden aus Brettern gelegt wird und zwar 6—8 Fuss über der Erde. Ueber dem Fussboden und auf den Rand der Aussenpfähle gestützt befindet sich das Dach, bestehend aus einem starkem Netzwerk von dünnen, biegsamen Latten, gewöhnlich aus recht dickem Rotang, zusammengeschnürt mit feineren Rotangruthen, so dass es eine eiförmige Kuppel bildet, welche in kleineren Häusern vom Boden bis zur Spitze 15, in grösseren hingegen 20—25 Fuss hoch sein kann. Diese Kuppel ist innen durch viele Querbäume, die von einer Seite zur anderen gehen, verstärkt oder gestützt und aussen mit Atap-Blättern dicht gedeckt: Da, wo dies Dach den Fussboden berührt, sind kleine Brettchen von etwa 1 Quadratfuss Grösse oder Bambusstäbchen angebracht, die wie Fenster geöffnet werden können. Auf den südlichen Inseln fehlt jedoch dieser Luxus. Um in die Wohnung zu gelangen, muss man eine Leiter hinaufsteigen, die zu einer Luke führt, welche Nachts geschlossen wird. Unfern von dieser Luke befindet sich der Feuerheerd, nämlich ein Haufen Sand, in dem einige grosse Steine aufgestellt sind. Hier wird fast alles gekocht, was die Bewohner verzehren, deshalb sind auch die Seiten der Wohnung gewöhnlich russgeschwärzt, denn ein Rauchfang ist nie vorhanden. Der untere Theil des Baues, der nach allen Seiten hin offen steht, wird nicht als Wohnung benutzt, sondern dient zur Aufbewahrung der Vorräthe von Toddy, Melori (Pandanusbrod), Brennholz und als Aufenthalt der Hausthiere. Im Allgemeinen wohnen 2—3 Familien unter einem gemeinsamen Dache, und daher rührt es, dass ein Dorf, welches höchstens aus 12 Häusern besteht, oftmals 100 Seelen enthält. Es muss darauf hingewiesen werden, dass diese Hütten den klimatischen Verhältnissen ungemein zweckentsprechend sind: ihre hohe Lage schützt sie gegen die unmittelbar aus dem Boden aufsteigenden Miasmen und gestattet dem Winde das Durchwehen, verhindert auch schädliches Gewürm am Einkriechen; der Abschluss des Lichtes bringt unter dem dichten Blätterdache eine angenehme Kühle hervor, während der Rauch zwar Augen und Lunge belästigt, aber unbedingt Miasmen bindet und Muskito's abhält. Den tropischen Regen verhindert die dicke Blätterbedachung am Durchdringen. Die Errichtung einer neuen Hütte ist übrigens stets die Veranlassung zu einem nationalen Feste.

Sonderlich viel Hausgeräth halten sich die Nikobaresen natürlich nicht. Der Fussboden dient als Stuhl und Tisch, einige Matten oder, nach Scherzer, die Blüthenscheiden der Arekapalme dienen als Bett, durchgeschnittene Schaalen der Kokusnuss als Trinkgefässe und schlecht gebrannte Töpfe

in Kokusnussform als Kochgeschirre, während Körbe aus
Rotang zum Ausbrüten der Hühnereier, Aufheben und Trans-
portiren von Waaren, Hühnern und anderen Dingen dienen.
Auf den Querstangen des Daches liegen Jagd- und Fischerei-
geräthe, ellenlange Haumesser malayischer Fabrikation, Mus-
keten, Segel aus Pandanusblättern und Schaufelruder oder
Pagayen. Ist der Inhaber des Baues ein reicher Mann
oder Häuptling, ein „Omja karru", dann hat er einige malayische Kisten, in denen er seine Schätze aufbewahrt, nämlich Leinewand und europäische Waaren (darunter Silberzeug), die er mit wahrem Geize schont und den Seinigen
zu vererben sucht. Bei festlichen Gelegenheiten breitet er
all seine Herrlichkeiten in einem Winkel der Wohnung aus
und lässt sie von männiglich bewundern. Rosen sah bei
einer solchen Gelegenheit beim Häuptling Anker von Inúang
ein derartiges Vermögen, bestehend aus einem Dutzend Stücken
blauer Leinewand, mehreren Stücken bengalischem Museline,
5 europäischen Esslöffeln aus Silber, 2 silbernen Gabeln etc.
Sachen, wie die zuletzt genannten, handeln sich die Nikobaresen von den Schiffskapitainen ein, wenn diese sie nicht in
anderer Weise zufriedenstellen können. Geld nehmen sie
nur, wenn sie sich einen Schmuck daraus hämmern wollen.

Künste sollte man natürlich bei diesen von der Cultur
noch sehr wenig beleckten Wilden nicht vermuthen und doch
befassen sich einige von ihnen mit dem Flötenspiel, welches
sie wahrscheinlich von den Malayen kennen gelernt haben.
Als Flöte dient ihnen das Glied eines dünnen Bambusrohrs
mit 5—6 künstlichen Löchern und dieses Instrument hand-
haben sie gerade so wie die Europäer und entlocken demselben Töne, die wenigstens nicht unangenehm klingen, aber
doch nur ein wildes Trillern darstellen. An den Ufern des
Hafens von Nangkowry gab es zu Rosen's Zeit freilich
nur 2 Flötenspieler, beide junge Leute, aber diese beiden

waren auch die hübschesten unter allen Eingeborenen und sie schienen dies zu wissen, denn wenn sie die Ansiedlung besuchten, waren sie stets dick bemalt und mit Kränzen geschmückt, im Uebrigen jedoch ganz nackt. Sobald sie sahen, dass der weisse Freund und seine Leute heraustraten, setzten sie sich in Positur und begannen zu spielen, doch nicht etwa, um ein Geschenk zu erhalten, sondern um den Fremden eine Ueberraschung zu bereiten und sie zu unterhalten. Sie glaubten ohne Zweifel, dass sie den ernsten Leuten, von denen keiner Zeit hatte, sich mit Musik zu befassen, einen absonderlichen Genuss bereiteten, und man konnte deutlich sehen, dass sie während ihrer musikalischen Leistungen verstohlene Blicke auf ihr Auditorium warfen und begierig nach einem Zeichen der Bewunderung lauschten. Diesen beiden Virtuosen war es nicht geglückt, ihren Mund nikobarisch zu verschönern, und dies mochte die Ursache ihrer musikalischen Fertigkeit sein, wenigstens steht so viel fest, dass ein echter nikobarischer Mund nicht im Stande ist, Luft in ausreichender Weise in ein Flötenloch zu blasen. Auch eine Art Guitarre findet man bei den Leuten da und dort in Gebrauch.

Mit dem Ackerbau geben sich die Nikobaresen nicht besondere Mühe, sie haben dies eigentlich auch nicht nöthig, da ihnen ausreichende Nahrung so zu sagen in den Mund wächst. Kornbau kennen sie gar nicht und was sie von den Dänen sonst in landwirthschaftlicher Beziehung lernten, scheinen sie gänzlich aufgegeben zu haben, nämlich die Anpflanzung von indischem Hochlandsreis. Yams, Bananen und Zuckerrohr — welch letzteres bei ihnen wild wächst — pflanzen sie allerdings, wenn es ihnen einmal beliebt und sie grade einen passenden, baumleeren Platz finden, indem sie mit ihrem Haumesser ein Loch in die Erde stechen und die Schossen resp. Samen hineinlegen, aber weitere Umstände machen sie sich mit ihren Pflanzungen nicht, da alles ohne ihr Zuthun vermöge des feuchten und gleichzeitig heissen Klimas vortrefflich gedeiht, selbst die Ananas, wenn sie dieselbe nur an schattigen Stellen pflanzen. Der einzige Baum, dem sie einige Sorgfalt angedeihen lassen, ist die Kokuspalme, insofern, als sie gelegentlich Nüsse dieser dankbaren Pflanze dem Boden anvertrauen.

Von einer wirklichen Industrie kann bei den Nikobaresen natürlich nicht die Rede sein, nichtsdestoweniger wird doch ein Zweig derselben, nämlich die Töpferei, wenigstens von den Bewohnern der kleinen Insel Tschowry, in ziemlichem Umfange betrieben und dies seit den frühesten Zeiten. Alle Nikobaresen ohne Ausnahme tauschen sich die Töpferwaare von Tschowry ein und zwar besorgen die Bewohner von Kar-Nikobar und die der mittleren Inselgruppe dies Geschäft ohne Zwischenhandel, die Bewohner der südlichen Gruppe erhalten ihren Bedarf aber meistens durch Vermittelung der Zwischen-Eilande. Die betreffenden Gefässe sind aus grobem Thon gefertigt, schlecht gebrannt und nicht glasirt, im Uebrigen, ob gross oder klein, alle von einer und derselben Form, nämlich einer durchgeschnittenen Kokusnuss-Schale gleichend. Manche dieser Töpfe sind so gross, dass man den vierten Theil eines Schweins mit einem Male darin kochen kann. C. v. Scherzer behauptet, die Uebervölkerung des kleinen Eilandes habe die betreffenden Bewohner zu dieser Industrie genöthigt. Wunderbar ist es, dass die Tschowryaner sich, ebenfalls seit den ältesten Zeiten, das Monopol des Handels mit Kar-Nikobar einer- und mit den südlicheren Inseln andererseits als ein ihnen zustehendes Recht gesichert haben. Vermuthlich rührt dies daher, dass die Entfernung zwischen Kamorta nebst deren Nachbar-Inseln, und Kar-Nikobar, zu einer einzigen Tagereise zu gross ist, Tschowry also von beiden Seiten als Station benutzt werden musste und die zu häufige Benutzung der dortigen

Gastfreundschaft, zumal in gewinnstüchtiger Absicht, den Tschowryanern zu lästig wurde. Im Uebrigen sind die Nikobaresen leidenschaftliche Handelsleute und zwar in solchem Maasse, dass sie nie ein benachbartes Eiland oder auch nur die andere Küste ihrer Heimathinsel besuchen, ohne nicht dabei einer kleinen Handelsspeculation Rechnung zu tragen; selbst wenn die verschiedenen Dörfer gegen Seeräuber einander zu Hülfe kommen, füllen die betreffenden Streiter ihre Kanoes mit Tauschartikeln.

Vom Schmieden verstehen die Nikobaresen wenigstens so viel, um sich aus dem eingetauschten Eisen ihre Speerspitzen und Fischgabeln eigenhändig anfertigen zu können. In der Korbflechterei haben sie sämmtlich eine grosse Fertigkeit, doch kennen sie hierbei auch nur eine und dieselbe Form, nämlich die eines offenen, aufgeweiteten Sackes. Korbdeckel verfertigen sie nicht, sondern sie schnüren den Korb, wenn sie z. B. Hühner in denselben stecken, mit einer dünnen Rotangruthe zu. Als Flechtmaterial benutzen sie den inneren Theil der nur auf Gross-Nikobar wachsenden feineren Rotangart oder spanischen Rohrs *(calamus rotang)*. Auf ihre Schweinetröge verwenden sie jedoch ganz besonderen Fleiss, indem sie dieselben aus dem besten und härtesten Holze spiegelglatt aushöhlen und innen unter dem obersten Rande mit sauberer Schnitzerei verzieren; an jedem Ende des Stirnholzes lassen sie aus dem Ganzen einen Zapfen als Henkel hervorstehen. — Die meiste Arbeit verursacht ihnen aber das Anfertigen ihrer Kanoes, zu denen sie natürlich nur das schönste Holz nehmen und zwar zu den grösseren gewöhnlich den Stamm des *Callophyllum inophyllum*. Die Kanoes sind von verschiedener Grösse, oft nur 6—7 Fuss, oftmals 36—40 Fuss lang und dem entsprechend breiter oder, richtiger ausgedrückt, weniger schmal. Die ersteren sind nur für eine einzige Person oder auch für ein Kind bestimmt, die

letzteren hingegen können 18—20 und mehr Personen aufnehmen. Nachdem der Baum gefällt ist, wird er zunächst äusserlich in die gewünschte Form gehauen und dann ausgehöhlt, was
sehr viel Zeit und Mühe kostet. Hierauf wird das Fahrzeug
voll Wasser gefüllt und mit Hülfe hineingepresster Sperr-
hölzer ausgeweitet und hinsichtlich der Bugformen in die richtigen Linien getrieben; dann wird es getrocknet, innen gebrannt und spiegelglatt polirt, nächstdem werden Löcher in
den obersten Rand beider Seiten geschnitten und mit Hülfe
von Rotang runde Stäbe je einen Fuss von einander festgebunden, die als Ruderbänke dienen. Dies schmale, scharf-
gebaute Fahrzeug ohne Kiel, mit äusserst dünnen Wänden,
würde beim geringsten Schwanken umschlagen, deshalb erhält
es eine Balancevorkehrung höchst einfacher Art. Es werden
nämlich nach der Mitte zu 2 Stangen in einigem Abstand von
einander quer über das Kanoe gebunden, so dass sie, je nach
der Grösse desselben, 3, 4 oder 6 Fuss seitwärts über das
Wasser hinausragen, ohne dieses zu berühren. An das Ende
dieser Querstangen wird eine dritte Stange, parallel mit dem
Fahrzeug und fast so lang wie dieses, mit 8 Zoll langen,
ganz dünnen Pflöcken und Rotangschnüren befestigt. Diese
Parallelstange (Ausleger) berührt die Oberfläche des Wassers,
hält das Kanoe im Gleichgewicht und, da sie an beiden Enden
spitz ist, hindert sie nicht bei der Fahrt. Die Krönung des
Werkes bildet ein krummer, aufrechtstehender Schnabel, der
bei den grössten Kanoes oft über 8 Fuss lang ist. Ein
Steuerruder fehlt, doch werden mitunter 2—3 Masten aus
Bambus eingesetzt und Segel von Leinewand, am häufigsten
aber aus zusammengenähten Atapblättern, aufgespannt. Statt
der Ruder bedienen sich die Nikobaresen 3 Fuss langer,
schaufelartiger Hölzer von 6 Zoll Breite, die wir Papagayen
nennen. Sie rudern aus freier Hand, indem sie das Blatt
senkrecht in's Wasser stossen und nach hinten schieben.

Wohl können die Kanoes nicht allzu grosse Lasten einnehmen, schlagen auch mitunter um, aber an Schnelligkeit
sind sie unübertrefflich und geeignet, gegen den stärksten
Strom zu fahren sowie die Brandung zu durchschneiden.

Die Nikobaresen lieben die Fischerei und wählen zur
Ausübung derselben hauptsächlich stille Nächte, doch verstehen sie nicht, sich der Netze zu bedienen, auch greifen
sie selten zum Angelhaken; ihre gewöhnliche Weise, einen
Fisch zu fangen, besteht im Aufspiessen, wozu sie entweder
ihre Jagdspeere oder ein besonders dazu gearbeitetes Fisch-
eisen benutzen. Die nöthigen Fackeln liefern ihnen dicht
zusammengebundene Büschel getrockneter Kokusblätter.

Zu den nothwendigen Verrichtungen der Leute gehört
auch das Brennholzsammeln, ein Geschäft, bei dem sie eine
wahrhaft komische Pedanterie an den Tag legen. Erst suchen
sie mit grosser Ueberlegung einen dürren Baum von einer
gewissen Holzart, fällen ihn und lassen ihn dann so lange
liegen, bis er anfängt, sich in Zunder zu verwandeln; nun
spalten sie so viel davon ab, wie sie nöthig haben, hauen
dies in Scheite von genau derselben Länge, nämlich so lang
wie der Arm eines Erwachsenen vom Ellenbogen bis zum
ersten Gliede des Mittelfingers; diese Scheite binden sie dann
in regelmässige Bündel und zwar gerade so gross, dass man
sie mit beiden Armen und geschlossenen Händen umspannen
kann. Diese genau gemessenen Bündel tragen sie heim und
stapeln sie unter ihren Hütten auf. Niemals fand Rosen
bei den Eingeborenen unregelmässige oder auf einen Haufen
durcheinander geschüttete Brände. — Am Tage gehen die
Leute oft in den Wald, um sich Pandanusfrüchte, Areka,
Betel und andere Bedürfnisse zu holen oder nach ihren Bäumen zu sehen. Die Viehzucht machen sich die Nikobaresen
gleichfalls, wie alles andere, bequem, indem sie sich darauf
beschränken, ihre Schweine Abends zusammenzulocken und

6*

durch Speiseabfall zu kirren. Ebenso machen sie es mit den Hühnern, die gleichfalls den ganzen Tag über frei umherlaufen und ihr Futter suchen, Abends jedoch wie die Schweine heimkehren und während der Nacht von den zahmen Hunden gegen verwilderte Hunde und Schlangen bewacht werden.

Zu den Lieblingsbeschäftigungen der Eingeborenen gehört die Jagd auf verwilderte oder wirklich wilde Schweine, der sie sehr häufig obliegen. Gewöhnlich vereinigen sich hierzu 20—30 Mann unter Mitnahme der Hunde, welche das Thier aufspüren, worauf die Jäger dasselbe umzingeln und mit Spiessen erlegen. Die Beute wird alsdann gemeinsam verzehrt. — Auf die Büffeljagd gehen sie nicht so häufig, denn diese ist äusserst mühsam und mitunter gefährlich. Wird jedoch eine Jagd auf diese scheuen, schnellen und riesigen Thiere unternommen, dann thun sich etwa 40 Mann zusammen und versuchen, einen Büffel von der Heerde abzuschneiden; gelingt dies, dann wird er mit einem Speerhagel erlegt. — Zu einem anderen Zeitvertreib der Nikobaresen gehört das Besuchen der Nachbarinseln, wobei fleissig gehandelt wird. Zwischen den südnikobarischen und den „Hafen-Inseln" Nangkowry-Kamorta findet den grössten Theil des Jahres hindurch ein ziemlich reger Verkehr statt, der im November zu beginnen pflegt; die Hafen-Insulaner holen sich bei der Gelegenheit von den Südlingen Rotang, Schwalbennester, Schildkrötenschalen und andere dort häufigere Sachen, wohingegen sie als Entgelt Leinewand, Taback und Thongefässe bringen. Zwischen Katschall, Teressa, Bambok und Nangkowry-Kamorta herrscht ein beständiger Verkehr, wobei sich die Bewohner der Hafen-Inseln hauptsächlich Töpfe eintauschen, welche wiederum erst durch die Leute von Teressa und Bambok aus Tschowry geholt worden sind, während die Tschowryaner förmliche Handelskontrakte mit den Leuten von Kar-Nikobar abschliessen und auch pünktlich inne halten.

Das Hauptnahrungsmittel der Nikobaresen besteht aus rohen oder reifen Kokusnüssen, Schweinefleisch und der zu Pudding bereiteten Frucht des Pandanusbaumes, daneben verzehren sie Fische und Hühner. Fleisch wird theils gebraten, theils gekocht, die Fische werden gewöhnlich geräuchert. Zu keiner Speise brauchen sie Salz, obwohl sie solches auszusieden verstehen. Scherzer giebt an, dass die Bewohner von Kar-Nikobar ihre Schweine und Hühner mit Seewasser abbrühten, wodurch das Fleisch derselben etwas Beigeschmack von Salz erhielte. — Die Frucht des Caldcira- oder Pandanusbaumes wird in folgender Weise zubereitet. Nachdem dieselbe durch ihre dunkelgelbe Farbe und durch das Aufbersten ihrer einzelnen Fruchtkeile gezeigt hat, dass sie völlig reif ist, wird sie mit einem hölzernen Hammer zerklopft und demnächst so lange gekocht, bis ihre mehlige Substanz sich von den störrigen Fasern getrennt hat. Die Masse wird dann durchgeseit, in grosse Blätter geschlagen und aufgehangen, damit alles Wasser absickern kann. In diesem Zustande schmeckt das sogenannte Melloribrod etwa wie Apfelmuss und lässt sich wie Pudding schneiden, hält sich jedoch nicht länger wie 8 Tage in geniessbarem Zustande.

Der gewöhnliche Trank der Nikobaresen ist das Kokuswasser, d. h. die in halbreifen Kokusnüssen enthaltene Flüssigkeit von schwach süss-säuerlichem Geschmack, welche gleichzeitig nahrhaft und erquickend ist, Europäern jedoch bei zu häufigem Genuss schadet, indem sie allzu sehr auf offenen Leib wirkt, so behauptet wenigstens Rosen, wohingegen der preussische Marine-Stabsarzt Dr. Friedel ihren Genuss als heilsam angelegentlich empfiehlt. Wasser nehmen die Eingeborenen wohl nie in den Mund, desto häufiger bedienen sie sich des sogenannten Toddy's oder Palmenweins, welchen sie von der Kokuspalme in folgender Weise gewinnen: Der hervorschiessende Blumenstiel der Palme wird

abgeschnitten und eine leere Kokusnuss-Schale an die Schnitt-
fläche gebunden, um den austräufelnden Saft aufzufangen,
der Morgens und Abends abgeholt und in grosse natürliche
aus Bambusgliedern geschnittene Krüge gegossen wird, woselbst
er bald in Gährung geräth und dann ein berauschendes und für
Europäer höchst gefährliches Getränk abgiebt. Der früh Morgens
frisch abgezapfte Saft schmeckt ungemein süss und lieblich, ist
aber nicht minder gefährlich für uns wie der gegohrene, in welchem sich die Eingeborenen, Mann wie Weib, oftmals täglich be-
rauschen und im Zustande der Trunkenheit keine Scham kennen.

Viele Waffen haben die Nikobaresen nicht; malayische
Haumesser sind häufig, Flinten schlecht und selten, Speere
aber allgemein. In Handhabung der letzteren Waffe haben
sie eine ungemeine Geschicklichkeit uud sie ersetzt ihnen
Bogen und Pfeil, die sie nicht kennen. Sie lieben ausser
europäischen Kleidungsstücken auch die Lebensmittel der Europäer, besonders Brod und Branntwein.

Zu den Eigenthümlichkeiten der Leute gehört auch ihre
Neigung, sich europäische Namen beizulegen und wählen sie
sich hierzu gern recht berühmte aus, wie Lord Byron, Nel-
son, Marlborough etc. Gegen Kriegsschiffe haben sie grosse
Abneigung und sie fürchten instinctmässig bei jedem derartigen Besuche die Besitzergreifung ihrer Inseln durch die
betreffende Macht und doch fügen sie sich der Flaggenver-
theilung, ja die Häuptlinge drängen sich in kindlicher Be-
gierde nach Erhalten eines solchen Unterthänigkeitszeichens
und des dazu gehörigen Certificates. Freilich mit dem süssen
Nichtsthun würde es bei einer nochmaligen Colonisirung der
Inseln, besonders wenn diese von Deutschen ausginge, ein
Ende haben. Die Leute lernten dann Bedürfnisse kennen,
für deren Befriedigung sie arbeiten müssten, aber die der
jetzigen folgende zweite und dritte Generation würde dafür
auch auf einer menschenwürdigeren Stufe stehen.

Die ersten dänischen Colonisationsversuche
von 1756 bis 1759.

Im Jahre 1754 reichte der dänische Missionsprediger Huusfelt dem Directorium der dänisch-asiatischen Compagnie einen Colonisationsvorschlag hinsichtlich der Nikobaren ein, wobei er die Fruchtbarkeit der Inseln und die Handelsvortheile, welche ihre günstige Lage und ihre vortrefflichen Häfen boten, mit schwunghaften Worten beschrieb, auch darauf hinwies, dass sie sich besonders zur Anpflanzung von Zuckerrohr, Baumwolle, Zimmet, Pfeffer und feinen Gewürzen eignen müssten, überdies schon durch ihren natürlichen Ueberfluss an Kokus- und Arekanüssen sowie Betelblättern und Rotang einen soliden, sofort greifbaren Werth besässen. Dem Directorium leuchteten die Vorschläge des Priesters ein und es sandte dieselben behufs weiterer Untersuchung an den dänischen Geheimen Rath mit dem Auftrage, die Inseln, wenn dies als möglich und nützlich befunden werden sollte, sofort in Besitz zu nehmen, ohne erst den Beschluss der Compagnie abzuwarten. Die Regierung in Trankebar fand den Zeitpunkt zur Besetzung der Inseln geeignet und schickte den Lieutenant Thanck mit einem Commando von 150 Mann und 8 Kanonen*) sowie sonstigem Zubehör am 8. September

---

*) Prahl giebt nur 8 Kanonen an, es scheinen aber viel mehr gewesen zu sein, denn der Missionär Hänsel hat mit eigenen Augen 17 Stück unter den Trümmern der Ansiedelung liegen sehen, obwohl die Malayen schon mehrere entwendet hatten. Die Laffeten waren verfault, die Rohre lagen im Grase.

1755 nach den Nikobaren ab, woselbst die Expedition Ende des Jahres ankam und am 1. Januar 1756 die Insel S i a m - b a l o n g oder G r o s s - N i k o b a r im Namen des dänischen Königs in Besitz nahm und N e u - D ä n e m a r k taufte. Der Besitzergreifungsact wurde mit aller möglichen Feierlichkeit in's Werk gesetzt — die gezüngelte Danebrogsflagge ward am Lande aufgehisst, die Kanonen donnerten, die Gläser erklangen, und man sang im vollen Chor ein besonders zu dem Zwecke gedichtetes Lied unter Jubel und Schwelgerei bis tief in die Nacht hinein.*)

So lustig der Anfang, so traurig war jedoch das Ende des Unternehmens. Bald stellten sich Krankheiten gefährlicher Art ein, die fast jeden der Ansiedler ergriffen und meistens mit dem Tode endigten, so dass binnen kurzer Zeit nur noch der fünfte Theil des hinübergesandten Commando's am Leben war. Als der Geheime Rath V o l q v a r t s sich auf Gross-Nikobar einfand, um den Lieutenant T h a n c k im Oberbefehl abzulösen, da traf er diesen nicht mehr an, denn er war schon todt, ebenso wie der Assistent F a y e, nur Lieutenant T a n n e n war noch von den Führern am Leben und 30 sieche Männer der Besatzung. — Ehe Thanck starb, hatte er dem Trankebar'schen Gouvernement durch ein englisches Schiff Mittheilungen über den traurigen Zustand der Colonie und über die Ergebnisse der Entdeckungsreise des Steuermanns P a n c k nach den sombrerischen oder mittelnikobarischen Inseln machen lassen. In Folge dieser Mittheilungen gab die Regierung dem neuen Commandanten V o l q v a r t s die Vollmacht, die Colonie nach der sombreri-

---

*) Es waren Knittelverse, deren erster wörtlich in's Deutsche übersetzt mit den Worten begann:

„Gott freu' den König gut mit neuem Dänemark!

„Das wünschen wir mit Leib und Blut unserm allerhöchsten Monarch!"

schen Gruppe zu verlegen, im Falle er dies für gerathen erachtete. Volqvarts war ein Mann von grossem Muthe und starker Willenskraft, aber wohl nicht von rechtem Einsehen und überdies ein etwas selbstsüchtiger Lebemann. Er fand sogleich heraus, dass Thanck einen schlechten Platz gewählt hatte, was auch möglich ist, doch übersah er die Hauptursachen des Unglücks der jungen Colonie. Diese waren die folgenden: Die beiden Lieutenants Thanck und Tannen konnten sich nicht vertragen und thaten alles, um sich das Leben schwer zu machen. Darüber lockerte sich die Disciplin ihrer wüsten und missgestimmten Untergebenen vollständig, und so kam es, dass sie sich auch mit den Eingeborenen verfeindeten. Die Soldaten ergaben sich allen möglichen Unmässigkeiten und Ausschweifungen, kränkten die Wilden im Punkte der häuslichen Ehre, worin diese sehr empfindlich sind, trieben sich des Nachts im Freien umher oder schliefen in der offenen Nachtluft, welche selbst die des Clima's gewohnten Eingeborenen sorgsam mieden. Hierzu kam noch, dass sie oftmals im Ueberflusse schwelgten und dann wieder empfindlichen Mangel litten, auch waren ihre Behausungen aus frisch gefälltem Holze aufgeführt und das Schlagen der Bäume sowie das Aufführen der Baulichkeiten war mitunter im vollen Platzregen vor sich gegangen. Ueberhaupt hatte man die ungünstigste Jahreszeit zum Beginn der Niederlassung gewählt — das eben erfolgte Ende der Regenperiode, welch' letzterer bekanntlich sofort ein höchst gefährlicher Zeitraum folgt, nämlich der des Verdunstens resp. Faulens der am Lande zurückgebliebenen Wassermengen.

Alles dies beachtete Volqvarts nicht, sondern glaubte, den Uebelständen einfach durch einen Ortswechsel abhelfen zu können und befahl deshalb das Aufgeben von Gross-Nikobar sowie die Verlegung der Colonie nach Kamorta.

Am 18. October 1756 wurde deshalb auf jener Insel die dänische Flagge gehisst und das Land unter der Benennung **Neu-Saatland** (Nye Sädland) in Besitz genommen.

Kamorta war völlig unbewohnt, die Eingeborenen des gegenüber liegenden Nangkowry hatten dort nur Kokus-, Areka- und Betelpflanzungen, desbalb traten sie die Insel sehr bereitwillig an die Dänen ab. **Volqvarts**, der so grosses Gewicht auf die örtlichen Einflüsse der Colonie legte, hätte einsehen müssen, warum das grosse Kamorta selbst von den Wilden nicht einmal bewohnt wurde. Die Insel war ganz einfach sogar für die Nikobaresen zu ungesund, wenigstens damals ganz entschieden, und die Stelle, welche er wählte — heute **Canláha** oder auch **Kaiserhöhe** genannt — litt ganz besonders an allen Nachtheilen, welche Salzsümpfe, Mangrovedickicht etc. herbeiführen. Zu seiner Entschuldigung sei jedoch gesagt, dass ihn eine Art diplomatischer Aengstlichkeit vom Niederlassen auf Nangkowry und Bezitznehmen dieser etwas besser beschaffenen Insel abhielt. Er wusste nämlich von dem missglückten Colonisationsversuch der französischen Jesuiten im Jahre 1711 und war nicht ganz sicher, ob nicht am Ende Frankreich sich als rechtmässiger Besitzer des aufgegebenen Postens melden möchte, wenn die dänische Besiedelung vielleicht mehr Glück haben würde, wie einstmals die der Jesuiten. Im Uebrigen war **seine** Colonialwirthschaft fast noch unzweckmässiger, wie die **Thanck's**, dies berichtet uns der Assistent **Lund**, welcher interimistisch das Commando nach dem am 6. December 1756 erfolgten Tode des **Volqvarts** übernehmen musste. Er sagt:

„Das Etablissement wurde unter den heftigsten Regenschauern der scharf wehenden Monsune errichtet und die Leute Anfangs ohne Obdach allen Unbilden der wechselnden Witterung ausgesetzt. Die arbeitsfähigen Colonisten liess der

Chef ohne gehörige Pflege und Erfrischung, die Kranken ohne Medizin und Stärkungsmittel. Die Leute mussten zu ungesunden Nahrungsmitteln greifen, fanden Gelegenheit zum Trunke, lebten ausschweifend und setzten sich der Nachtluft aus. Der Chef Volqvarts lebte übrigens sehr üppig und liess seiner eigenen Person nichts abgehen; seinen frühzeitigen Tod schuldete er wohl seiner unordentlichen Lebensweise."

Lund brachte einige Ordnung in die Colonie, in Folge dessen die Erkrankungen abnahmen. Man begann Nutzholz zu fällen, Magazine anzulegen, das Land zu roden, sammelte Arekanüsse und fischte Kaurimuscheln am Strande auf, kurzum, alles nahm einen guten Anlauf, da traf zum Unheil für die Colonie ein neuer Commandant aus Trankebar ein, nämlich Jens Tweed, mit einer Verstärkung von zwei Invaliden. Jens Tweed war ein alter Mann und grosser Trunkenbold, weshalb er auch schon acht Tage nach seiner Ankunft das Zeitliche segnete. Nun ergriff zwar der mässige und thatkräftige Lund wieder die Zügel der Verwaltung, doch jetzt musste auch seine Kunst versagen, denn Jens Tweed hatte ihm etwas in's Haus geschleppt, wogegen sich nicht ankämpfen liess. Der genannte Herr hatte nämlich vor seiner Ankunft auf Kamorta erst Gross-Nikobar angelaufen und von dort eine Anzahl Eingeborener — vermuthlich auch einige Malayen und Neger — zur Verstärkung mitgebracht. Diese Leute waren sämmtlich mit einer gerade auf Gross-Nikobar herrschenden Seuche behaftet*) und steckten nun alle Colonisten an, so dass binnen kurzer Zeit kein Gesunder mehr auf den Beinen war. Mit der Krankheit war eine allgemeine Entkräftung und Muthlosigkeit verbun-

---

*) Prahl sagt uns nicht, welche Seuche dies war, doch scheint es eine syphilitische Krankheit gewesen zu sein, deren Entstehung auf Gross-Nikobar damals kein Wunder gewesen wäre.

den und dies bemerkten die angeworbenen Nikobaresen gar bald, worauf sie gegen die Dänen und Indier einen sehr übermüthigen Ton anstimmten, sie verhöhnten und bedrohten. Bald bekamen diese Leute sogar Verstärkung durch andere Eingeborene, sie gingen bis zur offenen Empörung, erbrachen die Vorrathshäuser, theilten sich in die Waaren und drohten mit Mord und Brand, wenn man ihnen nicht Gewehre, Pulver und Kugeln geben würde, so viel wie sie begehrten. Bei der Ohnmacht der kranken Colonisten war Widerstand geradezu lächerlich, sie machten deshalb gute Miene zum bösen Spiel und waren froh, dass sie mit dem Schiffe „Ebenezer", welches gerade im Hafen lag, nach Atschin auf Sumatra entwischen konnten. Nachdem sie sich dort einigermassen von Krankheiten und Strapazen erholt hatten, gingen sie unter Anführung des wackeren Lund wieder zu Schiffe, um noch einmal die Colonisation von Kamorta zu versuchen, doch es schien sich alles gegen ein derartiges Unternehmen verschworen zu haben, denn der ungeschickte Schiffer verfehlte die gesuchte Insel und gerieth nach Gross-Nikobar, woselbst er mit dem Fahrzeuge strandete. Nun lebte Lund mit seinen Gefährten — so weit solche am Leben blieben — volle 14 Monate als Schiffbrüchiger völlig hülflos ohne Obdach in den Urwäldern oder mit den Eingeborenen unter einem Dache, der Barmherzigkeit der Wilden preisgegeben. Viele von seinen Leuten kamen um, andere verschollen in den Wäldern, mehrere nahmen die Gelegenheit wahr, mit malayischen oder birmanischen Prahu's nach Sumatra oder Pegu zu entwischen und verschwanden spurlos. Nach dem alten Etablissement, welches Thanck angelegt hatte, durfte sich Lund und seine Getreuen nicht wagen, denn sie hatten erfahren, dass die Eingeborenen die zwei Colonisten, welche Jens Tweed dort als Flaggenwache zurückgelassen, ermordet hatten. Schliesslich, wie schon angedeutet, erbarmten sich

die Wilden über den braven Mann und nahmen ihn, wie
einen der Ihrigen, unter sich auf. Sie wollten ihm auch ein
„Balkenhaus" bauen, wenn er immer bei ihnen bleiben würde,
er war jedoch des nikobarischen Lebens überdrüssig und benutzte die Ankunft eines europäischen Schiffes, um sich aus
der schrecklichen Verbannung zu erlösen und nach Trankebar zu gehen. Wir verdanken ihm eine Schilderung der
herrlichen Inseln, die jedoch selbstverständlich mit schwarzen
Farben gemalt ist, obwohl der Natursegen der Nikobaren
gebührende Würdigung erhalten hat. Der Umstand, dass
Lund, der doch alle Nachtheile des nikobarischen Coloni-
sationslebens durchkosten musste und noch mehr wie dies,
als obdachsloser Schiff brüchiger inmitten der Wildniss gelebt
hatte, trotz alledem mit dem Leben davon kam, dies dürfte
ein Fingerzeig sein, dass die Gefährlichkeit des nikobarischen
Klimas sich sehr nach der moralischen und physischen Tüch-
tigkeit des Individuums richtet. Spätere Erfahrungen haben
dies theilweise bestätigt.

Mit Lund's letztem Abzuge war der 1756 begonnene
Colonisationsversuch thatsächlich zu Ende, und was weiter zu
erwarten stand, konnte kaum als ein Regierungsunternehmen
angesehen werden. Das Directorium der dänisch-asiatischen
Compagnie erklärte, dass es vorläufig keinen ähnlichen grossen
Versuch auf den Nikobaren machen wolle, überhaupt keine
Gelder mehr für den Besitz der Inseln auf's Spiel zu setzen
geneigt sei. Einige Zeit nach Lund's Rückkehr wurden sogar auf ausdrücklichen Befehl des Gouvernements Schiffe
von Trankebar nach den Inseln gesandt, um alles etwa dort
noch vorhandene dänische Staatseigenthum und die möglicherweise daselbst unter den Wilden noch lebenden Mitglieder
der ersten Expedition abzuholen. Man räumte demnach
ganz offen das Feld, um es anderen Streitern zu überlassen,

die weniger kosteten und weniger galten, aber dennoch für spätere Regierungsversuche von Nutzen sein konnten. Uebrigens scheint es, dass die in Rede stehenden Schiffe ihr Ziel verfehlten oder unterwegs verunglückten, es ist wenigstens nichts über den Ausfall ihrer Mission bekannt geworden.

Die Colonisationsversuche der mährischen Brüder
von 1768 bis 1787.

Bekanntlich wurde die Secte der Herrenhuter oder mährischen Brüder in Dänemark von der Regierung gleich nach ihrem Entstehen sehr günstig beurtheilt und im Lande gern gesehen. Die Brüder erwarben sich auch in den dänischen Colonien grosse Verdienste nicht blos durch Ausbreitung des Christenthums und europäischer Cultur, sondern durch Anlegung und Unterhaltung von dauernden Ansiedelungen, die sich fast ausschliesslich auf Kosten der grossen Brüderschaft und des eigenen Fleisses der Sendlinge erhielten. So wirkten die Herrenhuter nachhaltig bis auf diesen Tag im dänischen Westindien und auf Grönland, es lag daher nahe, dass die dänische Regierung wünschen musste, die Thätigkeit dieser unermüdlichen Sendboten des freien Christenthums, der häuslichen Tugend und materiellen Cultur auch im dänischen Ostindien zu verwerthen. Die Veranlassung fand sich bald, indem Graf v. Zinzendorf, der erhabene Gründer der Secte, dem dänischen König Friedrich V. im Jahre 1758 Herrenhuter Colonisten für Island anbot. Graf Moltke, der Präses der asiatischen Compagnie, antwortete ihm jedoch, dass diese Insel schon versorgt sei, es würde dem Könige aber zum besonderen Wohlgefallen gereichen, wenn sich einige Brüder auf den Nikobaren, zur Verstärkung der daselbst angesiedelten Handelscolonie niederlassen wollten. Der Vorschlag wurde angenommen, und die mittlerweile einlaufende Nachricht, dass jene Colonie aufgegeben sei, schreckte die Herrenhuter nicht ab, sie verlangten jedoch die Erlaubniss zur Anlegung einer Zwischenstation in Trankebar, weil die Unmöglichkeit auf der Hand lag, europäische Missionäre, welche des heissen Klimas überhaupt und des Nikobarischen insbesondere, ungewohnt waren, unmittelbar von Europa nach jenen wilden und noch fast unbekannten Inseln zu schicken und dort aus den Mitteln der Brüderschaft zu unterstützen. Zu den weiteren Verhandlungen wurde Johann Georg Stahlmann nach Kopenhagen gesendet. Es wurde den Brüdern zum Behuf einer Niederlassung auf den nikobarischen Inseln, durch die vom Könige bestätigte Versicherungsacte der asiatischen Compagnie vom 19. Januar 1759 ausser den bürgerlichen Rechten, alle Religions- und Gewissensfreiheit nach der Brüderkirchen-Disciplin ertheilt, nebst der Vergünstigung, „nach dem löblichen Exempel ihrer Brüder in Grönland und Westindien, das Evangelium unter den Heiden zu verkündigen, und sie durch die Taufe der christlichen Kirche einzuverleiben." Auf ihr ausdrückliches Verlangen wurden diese Freiheiten auch auf Trankebar und alle anderen königlichen Besitzungen in Indien ausgedehnt. Da sich indessen hierbei einige Anstände zeigten, die besonders durch die Eifersucht und Unduldsamkeit der Hallischen Missionspriester hervorgerufen wurden, beschloss man, in dem oben bezeichneten Jahre nur die Hälfte der für Ostindien bestimmten Colonisten nach Trankebar abgehen zu lassen. Freier Transport hin und zurück war den Brüdern von der dänischen Regierung zugesichert worden.

Ausser dem Führer der Gesellschaft, dem schon erwähnten Stahlmann, und zweien Theologen Völker und Butler, von denen jener sich auf die malabarische oder tamulische, dieser hingegen auf die portugiesische Sprache legen wollte, wurden noch elf unverheirathete Brüder von

Zeyst aus durch den Grafen v. Zinzendorf am 28. September 1759 feierlich zur Reise über Kopenhagen abgefertigt. Am 2. Juli 1760 landeten sie in Trankebar, nachdem sie die Seereise um das Cap der guten Hoffnung in acht Monaten glücklich zurückgelegt hatten, und wurden von den Regierungsbeamten und den Einwohnern mit grosser Liebe und Freundlichkeit aufgenommen. Vom Lieutenant Matsen kauften sie aus ihren Mitteln einen, etwa eine Viertelmeile von der Stadt entfernten Garten mit einem Hause, der von da an der Brüdergarten genannt wurde. Hier bauten sie für sich und ihre nachzusendenden Brüder noch ein Haus, welches ca. 800 Thlr. kostete, und einige Nebengebäude, auch begannen sie sofort den Reisbau auf ihrem Lande und betrieben die verschiedenerlei nützlichen Gewerbe, welche sie in Europa gelernt hatten, ausserdem pflanzten sie Obstbäume an und, sobald Völker und Butler in ihren Sprachstudien weit genug vorgeschritten waren, was sehr bald geschah, begannen sie das Bekehrungswerk der Heiden, das sie jedoch später auf dem Festlande gänzlich einstellen mussten, weil die Hallischen Pietisten sich gegen diese Concurrenz grimmig wehrten. Uebrigens hatten sie noch eine andere Concurrenz zu überwinden, nämlich die der eingeborenen Handwerker, die zwar nicht so gut, aber bedeutend billiger arbeiteten, wie die Brüder, welch letztere sich überdies in Folge der üblichen Krankheiten und der unkräftigen Kost sehr vor Ueberanstrengung in Acht nehmen mussten, also durch grösseren Fleiss nichts erzwingen konnten. Im September 1760, nach Zinzendorf's Tode, wurden 4 Ehepaare und 5 ledige Brüder von Deutschland nach Trankebar nachgeschickt und kamen dort am 27. August 1761 an, aber der Führer derselben, der zum Vorsteher der ganzen Mission bestimmte 60jährige Nikolaus Andreas Jäschke starb schon nebst seiner Frau am Anfange des nächsten Jahres an Entkräftung in Folge unablässiger klimatischer Krankheiten. Die Brüder sahen sich indessen vergebens nach einer Reisegelegenheit nach den Nikobaren um, da die Regierung gar keinerlei Anstalten zu der beabsichtigten Niederlassung traf, ihre Lage in Trankebar wurde zudem immer misslicher, da die fanatischen Hallischen Pietisten schliesslich durch ihre wiederholten Klagen über Religionsstörung ein förmliches Ausweisungsdecret in Kopenhagen gegen die Brüder erwirkten — die letzteren sollten entweder unverzüglich nach den Nikobaren abgehen oder nach Europa zurückkehren. Mit vieler Mühe gelang es ihnen durch Gegenvorstellungen bei der Regierung in Trankebar, zu bewirken, dass König Christian VII. durch Rescript vom 25. November 1767 ihnen einen längeren Aufenthalt in Trankebar gestattete. Der Angelpunkt und eigentliche Heerd der künftigen Besiedelung der Nikobaren hing demnach so zu sagen in der Luft, was sollte da, wohl Gedeihliches für die Colonie selber erwachsen! Ueberdies bedenke man, dass nicht der dänische Staat, sondern die kümmerlichen Mittel des Brüdergartens und der europäischen Brüdergemeinschaft das Anlagekapital und den Succurs der schwierigen Ansiedelung hergeben sollten und hergaben; so hatte die Sendung nach Trankebar allein der Gemeinde des Ortes Herrnhut 2000 Thaler freiwillige Beisteuer gekostet.

Es muss hier nach Prahl's Aussage eingeschaltet werden, dass die unmittelbaren höheren Verwaltungsbeamten von Trankebar keinesweges so grosse Begeisterung für die Colonisirung der Nikobaren an den Tag legten, als in Ostindien anwesende Unterbeamte und Priester oder gelehrte und hochstehende Männer in Europa. Für jene Herren waren die Nikobaren weiter nichts als ein Aergerniss, welches vermehrte Arbeit verursachte, Pflichten auferlegte und Gelder verschlang, die man lieber in Trankebar behalten hätte, welches an sich schon einen ziemlich bedeutenden Zuschuss vom Mutterlande beanspruchte, aber keinesweges besonderen Nutzen brachte, denn es hatte durch die Ausdehnung der britischen Herrschaft und andere äussere Einflüsse jede Bedeutung verloren. Ueberhaupt muss Dänemark mit der Wahl seiner Colonialbeamten meistens Unglück gehabt haben, denn einer derselben, unser Gewährsmann, der Procurator, Copiist und Controleur des Trankebarischen Seezolls, Prahl, hat in seinem von uns benutzten Werke, welches 1804 zu Kopenhagen im Druck erschien, ganz offen mitgetheilt, dass sein Freund, der Pastor Henning Munck Engelbart (auf den wir später zurückkommen) mit Hülfe einer in Trankebar gebildeten Gesellschaft, welche sich nach seinem Tode auflöste, ein Werk über „Trankebar's dänische Vergangenheit" geschrieben habe, dessen Manuscript jedoch die höheren Beamten in ihren Besitz zu bekommen wussten und spurlos vernichteten. Eine Anmerkung dieses Werkes lautete nach Prahl's gedruckter Mittheilung: „Das in Europa residirende Directorium der asiatischen Compagnie bestand fast immer aus aufgeklärten Männern der Wissenschaft, und ihre Vorschriften an die Vorsteher stützten sich auf die Staatsgesetze, auf Vernunft, Sittlichkeit und das Wohl der Menschheit; aber die Obrigkeit des indischen Platzes setzte sich zuweilen persönlichen Eigennutz zum Ziel, und dadurch verleitet, widerstrebte sie den Anordnungen und Absichten des Directoriums, wobei sie sich auf grössere Localkenntniss und herrschende Landesgebräuche berief, welch' letztere leider nur zu oft erst aus Missbräuchen und Missdeutungen der Obrigkeit sich gebildet hatten."

Endlich im Jahre 1768 traf die Trankebar'sche Regierung Anstalten zu der Expedition nach den Nikobaren, und nunmehr begaben sich 6 Brüder in Begleitung von 6 indischen und 6 europäischen Soldaten nach jener Inselgruppe und zwar zunächst nach Kamorta, woselbst sie jedoch nicht die geringste Spur von dem nur 12 Jahre früher angelegten dänischen Etablissement mehr vorfanden. Ungeachtet nun Kamorta den Dänen feierlichst von den Eingeborenen abgetreten worden war, fanden es die Brüder doch nicht für gut, sich dort niederzulassen, und dies zeigt für ihren richtigen Blick, für ihr instinctives Erkennen der Gefahr, da Kamorta wegen seiner Moräste und der Mangrovesümpfe, welche die Ulálabucht oder den Canalo-Falso und theilweise die kamortischen Ufer des Nangkowry-Hafens umsäumen, jedenfalls noch heute ungesunder ist, wie das gegenüberliegende Nangkowry. Auf Nangkowry beschlossen sie, sich niederzulassen, und baten die Eingeborenen gegen entsprechende Bezahlung um Abtretung eines Stückchens Boden auf einer Landzunge zwischen den Dörfern Malákka und Inúang, etwa eine Viertelmeile von der östlichen Einfahrt des Nangkowry-Hafens entfernt. Die Wilden versicherten in freundlichster Weise, dass der betreffende Platz Niemand gehöre und dass es ihnen zum grossen Vergnügen gereichen würde, die neuen Ankömmlinge dort wohnen, bauen und ackern zu sehen, doch liessen sich die Brüder auf die Geschenkannahme nicht ein, sondern schlossen einen förmlichen Kauf ab und bezahlten den Boden nach seinem muthmasslichen Werthe. Dies war, wie wir später sehen werden, ein Act grosser Klugheit und Voraussicht. Die betreffende Stelle erhielt fortan bis auf den heutigen Tag den Namen Tripjet, d. h. nach Bruder Hänsels Uebersetzung „die Wohnung der Freunde". Mit diesem Kauf hatte die neue Colonisationsperiode ihren Anfang genommen, diesmal betrieben von deutschen Männern unter unzureichendem dänischen Schutz.

Wie zu erwarten, brachen bald die Wirkungen der Ausdünstung von frisch aufgebrochenem Erdreich, saftig gefälltem Holz und faulenden Stoffen in Gestalt bösartiger Fieber unter den Colonisten aus und warfen viele auf's Krankenlager, doch waren die Anfälle nicht so dauernd und auch nicht so furchtbar wie früher. Gute Sitten, ordentliche, regelmässige Lebensweise und richtige Disciplin halfen den Ansiedlern über die erste Gefahr hinweg.

Als das Gouvernement von dem günstigen Verlaufe des neuen Versuches Kunde erhielt, sandte es 24 Mann als Verstärkung und den Capitain Falck als Commandeur der Colonie nach Nangkowry. Diese Massregel gab dem ziemlich glücklich begonnenen Unternehmen den Todesstoss. Im September 1769 kam die Verstärkung an und kaum 4 Monate später hatte die Colonie 18 Mann eingebüsst, blos 2 Weisse und 4 Farbige der Neuangekommenen waren noch am Leben. Die Mehrzahl der abhanden gekommenen Leute war übrigens, nach Prahl's Angaben, nicht gestorben, sondern ausgerissen, was sehr wohl glaublich ist. Die Schuld des Unglücks trugen die Leute selber, indem sie sich an die Vorschriften der Brüder nicht kehrten, sich körperlich verwahrlosten und nur das thaten, was ihr militärischer Commandant befahl. Letzterer scheint vorzüglich darauf gehalten zu haben, dass nur sein und nicht der Brüder Ansehen von den Leuten respectirt wurde. Dieser unglücklich abgelaufene Verstärkungsversuch schreckte die Trankebar'sche Regierung dermassen ab, dass sie ihre Hand gänzlich von der Colonie zurückzog, ja sogar den beträchtlichen Vorrath der mit hinübergeschickten Tauschwaaren und andere Sachen liess sie nicht abholen, sondern beauftragte die Brüder mit dem Hüten und Verkaufen derselben, wodurch diesen zu ihren Anstrengungen, ihr eigenes Leben zu fristen, noch eine neue, höchst unnütze Last und Verantwortlichkeit aufgebürdet wurde, von der sie erst im Jahre 1773 durch Eintreffen eines dänischen Schiffes, welches den Rest der Artikel abholte, befreit wurden. Das Jahr 1773 wurde für die Colonie noch dadurch besonders merkwürdig, dass die Königlich dänisch-asiatische Compagnie in Kopenhagen das gänzliche Aufgeben der Nikobaren als Colonie oder Handelsloge aussprach und offiziell bekannt machte. Die Brüder waren von nun an gänzlich auf sich selber angewiesen und es brach eine Zeit der entsetzlichsten Noth über sie herein, da es das Unglück wollte, dass selbst die Schiffe, welche ihnen die Gemeinde „Brüdergarten" aus eigenen Mitteln oder unter freigebigster Beihülfe des wackeren Engländers Holford mitunter zur Hülfe sandten, ihr Ziel verfehlten und nach der malayischen Küste verschlagen wurden, oder so lange auf der See umhertrieben, bis sie den für die Brüder mitgeführten Proviant selber aufgebraucht hatten und statt frischer Kräfte Kranke anbrachten. Das erste von Holford gesandte Schiff kam glücklich hin, deckte aber nicht die Kosten der Expedition. Die von der Gemeinde in Trankebar mit grossen Kosten ausgerüstete Schnau*) „Nikobar" wurde sogar 1781 von einem französischen Kaper unter dem Vorwande, es sei englisches Eigenthum darauf, weggenommen und nach Isle de France gebracht. Dass die Missionäre von den Eingeborenen überhaupt noch ferner auf den Inseln geduldet und nicht als Eindringlinge behandelt wurden, hatte seinen Grund darin, dass die Brüder im December 1774 mit den Häuptlingen und Einwohnern von Malakka nochmals einen förmlichen Vertrag wegen ihrer Niederlassung abgeschlossen und dadurch unanfechtbare Rechte auf das von ihnen bisher benutzte Stück Land und das „Heimathsrecht" auf den Inseln erhalten hatten. Sie wurden von da an nicht mehr „Kaleng" d. h. „Fremde", sondern „Baju Tripjet" oder „die Eingeborenen von Tripjet" genannt. Der Vertrag war schriftlich abgefasst worden und von den Häuptlingen dadurch unterzeichnet, dass sie eine Feder mit Tinte über die Schrift gezogen hatten. Die Bewohner von Malakka erhielten auf's Neue

---

*) Prahl nennt das Schiff einen Schooner.

Bezahlung und ebenso die Insassen der Nachbardörfer auf Grund
eines abgeschlossenen Freundschaftsvertrages. Gleichwohl wollten die Eingeborenen es nicht dulden, dass die Brüder sich
ein steinernes Wohnhaus bauten, und die Aufregung stieg
in dem Maasse, dass die Missionäre eine Zeit lang ihres Lebens nicht sicher waren, denn die Wilden vermutheten in
dem Bau allerlei unheilvolle Pläne der Brüder und das Un-
fruchtbarwerden der Kokuspalmen, beruhigten sich jedoch
schliesslich.

Wir wollen den Verlauf der ganzen Episode erst in ge-
drängten Zügen berichten, ehe wir an die Darlegung der
Details gehen, für welche uns schätzenswerthe Quellen zur
Verfügung stehen. Im Jahre 1778 traf die Kaiserlich österreichische Fregatte „Joseph und Maria Theresia" im
Nangkowry-Hafen ein, nahm von der mittleren Inselgruppe
Besitz und gründete auf Kamorta ein österreichisches Etablissement, welchen Act wir ausführlicher in einem besonderen
Abschnitte behandeln werden. Das Anerbieten der kaiserlichen Beamten, unter österreichischen Schutz zu treten,
lehnten die Brüder trotz ihrer Hülflosigkeit und ihres Elends
ab, das ganze Unternehmen hatte überdies weiter keinen
Nutzen für sie, als dass die dänische Regierung aus politischen Gründen wieder unmittelbar auf die Nikobaren und
damit mittelbar auf die Brüdercolonie aufmerksam wurde
und ihr Hoheitsrecht über die Inseln erneuerte, weshalb denn
auch die Regierung in Trankebar den 1783 ausgefertigten
Befehl erhielt, sich der Brüder wieder anzunehmen, und so
geschah es, dass 1784 zum ersten Male wieder seit langer
Zeit ein Königlich dänisches Schiff, genannt „Dansborg", im
Nangkowry-Hafen eintraf und diese Besuche in den folgenden
Jahren wiederholte. Noch ehe das Schiff „Dansborg" eintraf, hatten die drei noch lebenden Brüder am 24. März 1784
auf's Gerathewohl mit malayischen Prahus ein Schreiben an

den holländischen Gouverneur von Malakka zur Weiterbeförderung nach Europa gesandt; in demselben hiess es:

„Matt, schwach, von allen Erquickungen entblösst, Jahre
lang von ihren Brüdern abgeschnitten, wunderten sie sich
nur, noch am Leben zu sein; doch freilich nur schleichende
Gerippe mit gelbbleichen Gesichtern. Fast kein Monat ver-
ginge, da sie nicht an Fieber, Blutschwären, Gicht und anderen Krankheiten litten. Schon mehrere Jahre hätten sie
keine Arznei mehr. In ihrer feuchten Wohnung faulten
ihnen die Betten unter dem Leibe; Wäsche, Kleidungsstücke,
Schuhe, Alles ginge ein. Reis, der schon stinkend und voll
Würmer wäre, müsste ihnen zur Nahrung dienen. Der Gar-
tenbau ertrüge wenig, der mitgenommene Tabacksvorrath, für
den sie Schweine und Geflügel eingetauscht, wäre ausgegangen, schon in's vierte Jahr müssten sie aus Mangel an
Brod und Wein der heiligen Communion entbehren."

Wie schon angedeutet, noch ehe dieser traurige Bericht
einlief, war ihnen aus politischen Gründen in etwas geholfen
worden. Während so die Colonie mit allen nur erdenk-
lichen Leiden zu kämpfen hatte, traf den H e e r d derselben,
den „Brüdergarten" in Trankebar, ebenfalls schweres Miss-
geschick. Der schnelle Heimgang solcher Brüder, die als
Aerzte oder Handwerker am meisten erworben hatten, die
kostbare Unterhaltung des Postens in Nangkowry, der Verlust ihres Schiffes nebst Ladung, die Plünderung des Brüdergartens durch Hyder Ali's Truppen im Jahre 1781 und andere Kriegsdrangsale durch Tippo Saib's Mannschaften im
Jahre 1783 verursachten grosse Verlegenheiten für das äussere
Bestehen des Etablissements. Dabei verging fast kein Jahr,
in welchem nicht sämmtliche Missionsposten in dänisch-Ost-
indien*) neue Verstärkungen aus Europa erhalten mussten,

---

*) Seit 1773, da J o h a n n J o a c h i m W o l t e r s d o r f als Vor-
steher der ostindischen Mission in Trankebar eingesetzt worden

um die durch Todesfälle in dem heissen Klima entstandenen Lücken wieder auszufüllen. Von 70 in 25 Jahren dahin gesendeten herrenhutischen Männern und Frauen hatten bereits 40 ihren Lauf vollendet. Nach so vielen vergeblichen Anstrengungen und Aufopferungen für dieses unfruchtbare Arbeitsfeld kam es in der Unitäts-Aeltesten-Conferenz der Herrenhuter wiederholt in ernstliche Ueberlegung, ob nicht die ganze ostindische Mission aufgegeben werden solle. Die Unitäts-Aeltesten-Conferenz wurde aber im Jahre 1784 durch das Loos angewiesen, eine neue Verstärkung und zugleich einen Bruder aus ihrer Mitte zur Visitation dahin abzusenden. Mit diesem Auftrage erschien der Bischof Johann Friedrich Reichel am 17. Juni 1786 im Brüdergarten zu Trankebar. Er führte den Bruder Chr. Ludwig Schumann, der ehedem in seinem Vaterlande Surinam sich vielerlei Erfahrungen erworben, als Vorsteher der ostindischen Mission ein und bemühte sich in jeder Weise, den vorhandenen Uebelständen der Gemeinde abzuhelfen und die Mitglieder zu Ausdauer und Muth anzuspornen. Die Missionsstelle in Patna hob er auf, nach Nangkowry schickte er den Bruder Kragh als künftigen Vorsteher; dieser aber war bald der einzig überlebende Nikobarische Herrnhuter und kehrte im Januar 1788, auf einem Schiffe der dänischen Regierung von Hänsel abgeholt, krank zurück, um am 29. Mai desselben Jahres in

---

und nachdem die Aufhebung der den Brüdern nachtheiligen Kgl. dänischen Edicte von 1744 und 45 auf den ostindischen Kanzeln verlesen worden war, hatten die Herrnhuter mit den „Freunden" in Colombo auf Ceylon, woselbst D. Nitschmann und Eller gewirkt hatten, Verkehr unterhalten. In Serampor oder Friedrichs-Nagor (dänische Handelsloge am Ganges) liessen sich 1777 die Brüder Johannes Grasmann und K. F. Schmidt nieder, während Bruder James Latrobe in Patna, einer anderen dänischen Handelsloge, arbeitete. Beide Missionen richteten übrigens nicht das Geringste aus.

Trankebar zu sterben. Damit war der Posten auf den Nikobaren von den Herrnhutern aufgegeben und nur die dänische Regierung hielt ihn noch des Scheines halber durch
eine Wache, bestehend aus einem Mulatten und zwei Negern,
welche sich die Baulichkeiten der mährischen Brüder zum
Wachtlocale einrichteten und dort bis zum Jahre 1807 ver-
blieben, zu welcher Zeit England die Inseln bis zur Beendigung der Napoleonischen Kriege in Besitz nahm, ohne jedoch
eine Flaggenwache daselbst zu etabliren.

Was den Brüdergarten in Trankebar und den Missionsposten in Friedrichs-Nagor betraf, so wurde auf Beschluss
der Herrnhuter Synode von 1789 noch einmal eine Verstärkung dorthin gesendet, um dort vergeblich gegen ostindisches
Heidenthum und andere unüberwindliche Feinde anzukämpfen.
Der Muth der Ansiedler war jedoch vollkommen gebrochen,
sie verlangten unablässig nach ihrer Abberufung, die denn
auch endlich im Jahre 1795 unter gänzlicher Aufhebung der
ostindischen Mission erfolgte und 1796 durch Abzug der
Brüder erledigt ward — hoffentlich nicht für immer.

Nunmehr können wir an die höchst interessanten Details
gehen, welche uns der ehrwürdige Bruder Johann Gottfried Hänsel in Briefen hinterlassen hat, welche vom ehrwürdigen James Latrobe für das britische Parlaments-
mitglied William Wilberforce aus dem Deutschen in's
Englische übersetzt worden sind und wohl verdienten, in
ihrem ganzen Umfange in unsere Sprache zurück übersetzt
zu werden. Wir können jedoch hier im Allgemeinen nur
Auszüge aus diesen Briefen mittheilen, doch wollen wir den
ehrwürdigen Hänsel so oft wie möglich selber in seiner
naiven Weise sprechen lassen.

Johann Gottfried Haensel's Aufenthalt auf den Nikobaren.
Von 1779 bis 1787.

Auf der Nordostspitze von Nangkowry, hinter einem
niedrigen Hügel und nahe beim besten Landungsplatze an
einem sandigen Strande lag das Missionshaus der Herrnhuter,
welches die Eingeborenen „Tripjet" oder die Wohnung der
Freunde nannten. Ich kam dort mit Bruder Wangemann im Januar 1779 an, nachdem unser Schiff, welches
Capitain Light führte, zuvor nach der malayischen Küste
von Quedah verschlagen worden, woselbst ich den vortrefflichen Dr. Betschler, den Schwiegersohn des Königs von
Quedah, kennen lernte, jedoch unsere Ankunft am Orte der
Bestimmung um mehrere Monate verzögert wurde. Auf
Nangkowry fanden wir drei Missionäre, die Brüder Liebisch,
Heyne und Blaschke. Da der letztere sehr krank war,
ging er mit dem Schiffe, welches uns gebracht hatte, nach
Trankebar, woselbst er sehr bald starb, und nicht lange
darauf verschied auch Bruder Liebisch. Dann befiel mich
das Klimafieber in so heftiger Weise, dass die Brüder meiner
Auflösung entgegensahen und Abschied von mir nahmen; nach
diesem feierlichen Acte verliess mich die Besinnung, so dass
man glaubte, ich sei schon todt, worauf mich die Brüder
vom Bette nahmen und für todt hinaustrugen, um mich zu
begraben. Da erwachte ich, fragte, was sie mit mir vor-
hätten und warum sie weinten. Sie sagten, dass sie mich
für todt gehalten und meine Beerdigung vorbereitet hätten.
Meine Genesung schritt sehr langsam vorwärts, ich kam auch
niemals wieder während meines Aufenthalts auf Nangkowry
zu vollkommener Gesundheit. Nicht zu lange nach meiner
Genesung wurden auch die Brüder Wangemann und Liebisch in's Jenseits abgerufen und ich war nun mit Bruder

Heyne allein auf der Insel, beide krank, hinfällig und von allen Nothwendigkeiten des Lebens entblösst. Das Schiff, welches man uns von Trankebar schickte, langte erst 1781 vor Nangkowry an, aber es brachte uns einen kaum nennenswerthen Vorrath von Lebensmitteln und weder Wein noch irgend welches Getränk, da die Mannschaft das Meiste, was für uns bestimmt war, selber aufgezehrt hatte, indem das Schiff wieder nach Quedah verschlagen und so vier Monate über die Zeit zurückgehalten worden war. Wir waren nichtsdestoweniger über die Maassen froh, denn mit dem Schiffe war der junge, lebhafte Bruder Steinmann angekommen, von dessen Unterstützung wir uns Grosses versprachen, doch Gott hatte es anders beschlossen — nach Verlauf von kaum einem Monat war Bruder Steinmann nicht mehr. Dieser Schlag traf uns hart, so dass wir fast an Gottes Gnade verzweifelten, doch waren wir so fleissig, wie unser elender Zustand dies nur erlaubte — wir rodeten das Dickicht und pflanzten, um unseren Lebensunterhalt zu gewinnen und, da wir nur drei Neger zum Kochen, Waschen und anderen groben Arbeiten hatten, arbeiteten wir oft über unsere Kräfte und zogen uns dadurch verschiedene Krankheiten zu; dabei strengten wir uns mit dem Erlernen der Nikobarischen Sprache an, um den Eingeborenen das Evangelium predigen zu können. Erst im Jahre 1783 hatten wir die Freude, die Brüder J. Heinrich, Fleckner und Raabs in Gesellschaft des Schiffsmats, mit dem sie von Trankebar abgereist waren, zu unserer Unterstützung ankommen zu sehen, aber sie brachten kein Schiff mit, sondern eine malayische Prahu. Die Sache hing so zusammen. Unsere Brüder in Trankebar hatten unsere Schnau „Nikobar" ausgerüstet, um uns zu helfen und Handel zu treiben. Als das Fahrzeug nun auf der Rhede von Junkseilan lag, kam ein französischer Caper, untersuchte Papiere und Ladung und fand einige alte englische Zeitungen in

einem Koffer, der dem an Bord befindlichen Engländer Wil-
son gehörte, welcher aus Hyder Ali's Gefangenschaft ent-
flohen war. Dies war den Franzosen hinreichender Grund,
um ein neutrales dänisches Schiff als gute Prise zu erklären
und fortzuführen. Nie ist der Mission irgend welcher Ersatz
für diesen ungeheuren Verlust geworden. Die drei Brüder
und der Maat kauften nach langwieriger und verdriesslicher
Zurückhaltung für 75 Dollars eine malayische Prahu und
stahlen sich bei Nacht und Nebel davon, da sie der malayische
Fürst in Güte nicht ziehen lassen wollte. Auf diese Weise
erhielten wir in Nangkowry statt des erwarteten Vorraths
von Lebensmitteln nur noch mehr hungrige Esser, doch waren
wir schon glücklich, unsere Mitbrüder bei uns zu sehen und
thaten alles was wir konnten, um es ihnen wohl zu machen.
Da die Prahu nicht wieder ohne ordentliche Segel in See
gehen konnte, diejenigen, mit denen sie angekommen, aber
nichts als alte, verfaulte Matten waren, mussten wir nicht
blos unsren ganzen Vorrath von Leinewand und Segeltuch,
sondern sogar einen Theil unserer Hemden zu Segeln ver-
arbeiten und hatten zehn Tage lang weiter nichts zu thun,
als Segel zu nähen und das Fahrzeug auszurüsten. Einen
schwarzen Matrosen schafften wir auch herbei und so verliessen uns der Maat in Gesellschaft der Brüder Raabs und
Heyne. Die Trennung vom Letzteren, mit dem ich so lange
Freude und Leid getheilt, verursachte mir unbeschreiblichen
Schmerz.

Die folgenden drei Jahre meines Aufenthalts auf den
Nikobaren waren eine Reihe fruchtloser Versuche, den Eingeborenen das Evangelium zu predigen und die Mission zu
erhalten. Alles schlug uns fehl — die Schuld lag aber an
uns selber, denn der innere Friede war von uns gewichen.
Unsere Lage wurde aber auch immer unerträglicher, und wir
konnten kaum noch die Mittel zur Fristung unseres nackten

Lebens auftreiben. Meine Gesundheit hatte so sehr von beständiger Krankheit, Sorge, Angst und schwerer Arbeit gelitten (denn der grösste Theil aller Aufgaben fiel mir zu!), dass ich augenscheinlich meinem Ende entgegeneilte und dieser Erlösung von meinen unendlichen Leiden freudig entgegensah, nachdem ich meinen letzten Willen in die Hände von Bruder J. Heinrich gelegt hatte. Ich hatte eiternde Wunden an meinen Beinen*) und litt an vollständigster Verstopfung, deren Wirkung meine Eingeweide förmlich zerriss. Ganz unerwartet kam plötzlich ein dänisches Schiff in unseren Hafen und brachte den Bruder Sixtus mit. Er war abgesandt worden, um den Stand unserer Mission zu untersuchen und Diejenigen von uns, welche noch lebten, zurück zu holen. Eine Seereise schien das Einzige, was mich noch retten konnte, deshalb trug man mich, anscheinend im sterbenden Zustande, an Bord, und ich segelte mit dem Schiffe nach Quedah. Unterwegs litt ich vom Schwanken des Schiffes die grässlichsten Qualen in meinen Eingeweiden und konnte nur lang ausgestreckt auf dem Verdecke liegen. Da fiel mir ein, dass ich einst in dem Bericht van Swieten's über seine Kuren gelesen, dass reichlicher Genuss von Honig in Fällen hartnäckiger Verstopfung sehr wohlthuend sei, deshalb verschaffte ich mir solchen in Quedah und genoss ihn zu Allem, was ich zu mir nahm — beiläufig gesagt war meine einzige Nahrung Reis in Wasser gekocht und warmes oder kaltes Wasser, das ich in grossen Mengen wegen meines brennenden Durstes trank. Der Honig bewirkte zuerst häufiges Er-

---

*) Haensel war nämlich von der eigenthümlichen und schrecklichen Krankheit Elephantiasis, in Ostindien „Cochin leg" genannt, ergriffen; er ist aber später davon gänzlich geheilt worden. Die Krankheit hatte sich bei ihm nach fünfjährigem Aufenthalte auf den Nikobaren eingefunden. Aehnlich, aber doch nicht so schlimm, ging es 1833 dem dänischen Missionär Rosen.

brechen und machte mir seinen Genuss äusserst ekelhaft, doch überwand ich mich und empfand von Tag zu Tag seine kühlende, gesunde und heilende Wirkung, darum nahm ich von Quedah einen ansehnlichen Vorrath mit nach Nangkowry. Dort wieder angekommen, erfuhr ich, dass Bruder Sixtus zehn Tage nach meiner Abfahrt gestorben war; ich reiste nun mit Bruder J. Heinrich nach Trankebar, während Fleckner allein auf der Insel zurückblieb.

In Trankebar stellten wir dem Gouverneur vor, dass die augenblickliche Rückkehr des Schiffes zur Unterstützung der Ansiedelung durchaus nöthig wäre, worauf er dieselbe genehmigte und, da Fleckner zurückgerufen ward, wurden die Brüder J. Heinrich, Rudolphi und Sörensen im Mai 1785 hingesandt. Sörensen starb dort bald und ebenso Fleckner in Trankebar. Im September ging ich selber wieder nach Nangkowry, um mich meines Auftrages zu entledigen, nämlich das Haus des kaiserlich österreichischen Etablissements von Kamorta nach Tripjet zu schaffen. Unser altes hölzernes Haus wurde nunmehr in ein Magazin verwandelt, und die Missionäre erhielten jetzt eine bequeme, passende Wohnung, reichlichen Vorrath von Lebensmitteln und andere bisher fehlende Nothwendigkeiten. Nach meiner Rückkehr nach Trankebar im folgenden Jahre verliess auch Bruder Rudolphi die Insel und kam nach langwieriger und beschwerlicher Reise 1787 in Trankebar an; bald darauf starb Bruder J. Heinrich, so dass nur noch Bruder Kragh auf Nangkowry zurückblieb.

Nun endlich wurde die gänzliche Aufgebung der durchaus verfehlten Mission beschlossen, und ich wurde abermals beauftragt, nach Nangkowry zu gehen, diesmal jedoch, um Bruder Kragh und alle zu unserer Mission gehörigen Sachen abzuholen, die Baulichkeiten und das Grundstück aber an das Gouvernement zu übergeben, welches einen Lieutenant,

einen Corporal und sechs Soldaten hinübergesandt hatte, um
den Besitz zu übernehmen. Ich gab ihnen alles, was ich
nicht wegbringen konnte.

Es ist mir unmöglich, die Gefühle zu beschreiben, welche
auf mich einstürmten, da ich mich dieser Aufgabe entledigte
und den Arbeiten der Brüder auf den nikobarischen Inseln
ein Ende machte. Ich gedachte der zahllosen Gebete, Thränen
und Seufzer, die hier von so manchem Diener Jesu in frucht-
losen Versuchen zur Bekehrung der armen Heiden geopfert
worden, und als ich unseren Begräbnissplatz betrachtete, woselbst elf meiner Brüder wie Saat im unfruchtbaren Boden
ruhten, da brach ich in Thränen aus und rief:

„Wahrlich! alles dieses kann doch nicht vergeblich gethan sein!"

Diesen Platz besuchte ich oft und weinte auf den Gräbern.

Mein letzter Abschied von den Eingeborenen, die
sich von Nah und Fern um mich versammelt hatten, war
rührend. Sie weinten und heulten vor Schmerz und baten,
dass die Brüder bald wieder zu ihnen zurückkommen möchten.
Wir hatten uns immer ihrer Achtung und Liebe erfreut, und
sie verdienen wirklich nicht, mit ihren wilden Nachbarn, den
Malayen, auf eine Stufe gestellt zu werden, denn sie sind
im Allgemeinen gut und sanft von Gemüth, wenn sie nicht
von Eifersucht oder anderen Herausforderungen erregt werden,
in welchem Falle ihre Leidenschaftlichkeit allerdings schlimme
Folgen hat, wie einige der dänischen Soldaten erfahren
mussten. Wir fanden sie immer bereitwillig, uns zu dienen.

Der vom ehrwürdigen J. G. Haensel selbst verfasste
Bericht ist mit dem Vorstehenden noch nicht zu Ende, der
Rest, welcher streng genommen mehr naturwissenschaftliches
als historisches Interesse bietet, ist jedoch schon an an-

derer Stelle eingeschaltet worden, hier möge nur noch ein
Abschnitt Platz finden, der von dem Thun und der Lebensweise der Missionäre, besonders Haensels handelt und mehr
wie irgend etwas geeignet ist, das Scheitern des Colonisationsversuches der Herrnhuter und das Hinraffen der wackeren
Männer erklärlich zu machen: Die Colonie Tripjet erhielt sich
nämlich jahrelang schliesslich fast nur noch vom Ertrage der
gesammelten und präparirten Conchilien, Schlangen, anderer
Amphibien, Fische, Insecten, überhaupt naturwissenschaft-
licher Gegenstände, nach denen damals in Holland, England,
Dänemark und anderen Ländern Europa's starker Begehr
war. Wenn man auch ganz davon absieht, dass das subtile
Greifen von Schlangen an sich schon lebensgefährlich ist,
oder doch sein kann, was soll man erst dazu sagen, wenn
empfindliche Europäer dieses und anderes Ungeziefer in seinen
Schlupfwinkeln und Brutstätten aufsuchen mussten, und zwar
nicht dann und wann, sondern täglich, wobei sie oft von
der Nacht überrascht und zum Campiren im Freien genöthigt
wurden. Man muss wirklich staunen, dass ein Mann wie
Haensel überhaupt mit dem Leben davon kam, wenn man
sein nachfolgendes heiteres Geständniss liest:

„Auf meinen häufigen Wanderungen längs der Seeküste
wurde ich oftmals von der Nacht überrascht, so dass ich
unsere Wohnung nicht mehr bei guter Zeit und in passender
Weise erreichen konnte, doch war ich deshalb niemals um
ein Bett verlegen. Der grössere Theil des Seeufers besteht
nämlich aus vorzüglich feinem weissen Sande, der oberhalb
der Fluthgrenze vollkommen rein und trocken ist. In diesen
Sand grub ich mit Leichtigkeit ein Loch, das gross genug
war, meinen Körper aufzunehmen; als Kopfkissen diente mir
ebenfalls ein Häufchen Sand; nachdem ich mich in das Loch
gelegt, scharrte ich den Sand über mich zusammen und be-

grub mich bis an den Hals in diesem Bette. Mein treuer
Hund lag dann quer über mir, um Lärm anzuschlagen, sobald sich etwas Verdächtiges meiner Ruhestätte näherte. Ich
hatte jedoch niemals Furcht vor wilden Thieren, denn Krokodile und Kaimans betreten niemals die offene Küste, sondern halten sich in Bächen und Lagunen auf, andere reis-
sende Thiere giebt es aber auf den Inseln nicht. Die einzige Belästigung, welche ich erlitt, rührte von den nächtlichen
Wanderungen einer Unmenge verschiedener Krabben her, deren
Panzer beim Laufen ein so rasselndes Geräusch machten,
dass es mich oftmals munter erhielt; doch wurden sie von
einem Hunde scharf beobachtet, und sobald eine es wagte,
sich mir zu nähern, packte er sie unfehlbar und schleuderte
sie in die geziemende Entfernung; wenn aber eine Krabbe
von so gewaltiger Grösse sich nahete, dass er es nicht wagte,
seine Nase ihren Klauen preiszugeben, dann scheuchte er sie
durch lautes Bellen zurück, wodurch er mich oftmals mehr
erschreckte, als nöthig war. Manch' eine bequeme Nachtruhe habe ich in diesen grabähnlichen Schlafstätten genossen,
wenn das Wetter trocken und der Himmel klar war."

Wenn man dies liest, möchte man glauben, Haensel
sei ganz unbekannt mit der Gefahr gewesen, welche das mörderische Klima auch ohne Alligatoren, allein in sich schloss;
dem ist jedoch nicht so, denn in seinen Briefen giebt er als
Hauptgrund der Ungesundheit der Insel an: die Dichtigkeit
der Wälder, welche der Undurchdringlichkeit gleich kommt,
so dass selbst Sonnenstrahlen nicht hindurch könnten, und
deshalb unter den riesenhaften, mit Unterholz und Rank-
gewächsen umgebenen Bäumen am hellen Tage eine förmliche Finsterniss herrsche; ferner die Süsswasser- und Brack-
wassersümpfe, die Unmasse faulender Früchte und anderer
vegetabilischer Stoffe, sowie verwesende Thierkörper und der
Mangel an Zugluft. Der stickigen, schlechten Luft in den

Wäldern und den pestilenzialischen Ausdünstungen der Moräste mussten sich aber die Missionäre tagtäglich aussetzen, um nur die Mittel ihres Unterhalts zu gewinnen.

Obschon die dänische Regierung sich seit der unglücklich abgelaufenen Expedition des Capitain Falck gar nicht mehr um die Ansiedelung gekümmert hatte und nur darauf bedacht gewesen war, so weit wie möglich wieder herauszuziehen, was sie hineingesteckt hatte, 1773 sogar die gänzliche Aufhebung der Handelsloge decretirte, stand sie keinesweges an, den auf sich selbst angewiesenen Missionären noch dazu amtliche Pflichten und Verrichtungen aufzubürden, mit anderen Worten, sie verlangte und setzte durch, dass immer einer der Brüder die Stellung eines „königlich dänischen Residenten auf den Nikobaren" bekleidete. Fast jeder der Betreffenden, besonders Haensel, weigerte sich, dies mit den Pflichten eines Heidenbekehrers unverträgliche und, Angesichts der eigenen Hülflosigkeit, lächerliche Amt zu übernehmen. Es half jedoch nichts, und es wurden der Reihe nach den Brüdern Völcker, Armedinger, Blaschke, Haensel, J. Heinrich und Soerensen die vom Könige unterzeichneten Patente zugestellt. Aus dieser „königl. dänischen Residentschaft" erwuchsen den Betroffenen vielerlei Mühen und Misshelligkeiten, dem Bruder Haensel sogar die augenscheinlichste Lebensgefahr, denn als er einstmals einen wüsten malayischen Häuptling Namens Nacata, der sich „General des Königs von Quedah" nannte, darüber zur Rede stellte, dass er fünf Geschütze des Königs von Dänemark aus dem verfallenen Etablissement von Gross-Nikobar gestohlen habe, und in seiner Prahu, die im Nangkowry-Hafen ankerte, mit sich führe, welches er dem dänischen Könige zu melden drohte, da entbrannte der rachgierige Malaye in

furchtbaren Zorn und schwur dem Missionär den Tod, „weil
er dann wohl schweigen würde". Er überfiel auch wirklich
mit seiner Bande das Missionshaus in der Nacht; die Brüder
entliefen in den Wald, nur Haensel blieb und trotzte den
Wilden (welche ihm die vergifteten Spitzen ihrer Dolche und
Krisches zeigten und gegen ihn zum Stosse erhoben!) nur
durch seine unerschütterliche Ruhe und die imponirende Wirkung seiner Rede, so dass sie plötzlich aufsprangen, aber
statt sich auf ihn zu stürzen, hinauseilten, als ob der Teufel
sie jage. „Der Resident des Königs von Dänemark ist ein
zu mächtiger Zauberer, er hat uns Hände und Füsse gebunden, so dass wir ihm nichts anhaben konnten," äusserte sich
Nacata zu den Eingeborenen, da er mit seiner Beute absegelte. Ein Malaye, der sich „Prinz von Quedah" nannte,
zwei Häuptlinge und sogar einen Harem bei sich hatte, kam
mit 19 Prahus nach den Nikobaren, plünderte und raubte
auf den Inseln nach Herzenslust, erschlug auf Gross-Nikobar
zwei Eingeborene und nahm sogar einem friedlichen Lands-
mann, dem Priester Sayet Ismael, seine eingehandelte
Waare weg, die aus essbaren Vogelnestern bestand. Dieser
Sayet Ismael verlangte nun vom „Residenten" Haensel
Schutz, die Eingeborenen aber verlangten Rache für den
Mord ihrer Landsleute. Haensel wies dem Beraubten eine
Hütte in der Nachbarschaft an, und bald darauf erschien der
„Fürst von Quedah", aber nur in der Absicht, den Missionären den grossen Vorrath von Vogelnestern zu rauben, der
von Haensel gesammelt worden war. Dieser machte nicht
nur kein Hehl aus seinem Schatz, sondern warf dem Räuber
Angesichts seiner zahlreich mit in das Haus gedrungenen
Begleitung all' die Gewaltthaten und Schändlichkeiten vor,
deren er sich auf den Inseln schuldig gemacht hatte. Damit
kam er natürlich schlecht an, und es fehlte nicht viel, dann
wäre er jämmerlich ermordet worden; doch zum Glück hatte

vorher einer der schwarzen Diener ein Zeichen Haensel's falsch verstanden, sich hinausgeschlichen und die Eingeborenen zu Hülfe gerufen, die grade erschienen, und zwar in übermächtiger Zahl, als die Gefahr am höchsten war. Nun entfiel den feigen Räubern der Muth derart, dass sie nicht blos das gestohlene Gut herausgaben, sondern das Haus nicht mehr verlassen wollten, weil sie fürchteten, draussen von den Eingeborenen erschlagen zu werden. Es kostete Haensel aber auch wirklich viel Mühe, die erbitterten Nikobaresen von der gerechten Rache abzuhalten und die Malayen wieder zu Wasser zu bringen. Er musste sie persönlich dahin begleiten. Sie waren voll des Entsetzens über den „furchtbaren Zauberer".

Der österreichische Colonisationsversuch
von 1778 bis 1785.

Man hatte in Wien erfahren, dass Dänemark im Jahre
1773 sein Besitzrecht auf die Nikobaren vollständig aufgegeben hatte, und so liess sich der eben so geniale wie unter-
nehmende Kaiser Joseph II. dahin bestimmen, die Inselgruppe
für seine Herrschaft in Besitz zu nehmen. Den Anstoss zu
diesen und zu anderen Handels- und Colonial-Unternehmungen
hatte ein Niederländer Namens Willem Bolts oder Wil-
helm von Bolts, wie er später genannt wurde, gegeben.
Es war dies ein Mann von vielem Wissen, grosser Fruchtbarkeit im Entwerfen guter Pläne und Geschicklichkeit im
Ausführen derselben, soweit ihm solche persönlich überlassen
blieben. Dass die vielen Unternehmungen, welche er zum
Gedeihen und Ansehen des Kaiserstaates in's Leben gerufen
hatte, sämmtlich zu Grunde gingen, lag nicht an ihm, sondern an den eigenthümlichen Verhältnissen Oesterreichs, die
wohl so allgemein bekannt sein dürften, dass ihre Aufzählung
und Beschreibung hier völlig überflüssig ist, weshalb wir
gleich zum eigentlichen Ziele unserer Darstellung gehen wollen.

Es war am 6. Juni des Jahres 1778, als plötzlich die
kaiserlich römische Fregatte „Joseph und Maria Theresia"
zum Entsetzen der Eingeborenen und zur grössten Verwunderung der von aller Welt verlassenen mährischen Brüder
bei Kamorta erschien und in den Nangkowry-Hafen einlief,
woselbst sie vor Anker ging. Capitain Bennet, welcher die
Fregatte führte, stieg an's Land und stattete den Brüdern

auf Nangkowry einen Besuch ab; er besah ihre Anlagen sehr
genau, fragte sie eingehend nach der Beschaffenheit des Landes, nach Charakter und Zahl der Eingeborenen, nach dem
Handelsverkehr der Inseln und nach dem eigentlichen Zwecke
der mährischen Brüdercolonie. Nachdem er erfahren hatte,
was er wissen wollte, theilte er den Colonisten mit, dass die
Fregatte, welche 48 Kanonen trug, von Livorno unter dem
Befehle des Oberst-Lieutenants von Bolts ausgelaufen wäre,
dass sich der genannte Commandeur dermalen in Palampatam
an der Malabarküste aufhielte und ihn, den Capitain Bennet,
mit einem besonderen Auftrage nach den Nikobaren gesandt
habe. Hierauf zeigte er den Brüdern die Ordre des Oberst-
Lieutenants von Bolts, las ihnen den Inhalt derselben
vor und hinterliess ihnen Abschrift derselben. Das denk-
würdige Schriftstück lautet rückübersetzt aus dem Dänischen
wie folgt:

„Mein Herr! Sie kennen unsere Verabredung hinsichtlich der Nikobaren. Ich bevollmächtige Sie im Namen Sr.
Majestät des römischen Kaisers, alle Nikobaren in Besitz zu
nehmen und überall, wo es passend ist, die kaiserliche Flagge
aufzuhissen; ganz besonders hat sich jedoch Ihr Augenmerk
zuerst den folgenden vier Inseln zuzuwenden: Kamorta,
Nangkowry, Trinkut und Katschal. Da ich gewisse
und zuverlässige Nachrichten habe, dass Dänemark sich niemals mit den Inseln befassen wird, und diese Inseln also
keinen Herrn haben, so nehmen Sie dieselben ohne Bedenken in Besitz. Da sich auf einer dieser Inseln einige
mährische Brüder befinden sollen, so befehle ich Ihnen hiermit, nach Verabredung mit ihnen, die kaiserliche Flagge bei
denselben aufzuhissen und sie in kaiserlichen Schutz zu nehmen,
so wie zugleich denselben eine gute jährliche Gage zu versichern, da man sie mit der Zeit zu Aufsehern mit Nutzen
gebrauchen kann, dieweil sie am Orte bekannt sind und die

Sprache der Nikobaresen verstehen, soweit wie sie Handel und gewöhnliche Dinge betrifft."

Ausserdem wünschte Herr v. Bolts noch ganz besonders, dass ihm einer der Brüder zugeschickt würde, jedoch mit der freien Einwilligung des Betreffenden, und Capitain Bennet versuchte deshalb, die Betreffenden zu der Reise zu überreden; aber die Brüder antworteten hierauf — wenigstens nach ihrem eigenen Bericht an das Trankebarsche Gouvernement — wie folgt:

„Dass es ihnen nicht bekannt sei, der König von Dänemark habe diese Inseln aufgegeben: Sie lebten unter königlich dänischem Schutze, und deshalb wehe die· dänische Königsflagge noch auf ihrer Ansiedlung. Sie könnten nicht dazu gebracht werden, eine andere Flagge anzunehmen, ehe sie hierzu von dem königlichen Gouvernement in Trankebar Anweisung erhielten.

Ebenso wenig könne man sie überreden, in kaiserliche Dienste zu treten und Besoldung anzunehmen. Es wolle auch keiner von ihnen zu Herrn v. Bolts reisen."

Zur Ehre der Oesterreicher und Capitain Bennet's sei es gesagt, dass die Brüder von den neuen Ankömmlingen zu keiner Sache gezwungen oder irgendwie belästigt wurden, obwohl es gewiss nicht zu leugnen ist, das dass kurzangebundene Abschlagen gut gemeinter und vortheilhafter Anerbieten abseiten von Landsleuten den österreichischen Capitain nicht besonders angenehm berühren musste, zumal die Verweigerung der Schutzannahme dem beabsichtigten Unternehmen theilweise einen Strich durch die Rechnung machte. Bennet ging nunmehr an's Werk, seine erhaltene Vollmacht zu erfüllen und suchte sich auf der Insel Kamorta, wo 20 Jahre früher eine dänische Handelsloge gestanden, einen Platz aus, der sich zum Hausbau und zur Anlegung eines Gartens eignete; er liess auch einen Weg anlegen und Gänge durch

den Wald hauen; ausserdem setzte er eine Masse Rinder
und anderes Zuchtvieh an's Land. Am 12. Juli erfolgte demnächst der feierliche Act des Aufhissens der Kaiserflagge
unter dem Donner der Geschütze und dem Ausrufen der Erklärung, dass von nun an die Inseln dem Kaiser des heiligen römischen Reiches deutscher Nation gehörten. Zu dieser
Feierlichkeit wurde Joseph Blaschke, der älteste der
mährischen Brüder, eingeladen, und zwar geschah dies nicht
blos, um zu beweisen, dass alles in Frieden geschehen wäre,
da ja der „römische" Kaiser und der dänische König gute
Freunde waren, sondern vornehmlich deswegen, um bei der
Ceremonie einen Dolmetscher zu haben, der den Nikobaresen
die Bedeutung des Actes erklären sollte. Blaschke fand
sich ein und wahrscheinlich auch die beiden andern Brüder
David Liebisch und Christian Friedrich Heine,
wenigstens stehen die Namen dieser drei Männer zusammen
unter dem Glückwunschschreiben, welches die mährischen
Brüder an den in Palampatam weilenden Oberstlieutenant
v. Bolts richteten. Dieser wichtige, ursprünglich in deutscher Sprache abgefasste Brief lautet wörtlich aus dem Dänischen in's Deutsche zurückübersetzt:

„Hochwohlgeborner Herr Oberstlieutenant!
Gnädiger Herr!

Ew. Excellenz wollen gnädigst erlauben und nicht ungnädig aufnehmen, dass wir uns unterstanden haben, diese
Zeilen an Ew. Hochwohlgeboren zu schreiben. Ew. Excellenz
können gewiss glauben und versichert sein, dass wir in unseren Herzen die innigste und zärtlichste Liebe für dieselben
fühlen, und wir wünschen für die Zukunft Ew. Excellenz
den allererwünschtesten Fortgang in allen Deren Vorhaben.
Ganz besonders haben wir uns herzlich darüber gefreut, dass
Ew. Excellenz gewillt sind, hier auf den Nikobaren ein Eta-

blissement im Namen des römischen Kaisers Joseph des Zweiten und der Kaiserin Maria Theresia anzulegen; wir freuen uns darüber, dass wir mit dieser Nachbarschaft bedacht werden, und versichern hiermit Ew. Excellenz, dass wir stets in wahrer Liebe und Freundschaft mit dem hier bleibenden Gouverneur oder Director und seinen Leuten leben wollen und, wenn wir Veranlassung haben können, ihnen mit gutem Rath zu dienen, soll es daran nicht fehlen; aber was können wir Besseres, als Ew. Excellenz zu Deren Vorhaben Glück und Gottes Gnade und Segen wünschen: Der Allerhöchste kröne Ew. Excellenz gegenwärtige und künftige Handlungen und stärke Sie mit der Kraft von der Höhe! Der gnädige Gott erhalte Ew. Excellenz in erwünschter Gesundheit und gebe Ihnen seinen Segen! Zum Schluss verbleiben wir Ew. Excellenz aufrichtige und treue Freunde.

Joseph Blaschke.
Dav. Liebish.
Christ. Fried. Heine."

Dies Schreiben der schlichten Männer, welche den damaligen schwülstigen Höflichkeitsstil unglücklich nachahmten, erlangte noch eine gewisse politische Bedeutung und erregte bei den Dänen grosses Aergerniss, war vielleicht mit die Ursache, dass die dänische Regierung später sich weigerte, Schritte wegen Herausgabe der den Brüdern gehörigen, aber von den Franzosen mitten im Frieden gekaperten und nach Isle de France geschleppten Schnau „Nikobar" zu thun. In dem Bittschreiben an das Trankebarsche Gouvernement um Intervention beriefen sich die Colonisten u. A. auf die guten Dienste, welche sie Dänemark bei Gelegenheit des österreichischen Colonisirungsversuches geleistet hätten, wurden aber bedeutet, dass sie gar nichts gethan, da sie nicht einmal protestirt hätten.

Nach dem Besitzergreifungsacte legten die Kaiserlichen
im August desselben Jahres eine Schanze an und bewaffneten
dieselbe mit 8 Geschützen, worauf die Fregatte, nachdem sie
drei Europäer als Befehlshaber und Beamte, sowie mehrere
Neger als Diener zurückgelassen hatte, davonsegelte. Der
über diese Begebenheiten an das Gouvernement zu Trankebar
gelangte Bericht veranlasste dasselbe, einen Protest an den
Chef des österreichischen Etablissements zu senden. Oberstlieutenant v. Bolts, der diesen Protest in Madras zu Händen bekam, erwiderte darauf:

„Dass es ihm niemals eingefallen sei, durch seine Aufführung Veranlassung zu irgend welchem Proteste gegeben
zu haben, und dass deshalb seine Rechtfertigung dem Gouvernement die Gründe erklären würde, aus denen er gehandelt habe. Er wüsste eben so gut wie die ganze Welt, dass
die Dänen gleich nach ihrer Etablirung auf Nikobar ihre
Offiziere, Soldaten, Faktoren und Kanonen zurückgezogen
hätten. Ausserdem sei ihm bekannt, dass in der Convention
der königlich dänisch-asiatischen Compagnie vom 8. August
1772 geschrieben stände: „„Die Loge auf Nikobar scheint
keinerlei Nutzen zu bringen, deshalb sollen Schiffe von Trankebar dorthin gesandt werden, um die Colonisten, welche
vielleicht dort noch leben, aufzunehmen etc.““ Es sei ebenso
bekannt, dass nun schon seit mehreren Jahren Niemand weiter
wie drei bis vier mährische Brüder dort gewesen seien, die
auf ihre eigenen Kosten gelebt hätten, grade so wie die Eingeborenen Nangkowry's. Dieselben hätten ihm auch bekräf-
tigt, dass ihr einziges Ziel daselbst nur das Predigen des
Evangeliums sei; sie hätten keinen Protest gegen die Niederlassung der Kaiserlichen erhoben, welches, wenn geschehen,
das sofortige Verlassen der Inseln abseiten der Kaiserlichen
bewirkt haben würde. Hinsichtlich der Art und Weise, in
der die Inseln in Besitz genommen seien, da liesse sich be-

weisen, dass alles im Frieden und nach gütlichem Uebereinkommen geschehen wäre. Alle Einwohner der vier Inseln: Nangkowry, Kamorta, Trinkut und Katschall hätten einstimmig gebeten, dass man sie als Unterthanen des Kaisers und unter seinen Allerhöchsten Schutz nehmen möchte. Die Schrift, welche aus jener Veranlassung in Form eines öffentlichen Actes verfasst sei, wäre vom Aeltesten der mährischen Brüder als Zeuge unterschrieben worden, noch ehe irgend welche Batterie erbaut worden sei, und die bemeldeten mährischen Brüder hätten gleichzeitig auf Grund der Errichtung des kaiserlichen Etablissements ein Glückwunschschreiben abgesendet, von welchem dem dänischen Gouvernement hierbei eine Copie mitgetheilt würde."

Trotz dieser stichhaltigen Rechtfertigung des geistreichen Verfassers der „Consideration on Indian Affairs" und trotzdem dass der Wortlaut der Convention von 1772 bewiesner Maassen gegen die Dänen zeugte, glückte es diesen dennoch, mit Hülfe eines blossen Kniffes und barer Unverschämtheit das Wiener Cabinet zum Aufgeben der österreichischen Colonie zu bewegen. Die auf Kamorta zurückgelassenen Europäer wurden, nachdem sie lange genug mit Widerwärtigkeiten gekämpft hatten, endlich im Jahre 1785 von dem dänischen Schiffe „Dansborg" nach Trankebar zurückgeholt, und damit endete thatsächlich die österreichische Herrschaft auf den Nikobaren.

Was aus der österreichischen Hinterlassenschaft geworden ist, haben wir schon aus Haensel's Berichten in der Hauptsache erfahren. Der Däne Prahl sagt ausserdem noch in seinem Werke über die Nikobaren mit höhnischem Spott: „Der österreichische Colonisationsversuch hatte wenigstens den Nutzen, dass er die Inseln mit Rindvieh und anderen nützlichen Thieren bevölkerte, die nach dem Abgange der Oesterreicher in den Wäldern verwilderten und den Eingeborenen

leckeres Wildpret lieferten. Solche Versuche wünschten wir
wohl noch mehr." Ueber das Leben der Oesterreicher auf
der Colonie lässt sich aus gedruckten Nachrichten nicht
das Geringste ermitteln, denn nicht nur die Dänen, sondern
auch die mährischen Brüder erwähnen der Oesterreicher mit
keiner Silbe, gerade als ob sie seit dem Besitzergreifungsacte
niemals wieder mit ihnen in persönliche Berührung gekommen
wären. Karl v. Scherzer's Behauptung, dass die österreichischen Europäer auffälligerweise sämmtlich mit dem Leben
und gesund davon gekommen seien, mag aus Wiener Ar-
chiven geschöpft sein, kann aber ebenso gut auf Prahl's
lakonischer Aeusserung fussen: „Die drei zurückgelassenen
Europäer lebten im Elende, bis sie von einem dänischen Schiffe
erlöst und nach Trankebar zurückgebracht wurden." Ueber
die Lage und Einrichtung der Colonie giebt erst Rosen bei
seinem im Jahre 1831 unternommenen Colonisationsversuch
einigen Aufschluss, den wir gleich hier folgen lassen. Die
Dänen suchten nämlich nach der Stelle, wo ehemals die Oesterreicher gehaust haben konnten und glaubten solche mit Hülfe
einer unter den Eingeborenen umgehenden dumpfen Sage unfern der östlichen Einfahrt des Hafens, auf einem Hügel entdeckt zu haben, den sie seitdem die Kaiserhöhe (Keiser-
höien) nannten. Sie fanden dort wirklich mancherlei, u. A.
zuerst eine Vertiefung, die muthmasslich von einem Brunnen
herrührte; später beim Graben stiessen sie auf Kanonenkugeln,
Flintenkugeln, Flinten-Feuersteine, Waffenreste etc. und zuletzt auf die Spuren einer Veranda, wofür sie wenigstens eine
Reihe gemauerter Pfeilerstümpfe hielten, die gerade so standen, als hätten sie den in Indien üblichen offenen Gang, der
rund um die Gebäude läuft, getragen. Rosen wunderte sich,
dass die Oesterreicher Ziegelsteine nur zum Fundament der
Verandapfeiler verwendet hatten, denn da sich sonst keine
Steine vorfanden, so musste nach seiner Meinung das Gebäude

von Holz gewesen sein. Von der Uebertragung des Hauses nach Tripjet scheint er keine Kenntniss gehabt zu haben. — Diese Trümmer wären demnach Alles gewesen, was von einem stolzen und kühn angefangenen Projecte übrig geblieben und selbst dies Wenige glaubten die Dänen nicht einmal mit Sicherheit den Kaiserlichen zuschreiben zu können, weil sie vermutheten, dass auch ihre eigenen dänischen Vorgänger dicht bei derselben Stelle (Canláha oder Frederikshöi) eine Ansiedlung gehabt hätten. Die von Haensel nach Nangkowry gebrachten Steine des österreichischen Hauses fanden auch dort noch keine Ruhe, denn Rosen brach 1833 das aus ihnen gebaute mährische Brüderhaus ab und errichtete von dem so gewonnenen Material ein (unvollendet gebliebenes) Haus auf dem Berge Mongk'ata auf Kamorta, dessen Ruinen der Linienschiffs-Capitain Steen-Bille im Jahre 1846 noch antraf und wehmuthsvoll betrachtete.

Nun noch ein Wort über das österreichische Unternehmen.

Hätte der Kaiserstaat die Anlage beibehalten und für dieselbe nur ein wenig besser gesorgt, wie Dänemark lange Zeit für die seinige, für welche es als Flaggenwache schliesslich blos einen Mulatten und zwei Neger unterhielt, dann hätte die österreichische Colonie möglichenfalls seit 80 Jahren jährlich 5000 Thaler, also bis heute ein Capital von 400,000 Thalern (mit dem Zinsenverlust freilich etwas mehr) gekostet, aber sie wäre sicherlich dafür früher und weiter entwickelt gewesen, wie z. B. die dänisch-westindischen Colonien, mit denen es im Anfange dieses Jahrhunderts noch schlecht genug stand.

•Als die kaiserlich österreichische Fregatte „Novara" bei ihrer berühmten Weltumseglung im Jahre 1858 auch die Nikobaren-Inseln besuchte, da glaubte das Ausland und selbst ein Theil unserer Landsleute, der Commandeur des •österreichischen Kriegsschiffes würde den Befehl haben, ein Stück Tradition aus der Zeit der grossen Kaiserin-Mutter Maria Theresia und ihres unsterblichen Sohnes Joseph II. wieder aufleben zu heissen, indem er Namens der k. k. österreichischen Regierung Besitz von der Inselgruppe der Nikobaren ergriffe. Die Fregatte sendete jedoch nur einige Leute ihrer Mannschaft und ihre Gelehrten an's Land und gab letzteren dadurch Veranlassung zu den schon vorhandenen noch eine neue reizende und keineswegs übertriebene Schilderung jenes paradisischen Landes in die Welt zu senden und einige Verbesserungen der dänischen Karte von jenen Inseln vorzunehmen, sowie einige Thier- und Pflanzenarten vielleicht genauer zu specialisiren, wie dies vorher die Gelehrten der letzten dänischen Expedition gethan hatten. Das war Alles.

Nach dem Weggange der mährischen Brüder unterhielt die dänische Regierung nur noch eine Flaggenwache, bestehend aus einem Mulatten und zwei Negern auf Nangkowry, im Jahre 1807 wurde sie jedoch auch dieser Mühe überhoben, indem die Engländer diese Wache fortführten, die Danebrogsflagge einzogen und die Inseln als englisches Eigenthum erklärten, doch errichtete das mächtige Albion nicht einmal eine Flaggenwache auf einem der Eilande. Nach Beendigung der Napoleonischen Kriege erkannte England jedoch wieder das dänische Besitzrecht auf die Inseln an, doch fand sich die dänische Regierung nicht bewogen, ihr wiederhergestelltes Besitz- und Hoheitsrecht durch eine Flaggenwache äusserlich kund zu geben, kümmerte sich überhaupt gar nicht um die Inseln, sondern überliess dies, wie bisher, patriotischen Männern aus dem Militair-, Beamten- oder Priesterstande. Einer der letzteren, Henning Munk Engelhart, war z. B. noch am Ende des vorigen Jahrhunderts auf eigene Rechnung und

Gefahr nach den Inseln gereist, um diese gründlich wegen eines neuen Colonisationsversuches zu durchforschen, wurde jedoch in wenigen Wochen ein Opfer der übermässigen Anstrengungen, welche er sich zumuthete, und der rücksichtslosen Nichtbeachtung des Klima's sowie der sonstigen gefährlichen Seiten der Nikobaren. Er hatte in der glühendsten Sonnenhitze den ganzen Tag die Wälder, Moräste und Ufer durchstreift, Messungen und Beobachtungen angestellt und schlief Nachts meistens im Freien. In Folge dessen starb er wenige Wochen nach seiner Ankunft auf den Inseln, beweint von den gutmüthigen Eingeborenen und tief betrauert von seinem Freunde Prahl. Seine auf den Nikobaren gesammelten Erfahrungen nahm er grösstentheils mit in's Grab, das Wenige, was er aufgezeichnet hatte und das nach Trankebar gelangte, wurde von trägen höheren Beamten vernichtet, um unbequemen Anlässen zu erneuten Colonisationsversuchen oder Berichterstattungen aus dem Wege zu gehen. — Nach Engelhart, im Jahre 1804, setzte ein mährischer Bruder, Namens Palm, mit seiner Ehefrau nach dem Nangkowryhafen über und liess sich dort bei den Wilden nieder; dies behauptete ein dänischer Flaggencapitain, der auf demselben Schiffe jene Fahrt mitgemacht hatte. Das Fahrzeug war das dänische Packetschiff „Twe Gezwisters", Capitain Holdermann, erster Lieutenant O. Fr. Rask. Von dem weitern Schicksale des herrenhutischen Ehepaares wusste der Capitain jedoch nichts zu melden. — Erst im Jahre 1831 geschah etwas für die Inseln, was ernst gemeint war, und über diese Episode wird das nächste Kapitel berichten.

Des Pastor Rosen's Colonisationsversuch.
Von 1831 bis 1834.

Der ausdauerndste und verhältnissmässig noch am glück-
lichsten abgelaufene Versuch, auf den Nikobaren eine dänische
Ansiedelung zu gründen, ward vom Missionsprediger R o s e n
unternommen. Dieser Priester hatte viele Jahre lang in Ostindien gelebt, redete die verschiedenen Sprachen der Eingeborenen und die in jenen Gegenden am meisten gangbaren
der Europäer mit grosser Fertigkeit; er war kein Naturforscher, aber ein genauer Beobachter, und hatte sich eine
ziemliche Kenntniss vom Handel, so wie von Ackerbau und
Gewerbe, wie solche unter den Tropen getrieben werden, angeeignet. Trotzdem sein Beruf hauptsächlich darin bestehen
sollte, Heiden zum Christenthum zu bekehren und überhaupt
mehr für das Jenseits als für d i e s e Welt zu sorgen, hatte
er doch im Allgemeinen ziemlich praktische Ansichten, war
tolerant, kosmopolitischer Verschwommenheit durchaus abge-
neigt und liebte sein dänisches Vaterland, so wie seine dänische Nationalität mit grosser Inbrunst. Der Wunsch, im
fernen Indien eine geschlossene dänische Gesellschaft, eine
w i r k l i c h dänische Colonie zu sehen, beherrschte sein ganzes
Sein. Die dem Namen nach dänische Colonie Trankebar, in
der nur einige Dutzend Europäer und darunter kaum zehn
Dänen lebten, befriedigten seine nationalen Wünsche nicht,
auch sah er ein, dass aus diesem Platze eben so wenig wie
aus den noch viel unbedeutenderen sogenannten dänischen
Logen jemals ein wirklicher Centralpunkt dänischen Lebens
werden konnte, deshalb warf er seine Blicke auf die Nikobaren-Inseln, die immer noch unter der Hoheit der dänischen
Krone standen, in sich abgeschlossen und doch inmitten der
herrlichsten Welthandelsstrasse lagen, nicht zu gross und auch

nicht zu klein waren, um Dänemarks Kräften ein lohnendes Feld der Thätigkeit zu bieten.

Lange Jahre trug sich der brave Mann mit einem Colonisationsplan für diese Inseln. Er studirte die Trankebarschen Archive und alle ihm zugänglichen Quellen, um sich eine möglichst genaue Kenntniss der Eilande zu verschaffen und seine Ideen den gegebenen Verhältnissen anzupassen. Sein Plan reifte dahin, dass ein grossartiges Unternehmen nicht räthlich sei, vielmehr im Kleinen angefangen werden müsse, und da schien ihm das Beste, mit Staatsmitteln und unter Staatsschutz eine private Colonisation auszuführen. Diesen Plan arbeitete er mit möglichster Gründlichkeit aus und reichte ihn der dänischen Regierung ein. Er fand in sofern an massgebender Stelle Anklang, als beschlossen wurde, mit der Colonisation der Inseln nochmals zu beginnen, im Uebrigen aber Alles mit Staatskräften zu betreiben oder doch Privat-Unternehmungen nur unter Aufsicht staatlicher Beamten ausführen zu lassen. Ein Gouverneur mit ausgedehntesten Machtbefugnissen sollte das Ganze leiten, den vorhandenen Plan, wenn es die Umstände erheischten, ganz nach Gutbefinden ändern, verwerfen oder beibehalten, nur nicht aufgeben und vor allen Dingen nicht zu viel Geld anwenden.

Bei einer glücklichen Personenwahl hätte trotz alledem aus dem Unternehmen etwas Gutes erwachsen können, da aber in der Person des Gouverneurs von vorn herein ein Missgriff geschah, musste ein an sich schon verkehrter Plan um so schlechter ablaufen. Schon die ursprünglich Rosensche Idee, ganz im Kleinen einen Versuch zu wagen und mit Hülfe eines Staatsvorschusses die Privatspeculation arbeiten zu lassen, war verfehlt; denn wenn es auch jetzt vorkommt, dass einer oder der andere Europäer längere Zeit — oftmals über ein Jahr — auf den Nikobaren lebt, um Kokusnüsse zu sammeln, damit das ab- und zufahrende Schiff seines

Handlungshauses gleich nach der Ankunft bei den Inseln volle Ladung einnehmen und ohne Zeitverlust wieder absegeln könne, so fällt es doch keinem dieser Herren ein, sich bei seinem vorübergehenden Aufenthalte um die Cultur der Nikobaren zu bekümmern, Hand an die Lichtung der Urwälder zu legen und Nutzgewächse anzupflanzen. Dies Alles beabsichtigte aber nebenbei Rosen. Andererseits war indessen seine Idee wieder sehr praktisch, denn im Falle des Misslingens kam die Regierung mit einem kleineren Einsatze weg — mit einem Verluste von höchstens 50,000 Bankdalern — hatte weiter keine Störung und auch keine offizielle Arbeit von dem Unternehmen. Glückte es dennoch, so war ihr Gewinn um so grösser.

Der Regierungsentwurf hingegen taugte gar nichts, denn er sollte alles Mögliche erreichen — würdige Vertretung des dänischen Gouvernements, Handelsvortheile, Urbarmachung des neuen Landes, Ausbreitung des Christenthums, Vorbereitung dänischer Ansiedelung im Grossen und dergleichen mehr. Dazu bedurfte es grossartiger Mittel, ein kühnes Vorgehen und sofortige Angreifung des Ganzen mit grossem Aufgebot von Kräften. Es hätten ein Kriegsschiff und mehrere Transportfahrzeuge der jungen Colonie zur ausschliesslichen Verfügung gestellt und circa 300 Kulies übergeführt werden müssen. Wir werden nun sehen, wie man zu Werke ging und wie man dabei fuhr, denn nichts ist lehrreicher für uns, als das eingehende Betrachten gescheiterter Colonisationsversuche anderer Nationen.

Der zum Gouverneur ausersehene königliche Seecapitain L. Christensen kam am 4. März 1829 in Trankebar an und brachte die Vollmacht mit, die Expedition zu beginnen. Vielleicht wollte er sich erst selber in die tropischen Verhältnisse hineinleben, denn er zögerte volle drei Jahre mit der Ausführung des ihm aufgetragenen Geschäfts, und dann schien er die

9*

ihm überlassene unbeschränkte Vollmacht bis auf das Aeusserste ausdehnen zu wollen, wenigstens verwarf er den bisher gutgeheissenen Plan gänzlich und traf Anstalten wie zu einer dauernden Niederlassung. Statt ein ihm von James Baggot aus Tutucorin zur Dienstleistung angebotenes Schiff von 150 Tons Tragfähigkeit gegen eine monatliche Heuer von 300 Rupien zu miethen, beschloss er, einen elenden Schooner von nur 64 Tons Tragfähigkeit zu kaufen, und zwar für 5000 Rupien. Ziemlich eben so viel kostete dieses Fahrzeug an baaren Auslagen, ehe es den Hafen verliess, nur um es segelfähig zu machen, abgesehen davon, dass seine monatliche Unterhaltung im Durchschnitt 600 Rupien erfordert hat. Ein eigenes Schiff wollte Christensen haben, denn er fand es unschicklich, dass ein anderes als ein Fahrzeug unter dänischer Flagge die Verbindung der neuen Colonie mit Trankebar vermitteln sollte. Wenn ihm zur Bemannung des Schooners dänische Leute zur Verfügung gestanden hätten, dann wäre dieser Wunsch nicht so ganz unberechtigt gewesen; es sollten sich jedoch hinsichtlich dieses Punktes noch die sonderbarsten Dinge zutragen und überdies eine beständige Verbindung mit den Inseln nicht erreicht werden.

Der zweite Fehlschritt des Gouverneurs lag darin, dass er über das Bedürfniss hinaus Waaren ankaufen liess und dabei manche Hauptsache vergass. Der übergrosse Vorrath machte nur den bald in Folge einer Feuersbrunst eintretenden Verlust unnöthigerweise grösser und für das Gouvernement empfindlicher, als geschehen wäre, wenn er hinsichtlich der Ankäufe Rosen's bescheidenen Rath auf Einschränkung befolgt hätte. Was die Feuersbrunst betrifft, so hätte sich diese vermeiden lassen, wenn Christensen nicht gegen Rosen darauf bestanden hätte, das von Trankebar mitzunehmende hölzerne Gebäude mit Palmenblättern statt mit soliden Planken zu decken. Dies Haus war 30 Fuss lang, 12 Fuss breit, 15 Fuss hoch und bestand aus zwei Etagen. Die untere von 5 Fuss Höhe sollte zum Magazin dienen, die obere hingegen als Wohnung für Rosen und den Sergeanten Voigt, der die Wache commandiren und des „Residenten" Gehülfe sein sollte. Die Anzahl der mitzunehmenden Leute war für einen blossen Versuch zu gross und für ein ernstliches Unternehmen viel zu klein; sie bestand nämlich aus 31 Köpfen — 3 Zimmerleuten, 1 Böttcher, 1 Schmied, 1 Koch, 13 Kulies und 13 Sipahies oder Laskaren. Die Letzteren waren dazu bestimmt, Wache zu thun, aber auch gelegentlich grobe Arbeit mit den übrigen Kulies zu verrichten.

Im August 1830 wurde Rosen nach Trankebar beschieden und vorläufig mit einem monatlichen Gehalte von 200 Rupien versorgt; nach dem Beginne der Expedition erhielt er für seine Person monatlich nur 100 Rupien und eine Zeit lang noch 17 Rupien für Koch und Diener, während 114 Rupien seiner in Ostindien zurückbleibenden Familie ausgesetzt wurden. Damals genügten diese kärglichen Summen für den anspruchslosen Missionär und seine Angehörigen, in diesem Augenblick würde jedoch der vierfache Betrag kaum die Bedürfnisse der Betreffenden decken; dies hat die ostindische Baumwollcultur und anderer Fortschritt zu Stande gebracht. — Elf Monate lang musste Rosen noch unnütz in Trankebar verbringen, ehe endlich der 23. Juli des Jahres 1831 zur Abreise auf dem mittlerweile „Cimbria" umgetauften Schooner bestimmt wurde. Es war ein Sonnabend, als Christensen nicht bloss dänische, sondern auch britische Beamte zu einem grossen Festmahle einlud, um dem von ihm geführten Zuge in seiner Art die rechte Weihe zu geben. Rosen nahm an dem Gelage nicht Theil, sondern ging ernsten Sinnes frühzeitig auf's Schiff und dachte über das Ende des lustigen Anfanges nach. Spät in der Nacht kam der Gouverneur an

Bord und liess sofort die Anker lichten. Das kleine Schiff
war überladen, sogar das Deck war mit Gütern belegt, trotzdem noch ein kleineres Fahrzeug gemiethet war, welches mit
dem Rest der Bedürfnisse, darunter 2 Zugochsen und 4 Kühe,
nachkommen sollte. Am 25. Juli hatten die Auswanderer
schlechtes Wetter, und der Schooner leckte so stark, dass
Christensen voller Bestürzung schon den Befehl zur Um-
kehr geben wollte, ja sogar den Missionär um Rath fragte,
was zu thun sei; doch beruhigte ihn schliesslich der Schiffsführer, Capitain Halsöe, ein tüchtiger dänischer Seemann,
mit der Versicherung, dass das Fahrzeug nur über, nicht
unter dem Wassergange undicht sei und warf sich dann zur
Bekräftigung der allgemeinen Sicherheit der Länge nach auf
eine Matratze, um sich nach den Anstrengungen der Nacht
einem gesunden Schlafe zu überlassen. Die Fahrt wurde
hierauf bei gutem Wetter fortgesetzt.

Am 31. Juli bekamen die Reisenden zuerst das ersehnte
Land in Sicht. Um 8 Uhr Morgens passirten sie Nangkowry oder Laoi. Mit wechselnden Gefühlen betrachtete
Rosen das sich ihm bietende Panorama, den Schauplatz
seiner künftigen Thätigkeit. Man bemerkte verschiedene
offene Grasflächen inmitten der dunklen Waldung, auch sah
man sogar auf den höchsten Hügeln eine Menge Bäume aus
dem dichten Laubwerk hervorragen, die man anfänglich für
Kokuspalmen hielt, obschon man sich wunderte, wie diese in
solcher Höhe und Masse beisammen wachsen konnten. Später
ergab sich, dass es Nibongpalmen waren, die bekanntlich
über 80 Fuss hoch emporschiessen. Als man sich dem
Lande näherte, eilten eine Menge Kanoes dem Schiffe entgegen, da man ihnen aber kein ermunterndes Zeichen zum
Näherkommen gab, hielten sie sich im scheuen Abstand. Die
„Cimbria" segelte nun in den Canal hinein, der die grosse
Insel Kamorta von der kleineren Trinkut trennt, fand

jedoch auf keiner Seite einen zum Anlegen und Niederlassen günstigen Platz, deshalb wurde gewendet und am Morgen des 1. August die östliche Einfahrt des Nangkowry-Hafens eingesegelt. Hier, in dem Kreuzhafen genannten Theile der herrlichen Bucht, ging man gegenüber vom Dorfe Jnúang auf Nangkowry vor Anker. Kaum war dies geschehen, so umringten eine Menge Kanoes die „Cimbria“ und die Reisenden hatten nunmehr Gelegenheit, sich die Eingeborenen in der Nähe zu besehen. Der Anblick war keineswegs erbaulich. Die Leute hatten sich Wangen, Nase und Kinn mit rother Farbe bemalt, was ihnen ein wildes, abschreckendes Ansehen gab, der Mund war bei Allen vom Betelkauen krankhaft geschwollen, das Haupthaar hatten die meisten glatt abgeschoren und in den durchbohrten Ohrzipfeln trugen sie Cigarren oder Bambusstäbchen. Die Weiber, welche sämmtlich glatt rasirte Köpfe hatten, sahen geradezu scheusslich aus. Die letzteren hatten ein Stück Leinewand um die Hüften geschlungen, welches den Körper vom Gürtel bis zu den Knien deckte, die Männer waren gänzlich nackt, bis auf einige wenige, welche in wunderlicher Unvollkommenheit europäische Kleidungsstücke trugen; so hatte einer Hosen an, ein anderer eine Jacke, ein dritter eine Weste, aber nichts weiter. Einer von ihnen trug auf nacktem Leibe einen scharlachrothen, ehemals gewiss stattlichen Mantel und hielt in der Hand einen dicken Rohrstock, dessen silberner Knopf den Namenszug des dänischen Königs Christian VI. trug, ein Umstand, der die Dänen mit Rührung an die älteren Colonisationsversuche erinnerte, bei denen dieser Stock dem Vater oder Grossvater des Mannes übergeben sein musste. Es fand sich auch ein alter Neger ein, der auf den portugiesischen Namen Joâm hörte, fliessend portugiesisch sprach und den neuen Ankömmlingen erzählte, dass er aus Bombay stamme, von dort nach Trankebar gekommen sei, woselbst er bei den Dänen als Sipahy Dienste genommen habe und mit nach diesen Inseln gezogen wäre, hier aber ein Nikobarenmädchen geheirathet, nikobarische Lebensweise angenommen habe und nun für einen Eingeborenen gelte. Wie diese ging er splitternackt, erklärte aber, im Herzen dänisch zu sein und bot seine Dienste an, die auch angenommen wurden.

Gegen Mittag sollte der feierliche Act der Wiederbesitzergreifung der Inseln vor sich gehen, deshalb stiegen alle Insassen der „Cimbria" an's Land, die Sipahies in voller Uniform und mit scharf geladenen Gewehren, die Kulies mit Speeren bewaffnet. Dies für jene Wildniss ungewöhnliche Schauspiel lockte die ganze Bevölkerung zusammen, wohl gegen 200 der Leute drängten sich herbei, aber auf keinem Gesicht sah man Misstrauen oder Furcht, auch bemerkte man keine einzige Waffe unter der Menge. Der Act verlief ohne jede Störung und, wie es schien, zum grossen Ergötzen der Wilden.

Nunmehr sah man sich in der Gegend ein wenig um und entdeckte, als Auffälligstes, das steinerne Haus, welches die mährischen Brüder einstmals erbaut und zwischen 1785 und 1787 bewohnt hatten. Ohne die Führung der Eingeborenen hätte man freilich dieses Gebäude nicht gefunden, denn obschon es noch bis 1807 der dänischen Wache als Wohnung gedient hatte, war es so vom Urwald überwuchert worden, dass es schwer hielt, eine ehemalige Wohnstätte civilisirter Menschen darin zu erkennen. Ein Ziegeldach hatte es nie gehabt, deshalb standen bloss noch die vier Wände, aber auch diese waren so von Sträuchern und Bäumen überwachsen, dass sie unter dem Gewebe der Wurzeln völlig versteckt waren. Der Anblick war nicht ermuthigend, böse Ahnungen stiegen in Rosen auf und wie er so auf das dichte Grün des Urwalds blickte, dessen dunkle Schatten auf diesem Hause und dessen Umgebung lagerten, da war es

ihm, als flüsterte eine Stimme ihm zu: „Hier seht Ihr, was
Ihr zu erwarten habt!"

Zu sentimentalen Betrachtungen war jedoch keine Zeit.
Schon am Abend des Tages der Landung hatte der Gouverneur seine Wahl hinsichtlich des Platzes der künftigen
Niederlassung getroffen. Scheines halber schickte er jedoch
am anderen Morgen den Herrn Rosen und den Capitain
Halsöe sowie den Sergeanten Voigt hinüber nach Kamorta zu einigen unbewaldeten Hügeln, die sich im Hinter-
grunde der Bucht, gegenüber der östlichen Einfahrt zeigten
und von den Eingeborenen noch heutigen Tages Mongk'áta
genannt werden. Als die drei Kundschafter die Küste erreicht hatten, fanden sie nirgends einen Fleck zum Landen,
denn das ganze Ufer war von einem dichten Mangrovegebüsch
bewachsen, welches sich sogar weit hinaus in's Wasser erstreckte und mit seinen wunderlich verschlungenen knieartigen
Wurzeln nebst dem tiefen, stinkenden Schlamm den Durch-
gang ungemein schwierig machte. Als die drei Herren dies
Hinderniss mit grosser Mühe überwunden hatten, erstiegen
sie den höchsten Hügel und gewahrten von da aus eine ansehnliche Reihe von Höhen und Thälern, auch fanden sie
trinkbares fliessendes Wasser. Im Ganzen gefiel ihnen die
Stelle recht gut, nur der Mangel eines bequemen Landungs-
platzes erregte einige Bedenken, doch war man der Ansicht,
dass sich durch Niederhauen des Mangrovedickichts ein Zu-
gang zur Küste würde schaffen lassen, wie späterhin auch
wirklich geschah, nachdem Rosen die Sachen unumschränkter
in die Hände bekam.

Die Herren beeilten sich, dem Gouverneur ihre Ent-
deckungen mitzutheilen; er hörte sie an, lächelte und sagte
es sei gut, nun sollten sie ihm jedoch folgen und einmal
sehen, was er selber gefunden habe. Er war nämlich am
Abend zuvor an einer Stelle unweit der östlichen Einfahrt

gelandet und hatte dort einen kleinen, ebenen Fleck dicht am Wasser entdeckt. Dies war der ganze Vorzug des Platzes, der im Uebrigen wenig brauchbaren Boden hatte, wie sich sehr bald durch Erfahrung herausstellen sollte, von dem aber der Gouverneur über alle Massen eingenommen war, obschon er keinen anderen Platz der Bucht untersucht hatte. Er liess sich deshalb durch Einwendungen nicht irre machen, sondern bestimmte, dass die Colonie dort angelegt werde, also auf Kamorta, gerade gegenüber vom Dorfe Malakka, an der von den Eingeborenen Kanláha genannten Stelle, auf der auch die Oestreicher gehaust haben müssen.

Am dritten Tage nach der Ankunft auf den Nikobaren ward mit dem Umhauen der Bäume und des Gebüsches bei Kanláha begonnen, auch brannte man das hohe, Laláng genannte Gras nieder, so weit sich dies thun liess. Dies Gras, welches sich auf allen nikobarischen Inseln findet und jede waldfreie Stelle einnimmt, wird etwa 8 Fuss hoch und wächst schilfartig; es wird von keinem Vieh gefressen, da es zu grob ist und scheint überhaupt für den Menschen keinen unmittelbaren Nutzen zu haben; es wächst auf dem schwersten Thonboden, woselbst keine andere Pflanze fortkommt und lässt sich schwierig ausrotten, da seine Wurzeln tief eindringen und immer wieder ausschlagen. Nur eine Art einheimischer wilder Rosenstöcke vermag ihm zu widerstehen. Das Laláng ist die Brutstätte von mancherlei Ungeziefer und auch wohl von Krankheiten, denn wenn man hindurchgeht, so meldet Steen-Bille, schlägt dem Wanderer ein feuchter, heisser und stinkender Dunst entgegen. Das Abbrennen dieses Unkrauts geht übrigens leicht von Statten, weil die untern Blätter meistens verdorrt sind. Rosen's Leute zündeten dieses Gras an mehreren Stellen zugleich an und sahen mit einiger Bestürzung, wie das Feuer in einem

Nu sich über die ganze Fläche verbreitete, wobei ein Knattern und Knallen wie von lebhaftem Gewehrfeuer gehört wurde; schon glaubten sie, es würde ein vollständiger Waldbrand entstehen, doch hatten sie sich hierin sehr getäuscht, denn nach kurzer Zeit war der leichte Brennstoff verzehrt, seine glimmenden Reste bedeckten das Erdreich, aber nicht ein einziger Baum war in Brand gerathen, die kleineren Bäumchen hatten sogar nur ein wenig geschwitzt.

Das flache, am Strande liegende Stück Land, welches Christensen gefunden, war nur 280 Fuss breit und wegen seiner niedrigen Lage bei Hochwassern einer theilweisen Ueberschwemmung ausgesetzt, deshalb wurde davon Abstand genommen, dort das hölzerne Haus aufzuführen, vielmehr die Spitze des landeinwärts gelegenen Hügels hierzu bestimmt. Doch liess sich dies nicht ohne schwere Arbeit bewerkstelligen, denn der Hügel war schmal und spitzig, so dass erst 9 Fuss seiner Höhe abgetragen werden mussten, ehe es gelang, eine ebene Fläche von 120 Fuss Länge und 62 Fuss Breite zu gewinnen. Mit dieser Arbeit wurde man erst am 19. August fertig, trotzdem täglich 18 — 20 Mann unverdrossen gegraben hatten.

Es muss hier darauf aufmerksam gemacht werden, dass die Nikobaresen bis jetzt noch keinerlei Zeichen des Missvergnügens oder der Furcht hatten durchblicken lassen, im Gegentheile, sie schienen über die Ankunft der Dänen sehr erfreut, da diese sie mit manchen ihnen nöthigen Dingen versorgten. Unter solchen nahm Taback den ersten Rang ein und galt ebenso hoch wie anderwärts baares Geld, so dass die Colonisten um wahre Spottpreise alles was sie wünschten, von ihnen kaufen konnten. Ein Huhn bezahlten sie mit 2 Tabacksblättern, ein Ferkel mit 5, ein Dutzend Bananen mit 2, zwanzig Kokusnüsse mit 1 Blatt u. s. w. Freilich veränderten sich durch unerwartete Zufälle die Um-

stände bald derart, dass für 1 Tabacksblatt nur 4 Kokusnüsse zu haben waren. — Die Eingeborenen widersetzten
sich auch nicht im Mindesten der Besitzergreifung von Kan-
láhba, obwohl einige von ihnen daselbst Pandanus-, Bananen-
und Kokuspflanzungen sowie Hütten angelegt hatten, ja sie
erklärten sogar, dass diese Stelle den Dänen von je her eigenthümlich gehört hätte, doch ist es einigermassen zu bezweifeln, ob sie damit ihre Herzensmeinung aussprachen, denn
sie hatten von der ältesten dänischen Niederlassung auf dieser
Stätte gar keine und von jener der Oestreicher nur eine
sehr dunkle Erinnerung. Sogar die mährischen Brüder hatten
sie schon vergessen, obwohl nicht die dänische Wache, welche
im Hause dieser aufopfernden Missionäre seit 1787 gewohnt
hatte, und selbst diese Erinnerung wäre ihnen entschwunden
geblieben, wenn nicht der alte Joân in Malakka, der selbst
zu jener Wache gehört hatte, die Sage aufgefrischt hätte.
Uebrigens verlangte später einer der Nikobaresen Erstattung
für die ihm umgehauenen Pandanusbäume.

Den ersten Fieberanfall oder was man dafür hielt,
hatte man am 5. August, also schon am vierten Tage nach
der Ankunft, und zwar wurde einer der Sipahies davon betroffen. Die Kranken sollten auf dem Schooner in Behandlung genommen werden und so geschah es nun. Die Colonie
hatte eine kleine Apotheke, eine Gebrauchsanweisung und
das medizinische Werk „Buchanans Hausarzt"; als praktischer
Arzt fungirte übrigens der Gouverneur Christensen, so
lange er gegenwärtig war, später musste Rosen dieses Amt
übernehmen, was bei seiner Unkenntniss der Heilkunst für
ihn eben so schwierig wie gefährlich war. Die Erkrankungen
mehrten sich schnell und bald lagen 11 Mann von den Leuten im Lazareth des Schiffes, ungerechnet den Sergeanten
Voigt und den europäischen Diener des Gouverneurs, Namens Fries. Voigt starb nach 10tägigem Krankenlager

am 11. September und wurde am Fusse der Nordwestseite
des „Haushügels" begraben, wie man die betreffende Stätte
wegen des darauf zu errichtenden Hauses nannte.

Die allgemeine Kränklichkeit und besonders der Todes-
fall übte einen höchst niederschlagenden Einfluss auf die furcht-
samen Hindus und machte sie noch muthloser, wie sie von
Natur schon waren. Eines Morgens, als Rosen an's Land
stieg, umringten sie ihn und baten unter jämmerlichen Klagen, dass er sie wieder nach Hause senden möge, damit sie
doch nicht alle sterben müssten. Rosen konnte leider
nicht anders, als ihnen vorstellen, dass ihr Begehren unbe-
dacht und dermalen unerfüllbar wäre, worauf er sie zur Ge-
duld ermahnte und ihnen versprach, selber bis zum letzten
Mann bei ihnen auszuharren und ihnen mit allen Kräften bei-
zustehen.

Rosen schlief an Bord des Schooners, kam aber des
Morgens um 7 Uhr an's Land, um die Arbeiten zu beaufsichtigen und ging nicht vor 6 Uhr Abends nach dem Schiffe
zurück. Wollte er essen oder sich ein wenig ausruhen, wenn
er längere Zeit in der Sonne gestanden hatte, dann trat er
in ein kleines Zelt, welches man für ihn aufgeschlagen hatte.
Die Leute schliefen am Lande, woselbst man bald nach der
Ankunft eine Hütte für sie erbaut hatte.

Die Arbeit, welche von vornherein mit grösstem Eifer
angefangen und oftmals vom Gouverneur in Person beauf-
sichtigt ward, hatte indessen ihren guten Fortgang genommen
trotz aller Hindernisse, welche die überhandnehmende Seuche
und starke Platzregen in den Weg legten, so dass das hölzerne
Haus am 10. September im bewohnbaren Zustande war. Es
sollte ursprünglich mit Brettern bedeckt werden, doch zum
grössten Unglück, wie schon erwähnt, hatte Christensen diesen Plan verworfen, und es wurden Kokusblätter gewählt.
Einen Brunnen hatte man auch am Fusse des Haushügels

gegraben, aber da die Erde so dicht bei der See abwechselnd aus Lagen Lehm und Korallensand bestand und die Wände überdies zu senkrecht abgestochen waren, stürzte er unter den heftigen Regengüssen kurz vor Abreise des Schooners zusammen.

Die Nikobaresen besuchten die Ansiedler recht fleissig bei der Arbeit, doch zeigten sie nicht die geringste Neigung, ihnen dabei behülflich zu sein; glückte es diesen auch bisweilen, ihnen eine Hacke oder einen Spaten in die Hand zu geben, dann fassten sie dies wie eine Art Spiel auf und legten das Geräth nach einigen Hieben wieder fort. Dahingegen machten sie sich sehr nützlich durch das Herbeischaffen von Proviant, denn sie versorgten die Colonie gegen Bezahlung täglich mit frischen Sachen, wie Hühner, Schweine, Fische, Bananen, Yams etc. Sie brachten auch einzelne Handelsartikel, z. B. Harz und Schildpatt, obgleich das letztere gar nichts taugte, denn es war von der sogenannten grünen Schildkröte, — Christensen, der dies sehr wohl wusste, liess es nichtsdestoweniger kaufen, weil er glaubte, dadurch würden die Leute zur Fortsetzung des Handels und Verkehrs ermuntert werden, was doch wohl nicht der richtige Weg war.

Noch in der letzten Zeit hatte der Gouverneur zu Rosen's Verwunderung davon gesprochen, ihm das seinerzeit gewünschte Darlehn aus Staatsmitteln zu bewilligen, damit er seinen Plan ausführen könne, obwohl derselbe längst aufgegeben war; Rosen fand sich daher veranlasst, dem Gouverneur vorzustellen, dass er bei jetziger Sachlage jeglichen Handel und alle Anpflanzungen nur auf königliche Rechnung treiben, sich selbst aber nur als königlichen Beamten ansehen könne. Dies leuchtete ihm ein und er gab Rosen nunmehr eine Bestallung als „Resident auf den nikobarischen Inseln“, doch bedurfte diese Vollmacht, um wirksam zu sein, der Bestätigung der Regierung in Kopenhagen, die sie jedoch niemals erhielt, weil es schien, als ob die betreffenden hohen Behörden des Missionärs Ernennung missbilligten. Wenn man sich nur von der Lage der Dinge einige Anschauung hätte verschaffen können, dann würde man wohl solche Schwierigkeiten nicht gemacht haben, denn ein Mann, der nicht im eigenen, sondern im Interesse der Regierung handeln soll, muss einen öffentlichen Charakter, einen gewissen Rang haben, weniger um seiner Landsleute willen, als aus Rücksicht auf die Fremden, die mit ihm in Berührung kommen sollen. Wo fremde Commandeure eine Regierungs- flagge wehen sehen, beschützt von dazu gehörigen Truppen (wenn auch nur in Stärke einer gewöhnlichen Wache), da müssen sie auch erwarten, eine gewisse Autorität zu finden, und zwar Jemand, der nicht blos in der That das Haupt dieser Macht ist, sondern das Organ oder den Bevollmäch- tigten dieser Regierung vorstellt. Brauch und Herkommen bei anderen europäischen Nationen hätten hierauf schon hin- weisen müssen. Das Missliche seiner Stellung fühlte Rosen besonders während des Aufenthaltes der späterhin die Co- lonie besuchenden englischen Kriegsschiffe, deren Comman- deure keineswegs von der Erklärung befriedigt waren, die der Resident ihnen über sein Verhältniss zur dänischen Re- gierung geben konnte.

Während des Aufenthalts des Schooners „Cimbria" im Hafen hatte Rosen verschiedene Ausflüge in's Innere von Kamorta gemacht und die Resultate seiner Untersuchungen dem Chef mitgetheilt. Jetzt sah dieser selber ein, dass die Stelle, welche er zur Ansiedlung gewählt hatte, nicht die beste war, und unstreitig hatte Kanláha die Uebelstände, dass man von dem Platze keine Aussicht über den Hafen hatte und von diesem aus das Etablissement erst gewahrte, wenn man dicht davor lag; das schlimmste war jedoch sein Mangel an Raum, denn es lag auf einer engen Landzunge zwischen den Baumpflanzungen der Eingeborenen, während die einzige Seite, nach der hin eine Ausdehnung möglich war, nämlich im Nordwesten, bloss spitzige, mit Laláng bewachsene Hügel und Schluchten enthielt und überdies bald von einem Brakwassersumpf begrenzt wurde, der aus der Trinkut-Strasse in's Land drang.

Ehe Christensen abreiste, händigte er Rosen ein Schreiben ein, in welchem er erklärte, dass er seine Einwilligung zur Verlegung der Colonie gäbe, wenn ein passenderer Platz gefunden würde, doch sollte die erste Anlage, so weit möglich, aufrecht erhalten werden. — Noch bevor der Gouverneur die Colonie verliess, hatte der Resident schon verschiedene Unannehmlichkeiten mit den Leuten, die sich wiederholt um ihn versammelten und ihm in trotziger Weise mittheilten, dass sie eines Landes überdrüssig wären, in welchem sie alle krank würden, und dass sie ihre Rückführung nach Trankebar verlangten. Er konnte ihnen weiter nichts entgegnen, als dass drei der Schwächsten mit dem Schooner, der frische Kräfte bringen sollte, expedirt werden würden, die anderen müssten jedoch bis auf Weiteres hier bleiben, übrigens sollten sie bedenken, dass ihre Krankheit bis jetzt noch nicht gefährlich gewesen sei.

Eines Tages nach solcher Zusammenrottung kamen einige Nikobaresen und brachten zwei ihrer Zauberer oder Aerzte mit und behaupteten, dass böse Geister die Ursache der Krankheit der Leute seien. Sie wollten in den Wald gehen, dort einige Ceremonien verrichten, dann wiederkommen und die kranken Leute mit gewissen Blättern reiben, worauf sie wohl gesund werden würden. Bezahlung verlangten sie für ihren Liebesdienst nicht. Rosen erwiderte, dass es der Ceremonien nicht bedürfte, wohl aber möchte er gern die fraglichen Blätter sehen. Diesen Gefallen erwiesen ihm jedoch die Eingeborenen nicht, vermuthlich, weil sie den Blättern nur Wirkung in Verbindung mit ihrem Hokuspokus zutrauten.

Dies Zurückweisen der Zauberer war vom religiösen Standpunkte des Missionärs vielleicht ganz richtig, von Seiten des Residenten — und dies war doch Rosen's Hauptberuf auf den Nikobaren — war es jedoch ein entschiedener Fehler. Seine Leute waren abergläubige Heiden, die Kunststücke der Manuénen konnten ihnen nach keiner Seite hin schaden, ihre Manipulationen hätten ihnen sogar wohlgethan, wie sie ja auch dem Missionär Haensel wohlthuend waren. Wurden die Leute gesund, dann blieb es sehr gleichgültig, ob dies in Folge der Heilkräuter oder des Aberglaubens geschehen war; blieben sie krank, dann konnten sie den Residenten wenigstens nicht der Härte beschuldigen, er aber hätte ihnen dann die Unwirksamkeit der Zauberkünste beweisen können.

Auch ein kleines Zerwürfniss hatte schon zwischen einigen Colonial-Arbeitern und den Nikobaresen stattgefunden. Einer der letzteren kam nämlich und klagte, dass Rosen's Leute Betelblätter von seiner Pflanzung gestohlen hätten, die dicht bei der Ansiedelung läge. Die beiden Schuldigen, ein Sipahi und der indische Diener des Gouverneurs, bekannten auch sofort ihren Fehltritt, gaben jedoch an, dass sie den Betel ausserhalb der Umzäunung im Walde wachsend gefunden und deshalb für wilden gehalten hätten; sie beschwerten sich gleichzeitig darüber, dass der klagende Nikobarese sie mit seinem Speere verfolgt und sie zu durchbohren gedroht habe. Dieses Verfahren verwies Rosen dem Eingeborenen ein- für allemal, versprach ihm hingegen, vorkommenden Falls strenge Untersuchung anzustellen, wenn er oder sonst Jemand klagbar werden würde; hierauf bezahlte er den angerichteten Schaden und drohte den Schuldigen, dass das nächste Vergehen solcher Art mit 12 Hieben bestraft werden würde.

Endlich, als das hölzerne Haus völlig aufgerichtet, die
Hütten für die Leute und Güter etc. sämmtlich gebaut, zwei
Kanonen an's Land geschafft und alles den Umständen nach
in möglichster Ordnung eingerichtet war, wurde der 22. September zum Absegeln des Schooners bestimmt. Am Tage
zuvor meldete Christensen den Bewohnern des Dorfes
Malakka, dass er und Rosen zum Besuche hinüber kommen
würden, worauf diese sofort ein grosses, mit Laubkränzen
geschmücktes Kanoe schickten, um sie abzuholen. Bei ihrer
Ankunft in Malakka fanden sie den Häuptling und einen
Theil seiner Stammesgenossen am Ufer stehend, und die Gäste
erwartend. Der Bötticher Philipp Lapalm, ein Mischling,
versah die Stelle des Dolmetschers und theilte den Nikobaresen im Auftrage Christensen's mit, dass, wenn sie den
Dänen treu blieben und der Colonie behülflich sein wollten,
dann würden auch die Dänen immer ihre Freunde bleiben.
Hierauf erhielt der Häuptling einen silberbeschlagenen Stock
mit der Namenschiffer des Königs, eine kleine dänische Flagge,
die er bei Annäherung von Schiffen aufhissen sollte, und ein
Stück blaue Leinwand von etwa 4 Rupien Werth; die anderen
erhielten Taback und eine Anzahl dänischer Schillingsstücke,
welch' letzteres Geschenk als Erinnerungszeichen aber ein
verfehltes war, indem die Leute alle Münzen zu Ringen etc.
zu verhämmern pflegen.

Nach Erledigung dieser Angelegenheit gingen die Europäer an Bord des Schooners, um zu Abend zu speisen und
das Wohl des Königshauses in Champagner zu trinken. Am
Tage der Abreise kam Christensen nochmals an's Land,
um sich zu verabschieden. Er liess die Leute in Reih und
Glied antreten, bat Rosen, in seinem Namen eine Ansprache
zu halten, fügte selbst ein paar zu Gehorsam und Treue auf-
munternde Worte auf Tamulisch hinzu und proclamirte dann
den Namen der neuen Ansiedelung als „Frederikshöi",

d. h. „Friedrichshöhe". Nachmittags um 3 Uhr hisste der Schooner die Flagge, die Leute am Lande thaten ein Gleiches und feuerten 5 Kanonenschüsse ab, welche vom Schiffe beantwortet wurden, worauf dasselbe den Hafen verliess.

Wenn so ein Häuflein grösstentheils kranker Menschen, in einer Wildniss zurückgelassen, die Brücke der Verbindung mit wohnlicheren Gestaden durch Absegeln des schützenden und vermittelnden Schiffes vor ihren Augen abgebrochen sieht, dann muss sich stets ein eigenthümlich banges Gefühl der Verlassenheit Aller bemächtigen. Es ist daher sehr interessant, was Rosen über diesen ihn selber betreffenden Umstand in seinem Tagebuche aufgezeichnet hat, und es wird dasselbe beitragen, den schlechten Verlauf des Colonisationsversuches mit zu erklären. Hier folgt die betreffende Stelle im Wortlaute:

„Am nächsten Morgen nach Absegeln der „Cimbria" fühlte ich mich in einer so guten Stimmung, wie noch nie seit Beginn des Unternehmens. Christensen, der im Privatleben ein wackerer und gastfreier Mann war, hatte als Vorgesetzter und Beamter etwas Unausstehliches an sich. Ganz offen hatte er mir eines Tages erklärt, dass er jeden seiner Untergebenen nur als ein Werkzeug in seiner Hand betrachte, und diesem Principe blieb er bei jedem seiner Schritte treu. Seine Befehle gingen daher bis in's Kleinlichste und wurden in einer Weise gegeben, als ob er seinen Untergebenen gar keinen gesunden Menschenverstand zutraute. Dazu war er äusserst jähzornig und übelnehmend: so prügelte er u. A. einen unserer Zimmerleute, der ihm etwas nicht recht machte, in Ermangelung eines Stockes mit dem schweren hölzernen Zimmermanns-Schlägel durch; ein anderes Mal, da wir einige Waaren landeten, und sich ein nikobarisches Frauenzimmer auf den Bootsrand setzte, sprang er hinzu und stiess die Person mit Heftigkeit in's Wasser; er

10*

entschuldigte sich später damit, dass er geglaubt habe, einen Mann vor sich zu haben. Uebrigens lässt sich nicht leugnen, dass Christensen unternehmend, eifrig und für die Expedition begeistert war, doch verdarb seine Eitelkeit das meiste, denn seine eigenen Pläne gingen ihm über Alles, und so oft er auch Fehlgriffe machte, liess er sich doch durch andere Meinungen nicht beeinflussen, die letzteren fanden bei ihm überhaupt nur Eingang, wenn sie auf Umwegen zu ihm gelangten, so dass er sie für seine eigenen Ideen ausgeben konnte, wie z. B. den Entwurf zum hölzernen Hause, den er sich selber zuschrieb, während mir lange vor der Ausführung der Büchsenmacher Oerbeck die vom Major Götting ausgeführte und ihm übergebene Zeichnung des Gebäudes vorgewiesen hatte.

Ich hatte meine Aufgabe aus reiner Begeisterung für die Sache übernommen und lange zuvor, ehe Christensen nach Trankebar kam oder an die Colonie dachte, hatte ich Tag und Nacht über die Ausführung der Idee gegrübelt, auch jede Gelegenheit benutzt, gute Lehren für das Vorhaben zu sammeln. Dies Alles hatte Christensen während meines langen Aufenthalts in Trankebar erfahren, deshalb hätte ich wohl hoffen dürfen, dass er mir wenigstens einige Details der Ausführung überlassen hätte, als die Arbeit schliesslich begann; doch nichts lag ihm ferner als dies. Es schien, als ob er sich nicht für den Anführer des Zuges halten konnte, so lange er sich nicht in die geringfügigsten Dinge mischte, wodurch er sich bei seinen Untergebenen oft lächerlich machte und stets Anderen zur Last fiel. Hätte es sich hier um einen minder wichtigen Zweck gehandelt, dann würde ich nach wenigen Tagen mein lästiges Verhältniss zu ihm gelöst haben und dahin gegangen sein, woher ich gekommen war, so jedoch ging mir das Ziel über alles und ich hätte noch Schlimmeres ertragen, ohne zu weichen.

Unter anderen Umständen wäre ganz gewiss die Abreise des Gouverneurs, welche mich fast hülflos in einem verlassenen Winkel der Erde zurückliess, äusserst niederdrückend für mich gewesen, aus den angeführten Ursachen hingegen fühlte ich mich durch die Verlassenheit wie ein neuer Mensch, dessen ganze Spannkraft wiederkehrte, weil ein schweres Gewicht von ihm gefallen war. Mit wahrem Behagen dachte ich an alle noch zu überwindenden Schwierigkeiten und ging mit frischem Muthe an die Arbeit. Nichts hätte mich mehr verdriessen können, als das plötzliche Zurückkehren des Schooners."

So weit die lehrreiche Auslassung des wackern Missionärs. Gehen wir nun weiter im Betrachten der von ihm angestellten Versuche, seinem dänischen Vaterlande eine herrliche Colonie zu verschaffen.

Da Rosen ein dichteres Beisammenwohnen Aller für gerathener hielt, liess er in der Nähe des hölzernen Hauses noch einige Hütten aufführen, und war Anfangs auch willens, den Hügel mit einer Palissadenreihe umziehen zu lassen, doch gab er diesen Gedanken wieder auf, weil die Befestigung von den benachbarten Hügeln überall eingesehen werden konnte, ja ein muthiger Feind sogar von einer höher gelegenen Stelle des blos theilweise abgetragenen Erdrückens auf das künstliche Plateau herabzuspringen vermocht hätte. — Während die Leute rüstig an den Hütten arbeiteten, besuchte der Resident die Hafendörfer Itóe, Inúang, Eldegóang und Inega, um auch den Häuptlingen dieser Oerter die dänische Flagge und Amtsstöcke zu überliefern, wie dem Häuptling von Malakka. Später dehnte er die Reisen weiter aus, und vertheilte die nationalen und Amts-Insignien auch an die Häuptlinge der Ulála-Bucht, so wie an die von Teressa, Katschul und Bambok.

Am 25. September erfuhr Rosen, dass eine malayische

Prahu die Insel Trinkut angelaufen habe. Sogleich schickte er den alten Joàn und noch einen Nikobarcsen hinüber, um den fremden Schiffern die Schiffspapiere abzufordern und sie ihm zur Einsicht zu bringen. Er fand dieselben in Ordnung, denn sie waren von den englischen Behörden auf Pulo-Penang ausgefertigt und bestimmten das Fahrzeug nach den Nikobarischen Inseln. Die Leute hatten schon einige andere der betreffenden Eilande angelaufen, um Tauschhandel zu treiben; dem Herrn Rosen boten sie essbare Schwalbennester und Schildpatt zum Kauf an, doch wies er ihr freundliches Anerbieten zurück, denn was sie ihm feilboten, war die erbärmlichste Ausschusswaare, mit der sie ihn zu betrügen hofften. — Obwohl diese Malayen anscheinend friedliche Handelsleute waren, fand sich Rosen kluger Weise doch bewogen, sie genau beobachten zu lassen, da ihnen nic zu trauen ist. Es bedurfte seinerseits zur Ausführung von Vorsichtsmassregeln keiner dringlichen Mahnung, denn die ihm untergebenen Leute hatten vor den Malayen solche Angst, dass ihnen der Schlaf verging.

Der rastlose Rosen hatte bekanntlich von Anfang her seine Augen auf eine Stelle etwa ½ Meile nördlich von Frederikshöi geworfen, weil dort eine grosse Strecke offenes Land war und von einer der Höhen eine weite Aussicht über Land und See geboten wurde. Der Weg zu jenem ersehnten Flecke führte allerdings durch einen dichten Urwald, oder musste vielmehr durch solchen erst gebrochen werden, doch dies war ja überall der Fall. Der schonend auftretende dänische Resident besprach seinen Plan erst mit verschiedenen Häuptlingen, welchen Flaggen anvertraut waren, und es gelang ihm auch, mehrere derselben zu überreden, ihm Baumaterialien dorthin zu schaffen, nur der Häuptling des Dörfchens Intóe, gegenüber von Trinkut, widersetzte sich, indem er vorschützte, die von Rosen begehrten Höhen ge-

hörten seinen Leuten und würden von diesen zu gewissen
Ceremonien benutzt. Der Mann stand jedoch in geringem
Ansehen bei den Nikobaresen, war ihnen sogar unangenehm,
deshalb kümmerte sich Rosen nicht um seine Einsprache,
sondern notirte sich den Fall als erste Widerhaarigkeit abseiten eines Eingeborenen. Im Uebrigen war das Unternehmen völlig verfehlt und wurde aufgegeben, nachdem der Resident und seine Leute viel unnöthige Schritte verschwendet
hatten, die anderswo besser angewandt gewesen wären. Die
Schwierigkeiten, einen Weg bis zum Hafen durchzuholzen,
erwiesen sich als zu gross und der überall mit Laláng bewachsene Platz eignete sich nicht zu Pflanzungen.

Auf dem alten Platze hatte Rosen aber keine Ruhe, er
musste es nunmehr mit der zuerst von ihm recognoscirten
Stelle auf und bei dem Berge Mongk'áta versuchen, jene
Stelle, die zwischen der Ulála-Bucht und dem Nangkowry-
Hafen auf einem Isthmus lag und, wie sich bald herausstellte,
zu den ungesundesten Punkten der Inselgruppe gehörte, denn
der Pesthauch zweier Küsten mit Mangrovedickichten sammelte sich an den Wänden der Berge, die an sich selbst
Miasma-Ableiter sein sollen, aber dem sie Bewohnenden, wie
u. A. Steen-Bille behauptet, Verderben bringen.

Wieder begann der christlich-humane Resident Unterhandlungen mit den Wilden um Ablassung des in Rede stehenden Platzes, besonders wandte er sich an den Häuptling
und die Leute von Malákka, die ihn anhänglich oder neu-
gierig oftmals auf seinen Entdeckungsreisen begleiteten. Sie
theilten ihm mit, dass sie ein ausschliessliches Besitzrecht
auf Mongk'áta hätten, die betreffenden Gründe aber nur zur
Jagd benutzten, deshalb möchte er sie immerhin in Besitz
nehmen, überhaupt seien sie und ihre Landsleute der Ansicht,
dass Niemand von ihnen das Recht habe, den Dänen Hindernisse in den Weg zu legen, wenn diese sich solcher Land-

strecken bemächtigen wollten, welche von den Eingeborenen
nicht wirklich als Betel-, Areka- und andere Pflanzungen benutzt würden. Trotzdem war guter Rath theuer, denn das
Fieber tobte unter den Colonisten, und die, welche dasselbe
überstanden hatten, waren noch zu schwach zu grober Arbeit; Rosen wandte sich deshalb wieder an die Wilden, dass
sie ihm Baumaterialien nach Mongk'áta schaffen und einen
Weg durch das Küstendickicht holzen möchten. Sie versprachen ihm sofort Hülfe, aber es dauerte sehr lange, ehe
sie ihr leicht gegebenes Versprechen einlösten.

Am 15. October war das Ajuda púsei oder Waffen- und
Geräthe-Fest der Hindus. Da putzt jeder Krieger seine
Waffen und stellt sie aus, schmückt sie mit Blumen und
bringt ihnen Opfer und Anbetung. Der Tischler, Schmied
und jeder andere Handwerker thut dasselbe mit seinen Werk-
zeugen, der Schreiber weiht seine Feder, der Schulmeister
seine Ruthe und der Gelehrte seine Bücher. Die Colonisten
vom Hindustamme erbaten sich die Erlaubniss, dies unver-
meidliche Fest abhalten zu dürfen, obschon die Meisten von
ihnen krank und schwach waren. Der christliche Missionär
war vernünftig genug, sie gewähren zu lassen, und dies war
jedenfalls das Beste, was er für die Colonie und für sich,
als Resident, thun konnte. Die Leute hingen derart mit
ganzer Seele an ihrem abergläubischen Brauche, dass selbst
die Fieberkranken sich von ihrem Siechenlager aufrafften und
zum Opferplatze krochen, um der Opferung der Ziege bei-
zuwohnen, deren geweihtes Fleisch darauf zur Festmahlzeit
dienen sollte. Nachdem alles vorbei war, brachten die Leute
unserem Rosen, als ihrem Obersten, ein Geschenk, bestehend aus Früchten, und sprachen dabei ihr Bedauern aus,
dass Schwäche und Krankheit sie verhindert habe, ihr liebes
Fest mit dem gehörigen Glanze zu feiern.

Am 22. October des Nachmittags kam der Viehhüter

der Colonisten athemlos nach der Ansiedelung gelaufen und
verkündete, dass eine Schaar Nikobaresen zu ihm gekommen
wäre und das Vieh weggetrieben hätte; als er sich dem wider-
setzen wollte, so weit seine Schwäche dies zuliess (er war
eben vom Fieber erstanden), hätten sie ihn über den Haufen
gestossen und ihr räuberisches Vorhaben dennoch ausgeführt.
Rosen bewaffnete augenblicklich so viele Männer, wie überhaupt Waffen tragen konnten, nämlich den Böttcher Philipp
Lapalme und zwei Sipahis mit Gewehren, sechs Kulies mit
Lanzen und sich selbst mit seinem Jagdgewehr. Man fand
sehr bald, dass der Hiobsbote übertrieben hatte, denn es
fehlten nur 4 Kühe; die Spur wurde entdeckt und verfolgt,
sie führte durch einen Wald nach der Kaiserhöhe und endete
bei einem Salzsumpfe, woselbst das geraubte Vieh in aller
Ruhe weidete; von den Räubern war jedoch nichts zu sehen,
vermuthlich hatten sie das Kommen der Verfolger bemerkt
und sich aus dem Staube gemacht. Auf dem Heimwege be-
gegnete man den Leuten aus Malakka, die gleich nach Rosen's Aufbruch Frederikshöi besucht hatten und, da sie von
dem Geschehenen hörten, sofort die Lanzen der Kulies ergriffen und Rosen zu Hülfe eilten. Sie sagten, dass niemand als der schon erwähnte widerhaarige Häuptling von
Intóe und seine Leute die Räuber sein könnten, denn diese
hätten häufigen Umgang mit Malayen und seien von zwei-
deutigem Charakter, weshalb sie die Colonisten auch schon
vor Verbindung mit diesen Menschen gewarnt hätten.

Am folgenden Tage schickte Rosen den alten Joän
und dessen Sohn auf Kundschaft aus nach den Urhebern
des Gewaltstreiches, doch kamen die Beiden am Abend unverrichteter Sache heim. Am selben Tage erhielt Rosen
den Besuch einer Anzahl Häuptlinge, die alle Flaggen und
Certificate haben wollten, um sie den ankommenden Schiffsführern vorweisen zu können. Ihr Wunsch wurde erfüllt,

aber sie gingen deshalb doch nicht fort, sondern machten es sich nach Nikobaresischer Weise in Rosen's einzigem Zimmer bequem, hockten auf dem Boden umher und nahmen allen Raum in Beschlag, liessen sich mit Rum und anderen Herzstärkungen tractiren und belästigten den Residenten überhaupt in jeder Weise, natürlich ohne dies zu wollen. Rosen war grade an jenem Tage in der misslichsten Lage, denn er hatte einen sterbenskranken Sipahi in Behandlung und konnte deshalb nur wenig in seiner Wohnung bleiben, so dass die Häuptlinge hätten stehlen können, wofern sie dazu Lust gehabt hätten.

Hier möge gleich jener Fall und damit ein Theil der entsetzlichen Schwierigkeiten dargestellt werden, mit denen Rosen auf den Nikobaren zu kämpfen hatte. Zur Ausrüstung der Colonie gehörte bekanntlich eine Kiste Medicamente, welche aus einer Apotheke von Madras verschrieben worden war. Um diese Sachen gebrauchen zu können, hatte Dr. Ruhde in Trankebar eine Anweisung verfasst, die sich besonders mit dem Fieber beschäftigte, als derjenigen Krankheit, welche man am meisten auf den Nikobaren zu befürchten hatte. Hierbei wurde die unter den englischen Aerzten Indiens allgemein übliche Methode, die Ruhden selbst befolgte, als Norm gesetzt. Besonders war das Verfahren des Dr. Annisley zu Grunde gelegt. Dieser Arzt gab kurz vor 1830 eine Schrift über die Dschungel-Fieber Indiens heraus, in der er die Kennzeichen derselben und die von ihm befolgte Behandlungsweise beschrieb. Nach seiner Ansicht würden die Säfte des Patienten vom Fieber so verdorben, dass, wenn man nicht schnell die wirksamsten und stärksten Reinigungsmittel anwende, der Kranke unfehlbar verloren wäre, da das heisse Klima die Sache mit jedem Augenblicke verschlimmere. Infolge dieser Vorschriften sollte man in gewissen Fällen damit beginnen, das Erbrechen des Patienten

durch Eingabe von Brechwasser oder Ipecacuanha zu befördern, in den meisten Fällen wurden jedoch starke Dosen
Calomel und hierauf Jalap, nächstdem Kastor-Oel und erst
beim Aufhören des Fiebers Chinarinde empfohlen. Diese
Behandlungsweise wurde von Anfang an auf den Nikobaren
innegehalten und schien sich durch Erfolge im Allgemeinen
zu empfehlen, obwohl sie unter den Händen des Gouverneurs
Christensen in zwei Fällen den Dienst versagt hatte und
nun bei dem in Rede stehenden Sipahi ebenfalls fehlschlug.
Man denke sich also die Angst und Verlegenheit des rathlos dastehenden Rosen! Alle Purgirmittel hatten dem Patienten nichts genützt, obwohl sie, da er ein starker Mann
war, nach und nach verstärkt wurden, bis er beim Schwin-
den seiner Kräfte erklärte, es nicht mehr aushalten zu
können. Nun gab ihm Rosen Essenz von Chinarinde in
der Hoffnung, das Fieber möchte aufhören, was aber nicht
geschah; dann sprang er wieder zum Purgativ über, doch
dies wirkte nicht mehr und in der letzten Nacht stellten sich
die drohendsten Symptome ein, nämlich heftiges Brennen und
unerträgliche Schmerzen im ganzen Körper. Rosen blieb
den grössten Theil der Nacht auf und blätterte verzweifelnd
in den Schriften des Dr. Buchanan, um einen ähnlichen
Fall und Rath dafür zu finden, wiewohl vergeblich. Am
Morgen liess er dem Kranken ein Klystier geben, welches
aber wirkungslos blieb — er verlangte Reiswasser, nach
dessen Genuss er in Ohnmacht fiel, während seine Glieder
kalt zu werden begannen. Nun wurden seine Füsse in warmes Wasser gesetzt und versucht, ihm Hoffmannstropfen einzugeben, doch glückte letzteres nicht, denn seine Zähne waren
schon geschlossen, um aber kein Mittel unversucht zu lassen,
öffnete Rosen dem Unglücklichen eine Ader, es war jedoch
zu spät, das Blut floss nicht mehr, denn der Tod war schon
eingetreten.

Am Abend desselben Tages kam die gesammte Mannschaft der Colonie zu Rosen, klagte wieder ihr Leiden und flehte um Erlösung, wenigstens um Ablösung nach sechsmonatlichem Aufenthalte auf dem unheilschwangeren Boden. Der Resident hielt es für billig, den Leuten die Erfüllung ihres Wunsches zu versprechen, d. h. so viel es auf ihn ankäme. Auf diese Weise wurde Rosen von allen Seiten geplagt und gehindert.

Um mit den Nikobaresen ein recht inniges Verhältniss herbeizuführen, bewirthete Rosen dann und wann die Angeseheneren unter ihnen, ja er veranstaltete ihretwegen sogar förmliche Gelage, zu denen er sie, besonders die Häuptlinge und ihre nächsten Angehörigen, Tages zuvor feierlich einladen liess. Die Leutchen kümmerten sich bei solchen Gelegenheiten aber sehr wenig um die Etiquette — zum Theil kamen sie nicht zur rechten Zeit und mussten dann erst abgeholt werden, zum Theil kamen sie gar nicht. Nie fiel es ihnen ein, sich deswegen zu entschuldigen. Die Gäste wurden in asiatisch-einfacher Weise bewirthet, indem man ihnen Karri und Reis auf Bananenblättern vorsetzte und zum Schluss ein Glas Arrak credenzte. Sie genossen diese Sachen am Boden hockend.

Obwohl Rosen die Trägheit der Nikobaresen sehr gut erkannte, versuchte er es doch wiederholt, sie durch Anerbietungen und Lockungen dazu zu vermögen, für die Colonie zu arbeiten; den ersten Erfolg in dieser Hinsicht hatte er am 26. October, da wirklich am Morgen der Häuptling von Malakka mit 8 Männern herüberkam, um auf Mongk'áta Bäume zu fällen. Die Leute wurden mit scharfen Aexten versehen und erhielten Reis und Arrak. Sie versprachen auch, die Arbeit am andern Tage fortzusetzen, doch war der hierdurch erzielte Gewinn ein sehr unbedeutender und viel zu theuer bezahlt, denn obwohl Rosen selbst ihre Arbeit beaufsichtigte und es an aufmunternden Worten nicht fehlen liess, arbeiteten

sie mit einer Gemächlichkeit zum Verzweifeln und gingen sehr
früh wieder nach Hause. Nach und nach glückte es übrigens,
auch die Einwohner anderer Dörfer zum Arbeiten, hauptsächlich Holzfällen, zu überreden, doch geschah es selten, dass
die Leute sich zwei Tage hintereinander der ungewohnten Mühe
unterzogen. Beim Bezahlen kam es dann mitunter zu Strei-
tigkeiten, weil die Wilden im Fordern nicht blöde waren, auch
jedesmal blaue Leinwand mit in den Kauf verlangten. Nichtsdestoweniger glaubte Rosen darin den Anfang zu besseren
Zuständen zu sehen und betrachtete das Anwerben Behufs
Verrichten von Arbeiten als ein Mittel, die Eingeborenen mit
der Colonie in Verbindung zu halten. Auf diese Weise erhielt
er zugleich die zum Hausbauen nöthigen Stangen und Pfosten
sowie die zum Dachdecken erforderlichen geflochtenen Nipah-
blätter. Hierauf liess er von seinen eigenen Leuten ein geräumiges Haus auf einem der Hügel von Mongk'áta aufführen
und sein Zelt daneben aufschlagen, um gleich bei der Hand
zu sein, wenn seine Nähe bei den Arbeiten erforderlich sein
sollte. In einem benachbarten Thale, woselbst sich fliessendes
Wasser fand, liess er dann allerlei Samen säen, Bananen,
Kokus und andere Gewächse anpflanzen.

Am 28. October, dem Geburtstage der Königin, der fest-
lich begangen werden sollte, herrschte ein solcher Sturm,
dass der Flaggenmast kaum Stand hielt, das hölzerne Haus
in allen Fugen krachte und grosse Bäume des Urwaldes nie-
dergeworfen wurden. Bei diesem Unwetter musste jede Fest-
lichkeit unterbleiben.

Am 8. November, da Rosen von Mongk'áta, woselbst
er die Pflanzungen nachgesehen, zurückkehrte, bemerkte er
am Strande bei Frederikshöi einen ungewöhnlichen Men-
schenzusammenlauf und darunter Leute in fremdländischer
Tracht. Als er an's Land stieg, kamen ihm sieben wie mu-
hamedanische Hindus gekleidete Männer entgegen, redeten

ihn in tamulischer Sprache an und theilten ihm mit, dass sie diesen Morgen in einem Kanoe von Klein-Nikobar abgesegelt wären, woselbst eine grosse Brigg, die dem hinduischen Kaufmanne Aria Puttiren aus Negapatnam gehöre und zweihundert Mann Besatzung und Passagiere an Bord hatte, gestrandet wäre; sie selber gehörten zu den Schiffbrüchigen. Alle hätten sich gerettet, aber die Eingeborenen hätten ihnen alles und jedes geraubt, was sie vom Schiffe an's Land gebracht, und dann hätten sie auch noch die übrige Ladung geplündert. Nun hätten sie jedoch, ehe sie Negapatnam verliessen, gehört, dass die Dänen beim Nangkowryhafen eine Ansiedlung errichtet hätten, deshalb wären sie im offenen Fahrzeuge herübergekommen, um zu bitten, dass man ihre zurückgelassenen Landsleute, darunter den Schiffsherrn selber, nachhole, denn sie befänden sich da, wo sie jetzt wären, im tiefsten Elende.

Rosen freute sich, den Leuten helfen zu können; er verhehlte sich jedoch keineswegs, dass er sich dadurch viele Last und Ungelegenheit aufbürden würde, und obschon ihn dies etwas ängstlich machte, beschloss er doch, die Schiffbrüchigen aufzunehmen. Als die Boten am anderen Tage wieder abreisten, gab er ihnen Schiffszwieback und Salz mit auf den Weg, ausserdem fertigte er einen Brief in tamulischer Sprache aus, den sie den Zurückgebliebenen zeigen sollten und in welchem er ihnen versprach, sie zu beschützen, sie möchten nur herüberkommen mit welcher Reisegelegenheit sie könnten, doch hätten sie sich auf schmale Kost vorzubereiten, da er, der Resident, keinen Ueberfluss an Lebensmitteln habe. Der Häuptling von Malakka begleitete die Boten.

Der Schiffbruch der reichbeladenen Brigg machte sich bald für die Ansiedler noch in anderer Weise fühlbar, es liess sich nämlich eine ganze Zeit lang kein einziger Nikobarese bei ihnen sehen, während sie sonst alle Tage kamen

und die Arbeiter im Tauschwege mit Betelblättern, Arekanüssen etc. reichlich versorgten, so blieb den Indiern nichts
übrig, als selber nach Malakka hinüberzufahren, um sich die
unentbehrlichen Artikel zu holen; sie kehrten aber unverrichteter Sache wieder heim, denn die Nikobaresen wollten jetzt
schlechterdings gar nichts verkaufen und verlangten sogar für
Hühner blaue Leinewand als Entgelt. Die Ursache ihrer Sprö-
digkeit war die Strandung des Schiffes, dessen Cargo sie sich
angeeignet und unter sich getheilt hatten, wodurch eine solche
Menge blaue Leinewand und Tabak in ihre Hände fiel, dass
sie die Vorräthe der Colonisten nicht brauchten. Dieser Ueberfluss währte zum Schaden der Colonie über zwei Jahre lang.

Der erste Nikobarese, welcher sich wieder sehen liess,
war der Häuptling von Malakka, der noch einen neuen Gast
mitbrachte, nämlich den Häuptling des Eilands Bambok.
Dieser nannte sich Marlborough und konnte, seinem Aussehen nach, wohl 70 Jahre alt sein. Er war klein von Wuchs,
stark gebaut, trug eine rothe Jacke auf dem blossen Leibe,
einen spitzen Soldatenhut auf dem Kopfe, um die Fussgelenke
je drei schwere silberne Ringe, ebenso viele um jedes Hand-
gelenk und um den Hals, sein graues Haar war zurückge-
strichen und von einem flachen, silbernen Stirnbande fest-
gehalten, welches seinen Kopf wie ein Diadem umgab, die
Ohrläppchen waren durchbohrt und trugen je eine Cigarre in
den Löchern, seine vorstehenden Kinnbacken sowie Kinn und
Nase waren dick mit rother Mennige bestrichen. Das Alter
schien ihn übrigens nicht sonderlich zu drücken, denn er war
munter und gesprächig und schien sehr viel Witziges zu reden.
Dem Mittagbrode, besonders dem Arrak, sprach er kräftig zu.
Beim Abschiede bat er Rosen um seine Freundschaft und
gleichzeitig um ein Heilmittel gegen einen trockenen Husten,
der ihn sehr plagte. Der alte Mann schien den Missionär
für den Besitzer übernatürlicher Kräfte zu halten und ganz

zu übersehen, dass sein Leiden vom Alter herrührte; Rosen hielt es klugerweise jedoch nicht für nöthig, ihn darauf aufmerksam zu machen, sondern gab ihm etwas, das ihm wenigstens nichts schaden konnte, nämlich ein Fläschchen Paregoric Elixir, worüber Herr Marlborough in nicht geringes Entzücken gerieth.

Während jenes Besuchs langten verschiedene Kanoes von Klein-Nikobar mit Schiffbrüchigen an; einige von ihnen waren Hindus, die Meisten jedoch Muselmänner und unter diesen mehrere Kaufleute, die ihre Kinder bei sich hatten; sie baten Rosen, mehr Boote nach dem Orte des Schiffbruchs zu senden, um auch die Uebrigen herüberholen zu lassen. Fünf von diesen Leuten erboten sich, auf der Colonie als Arbeiter zu dienen, ein Anerbieten, welches natürlich mit Freuden angenommen wurde, denn Rosen hoffte, mit ihrer und der noch Kommenden Hülfe die neue Anlage auf Mongk'áta recht schnell fertig zu machen.

Am 27. December, es war grade Sonntag, fiel es dem Residenten auf, dass der Häuptling von Malakka die Flagge nicht aufgehisst hatte, wie ihm und seinen Genossen nach dem Beispiel der Kolonisten täglich zu thun doch anbefohlen worden war. Im Laufe des Tages stellte sich freilich heraus, dass der betreffende Häuptling an anderes zu denken hatte: es war ihm nämlich einer seiner Söhne am Morgen an einer grade herrschenden Krankheit gestorben, die bald als *cholera morbus*, bald als Blutgang unter den Eingeborenen auftritt; es stellte sich auch am selben Tage der Häuptling von Inúang ein, um Hülfe gegen sein Leibschneiden zu suchen, der alte Joãn und sein Sohn lagen ebenfalls krank darnieder, abgesehen von anderen. Rosen gab verschiedene Medicin, wie er sie gerade für passend hielt. Die Nikobaresen behaupten, dass die östlichen Winde für sie stets Krankheiten mitbrächten; Aehnliches giebt auch Haensel zu verstehen.

Am folgenden Tage kam das grosse Boot der verunglückten Brigg mit 47 Schiffbrüchigen an. Die Leute hatten erst noch versucht, nach Atschin, auf der Nordspitze von Sumatra, zu fahren, doch hatten sie diesen Versuch unterwegs aufgegeben und waren nun da, aber ohne den unglücklichen Aria Puttiren, der über seinen Verlust halb wahnsinnig und todtkrank geworden, auch wenige Stunden nach der Abfahrt gestorben und auf Betreiben seines treuen Dieners auf einer kleinen Insel beerdigt worden war. Der Diener brachte den Nachlass seines ehemals reichen Herrn mit, nämlich einige Juwelen und ein paar Stücke feines Zeug, die noch gerettet waren und von Rosen sofort in Verwahrung genommen wurden, aber später bei dem Brande des Magazins dennoch vernichtet wurden. Aria Puttiren hatte aus Geiz sein Schiff nicht versichert, auch keinen schifffahrtskundigen Europäer, sondern einen alten Muselmann als Führer an Bord genommen, der das Schiff vor dem Unwetter in die jetzt „Pulo-Milú-Hafen" genannte Bucht Klein-Nikobars flüchten wollte, aber hierbei auflief.

Am 1. December kündigte ein Kanonenschuss von der See her die Ankunft des Schooners „Cimbria" an, worauf sich Rosen, der den Gouverneur an Bord vermuthete, pflichtschuldigst von zwei Mann in einem Kanoe dem Schiffe entgegenrudern liess, auf dessen Commandeursplatz jedoch nicht den Capitain Halsöe entdeckte, sondern einen fremden Mann fand, der sich ihm als „Capitain" Forbes vorstellte. Dieser Forbes war ein gewöhnlicher englischer Matrose, der bei der Eisengiesserei in Portonovo angestellt gewesen, aber vom Gouverneur Christensen, der sich mit dem sectüchtigen Capitain Halsöe überworfen, auf gut Glück als Führer der „Cimbria" angestellt worden war. Diese Wahl

sollte noch viel Unglück über die Colonie bringen; der Anfang war schon unheilverkündend genug, denn Forbes, der
am 6. November von Trankebar abgesegelt war, verfehlte die
Nikobaren und kam mit dem Schiffe nach Atschin, von da
nach Gross-Nikobar, der südlichsten, und hierauf nach Kar-
Nikobar, der nördlichsten Insel. Dort traf er zum Glück
einen englischen Capitain, der ihm den richtigen Weg wies,
und so gelangte er endlich mit Mühe und Noth nach dem
Nangkowry-Hafen. Dabei hatte ihm der Gouverneur alle
nöthigen Karten und sonstigen Hülfsmittel mit auf den Weg
gegeben, doch konnte er von solchen Dingen keinen Gebrauch
machen. Das Schiff brachte übrigens eine Anzahl Kulies und
Sipahies zur Ablösung bez. Verstärkung, ausserdem einen
Bataillons-Chirurgen Namens Christens und den Sergeanten
Paulsen, welcher in die Stelle des verstorbenen Voigt
treten sollte.

Am 9. December berathschlagte Rosen mit Christens
und Paulsen, ob es nicht·rathsam wäre, mit Hülfe des
Schooners den Rest der Schiffbrüchigen von Klein-Nikobar
abzuholen, da es doch eine Pflicht der dänischen Regierung
wäre, diesen auf dänischem Boden Verunglückten Hülfe zu
leisten, der Schooner überdies·wegen der Jahreszeit bei so
kundiger Führung nicht sofort nach Trankebar zurückkehren
könne. Die Herren einigten sich sehr schnell über die Hülfe-
leistung, die grade den Elendesten zu Gute kommen sollte,
denn die Wohlhabenderen und Stärkeren unter den Gestrandeten hatten schon mittlerweile Gelegenheit gefunden, nach
anderen Inseln zu entkommen, nur die Kranken und die
ganz armen Abenteurer, die auf Pulo-Penang ihr Glück zu
versuchen gedachten, waren noch zurück. Schon am folgenden Tage wurde demgemäss die Reise angetreten, die Rosen
in Begleitung des muhamedanischen Serang oder Capitains,
der die Unglücksstelle finden helfen sollte, mitmachte und

ausserdem 4 Sipahies mitnahm, indem er hoffte, wenigstens
einen Theil des geraubten Cargo's wieder zu erlangen. Die
Reise ging gut, am Sonntag, den 11. December, Morgens
7 Uhr, erreichten sie die Bucht, woselbst die Schiffbrüchigen
durch das Wasser nach einer Klippe gewatet waren und mit
einem Stück Zeug an einer langen Stange winkten, dass man
ihnen zu Hülfe kommen möge. Es wurde der Anker aus-
geworfen und sofort ging Rosen in Begleitung von Forbes,
der 4 Sipahies und noch 8 Schiffsleuten, alle bis an die Zähne
bewaffnet, an's Land. Die Schiffbrüchigen eilten ihnen entgegen, warfen sich ihnen zu Füssen und geberdeten sich
unter Freudenthränen, als ob sie ihnen göttliche Ehre erweisen wollten. Die Unglücklichen hatten sich Hütten aus
Zweigen und Palmenblättern am Strande gebaut, viele von
ihnen lagen krank darnieder und ruhten auf einem Lager
von geflochtenen Kokusblättern, die Noth sah allen aus den
Augen. Als Rosen mit seinem Gefolge sich dem Dorfe der
Nikobaresen näherte, fand er, dass dieses von allen Bewohnern bis auf den Häuptling und noch zwei Männer, verlassen war. Statt diese drei Kerle sofort greifen und binden zu lassen, um sie zu einem Geständnisse über den Versteck
des geraubten Cargo zu zwingen, schritt der für den Strandraub verantwortliche Resident grüssend an ihnen vorüber,
doch hatte er noch nicht das Ende des Dorfes erreicht, da
wurde er durch einen furchtbaren Tumult hinter sich erschreckt, und er sah die sämmtlichen Schiffbrüchigen, so
weit sie noch laufen konnten, sich im dichten Knäuel unter
lautem Geschrei in den Wald drängen. Schnell lief er ihnen
nach und fand nun, dass sie einen der drei Nikobaresen gebunden hatten und an einem Strick in das Dickicht führten,
ein Muselmann schwang gerade einen dicken Prügel, anscheinend um ihn auf den Kopf des Gebundenen niederfallen zu
lassen; da schrie Rosen so laut er konnte: „Halt ein!"

doch hörte ihn wohl Niemand bei dem Lärm und ohne sich etwas dabei zu denken, schlug R o s e n den Muselmann mit einem in der Scheide steckenden Säbel, den er grade in der Hand trug, auf die Schulter; die Klinge drang durch das schlecht gegerbte indische Leder hindurch und etwa einen Viertelzoll tief in das Fleisch des Geschlagenen hinein, so dass Blut floss. Diese unbeabsichtigte That brachte eine fabelhafte Wirkung hervor — alle Hindus und Muselmänner standen starr wie vom Schlage getroffen, kein Laut liess sich mehr hören, aber am meisten entsetzt und vor Schreck wie versteinert war R o s e n selber. Mittlerweile kam F o r b e s herzu, dem R o s e n den verwundeten Mann zum Verbinden übergab, er selber löste die Bande des Nikobaresen, deutete ihm durch Zeichen an, dass der Gewaltact gegen seinen (R o s e n's) Willen geschehen sei und dass er gehen könne, wohin ihm beliebe. Letzterer Aufforderung entsprach der Wilde ohne Bedenken und war in einem Nu im Dickicht verschwunden. Der Vorfall versetzte den frommen, milden R o s e n in die unglücklichste Stimmung, so dass er, nach seinen eigenen Worten, „wer weiss was darum gegeben hätte, wenn er das Geschehene ungeschehen hätte machen können."

Nunmehr musste die Einschiffung der Fremden vorgenommen werden, was sehr umständlich und mühsam war, auch viele Zeit raubte, denn jeder der Leute hatte etwas für sich gerettet, was er mitnahm, ausserdem beanspruchten die zahlreichen Kranken viel Platz und Sorgfalt, auch mussten ein paar Schiffskanonen der Brigg an Bord gebracht werden. Der Schooner lag weit ab vom Lande und man hatte nur das grosse Schiffsboot und zwei Kanoes der Eingeborenen zur Verfügung. Den Schiffbrüchigen war es strenge anbefohlen, kein Stück des nikobaresischen Eigenthums anzurühren, trotzdem hatten sich verschiedene derselben Speerspitzen, Aexte, Säbel u. dgl. angeeignet, was in-

dessen noch vor der Einschiffung entdeckt wurde, worauf die
Betreffenden einige Prügel erhielten, die Sachen aber nach
den Hütten zurückgebracht wurden. Andere, die nichts genommen, machten sich daran, die zurückgelassenen Körbe,
Speerschäfte und andere Sachen entzwei zu schlagen, wozu
sie ein Recht zu haben glaubten. Auch sie erhielten Prügel
und ebenso die eigene Schiffsmannschaft, die gegen Abend,
da sich die Hühner der Eingeborenen bei den Hütten ein-
fanden, verschiedene aufgriffen und an Bord bringen wollten.
Um Allem vorzubeugen, gingen schliesslich R o s e n und F o r-
b e s vor den Hütten auf und ab und schifften sich erst mit
dem grossen Boote ein, da alle anderen an Bord und die
zwei Kanoes genau an dieselbe Stelle gelegt waren, von der
sie am Morgen entnommen worden. Die Einschiffung hatte
von 9 Uhr Morgens bis 6½ Uhr Abends gedauert. Das
Schiff war überfüllt, so dass ein weiteres Verweilen desselben im Hafen nicht rathsam schien, obgleich R o s e n gern
noch gezögert hätte, um mit den Eingeborenen in Verbindung zu treten, da er von den Schiffbrüchigen gehört hatte,
dass mehrere Hundert Ballen blaue Leinewand, Taback und
andere Waaren von den Strandräubern kurz vor Ankunft
des Schooners in das tiefste Dickicht gebracht worden waren
und er gern wenigstens einen Theil des Geraubten zurück-
geschafft hätte. Die Diebe waren übrigens von ihren mit
interessirten Landsleuten auf Nangkowry rechtzeitig vor dem
Besuche gewarnt worden und kehrten nach ihren Hütten zurück, in denen sie wenig Brauchbares hinterlassen hatten, sobald der Schooner mit vollen Segeln davonzog; dies sah
R o s e n an den zahlreichen Fackeln, welche sich in der
Dunkelheit am Strande auf und ab bewegten.

Man kann den christlichen Missionär im Grunde genommen wegen seines sanftmüthigen und unparteiischen Auf-
tretens bei dieser Affaire nicht tadeln, denn nachdem er es

versäumt hatte, sich der drei zurückgebliebenen Nikobaresen
zu bemächtigen, besass er kein Mittel, auf die Strandräuber
gewaltsam einzuwirken, von gütlicher Ueberredung aber
etwas zu hoffen, dazu konnte eben nur ein ostindischer Missionär im Stande sein. Ein weltlicher Resident englischer
oder französischer Nationalität würde wahrscheinlich vor dem
Weggehen die Hütten der Nikobaresen in Brand gesteckt
und so viele Kokuspalmen wie möglich umgehauen haben
und hätte dadurch den Grund zu einer unversöhnlichen Feindschaft' zwischen Eingeborenen und Colonisten gelegt, erstere
auch eine ihnen unbekannte Schändlichkeit gelehrt, nämlich
das Mordbrennen, wobei die hölzernen Baulichkeiten der Colonisten immer den Kürzeren gezogen haben würden.

Die englische Regierung, welche die dänischen Colonisationsversuche auf den Nikobaren niemals mit günstigen
Augen angesehen hatte, benahm sich in dieser sie berühren-
den Angelegenheit nicht blos sehr nachsichtig, sondern auch
über alle Erwartung dankbar. Sie hätte von Rechtswegen
für das geraubte Gut ihrer ostindischen Unterthanen, für die
ausgeübte Gewalt, Leiden etc. vollen Ersatz in Geld und
ceremoniöse Genugthuung fordern können, denn der Schauplatz des Verbrechens war dänisches Territorium, statt dessen
liess sie durch den Gouverneur von Madras, Sir Rumbold
Lushington, in einem officiellen Schreiben vom 6. März
1832 dem Gouverneur Christensen ihre besondere Zufrie-
denheit über die ihren Unterthanen geleistete Hülfe ausdrücken und dem Chirurg Christens ein Geschenk von
500 Rupien für seine mit den kranken Schiffbrüchigen ge-
habte Mühe aushändigen.

Was den weiteren Verlauf der Sache betrifft, so star-
ben von den Schiffbrüchigen drei Mann unterwegs bei der
Ueberfahrt von Klein-Nikobar nach Nangkowry; am vierten
Tage nach der Abfahrt langte man im Nangkowry-Hafen an,

quartierte die Fremden in die beschränkten Räumlichkeiten
ein, die Kranken erhielten eine Hütte für sich und wurden
der Obhut Christens' übergeben, die Uebrigen mussten
ihre sämmtlichen Sachen auf einen Haufen legen, dann durfte
sich Jeder das Seinige auswählen und behalten, wofern er
unter den Kameraden eine hinreichende Zahl Zeugen für
sein früheres Besitzrecht hatte. Die Sachen ohne solchergestalt nachweisbare Besitzer verwahrte Rosen im Magazin.
Von denen, welche sich zur Arbeit anboten, wählte er 26
Mann aus, bewilligte ihnen Kost, — Lohn jedoch nur, wenn
ihre Leistungen danach wären. Diese Vermehrung der Arbeitskräfte hat wenig Nutzen gebracht, denn die Leute waren
im höchsten Grade phlegmatisch und für Krankheiten nicht
minder empfänglich, wie alle Uebrigen. Ueberhaupt hatte
die ganze Angelegenheit viel Widerwärtigkeiten und besonders Unkosten für die Colonie im Gefolge.

In der Zeit von Mitte bis Ende December unternahm
Rosen einen Ausflug nach der Ulálabucht, auch Canalo
falso genannt. Die Fahrt vom westlichen Ausgang des Nangkowry-Hafens bis zur Einfahrt in die Bucht dauerte im
Schiffsboot vier Stunden. Die Europäer wurden in den rings
um das Becken liegenden Dörfern sehr gut aufgenommen, er-
handelten sich Hühner, ein Schwein und Nüsse, liessen sich
dann von den Eingeborenen den höchsten Berg hinaufführen,
dessen Ersteigung über eine Stunde dauerte, wobei die Herren wegen der Steilheit auf allen Vieren hätten kriechen
müssen, wenn nicht die unzähligen aus dem Boden hervor-
ragenden Wurzeln ihnen als Geländer gedient hätten. Oben
angekommen, kochten sie sich Thee und hielten eine Mahlzeit, Abends kehrten sie wieder nach Haus zurück.

Am ersten Weihnachtsfeiertage meldeten die Eingeborenen von Malakka, dass ein Schiff vor der östlichen Einfahrt auf und ab kreuze, ohne einzulaufen, obwohl Wind

und Strömung günstig wäre. Da das Schiff weit draussen war, bewog Rosen den Häuptling von Malakka, ihm sein Staats-Kanoe und 12 Ruderer zu leihen, worauf er das Schiff, die englische Brigg „Anna", sehr bald erreichte. An Bord gestiegen, hörte er, dass der Capitain Aviling und der Superkargo Brook hiess und dass das Fahrzeug am 19. November von Trinkonomále abgesegelt sei, auf der ungewöhnlich langen Fahrt von Ceylon den grössten Theil seiner Provision verbraucht, und nur noch für vier Tage Wasser an Bord habe. Der Capitain hatte sich vor dem Einlaufen gescheut, weil er die Einfahrt nicht kannte und nicht im Besitze einer einzigen Karte war. Von den Nikobaresen hatten sie nichts Gutes erwartet, auch das stark bemannte Kanoe mit Misstrauen nahen sehen und sich erst beruhigt, nachdem sie europäische Hüte unter den nackten Barbaren bemerkt hatten. Um Rosen zu zeigen, welchen Empfang er zu gewärtigen gehabt hätte, wenn er in feindlicher Absicht gekommen wäre, holte Herr Brook aus seinem auf dem Verdecke stehenden Palankin ein Gewehr und Pistol nach dem andern heraus und feuerte es in die Luft ab. Forbes stellte sich unterdessen mit nicht geringer Wichtigthuerei an das Steuer und lootsete die Brigg in den Hafen. Die Fremden freuten sich sehr, an der Festmahlzeit der Colonisten theilnehmen zu dürfen, denn sie hatten längere Zeit warme Speisen entbehren müssen. Gleich am anderen Tage sah sich Brook am Lande um, weil er Lust hatte, ein kleines Geschäft mit der Colonie zu machen. Als er hörte, dass man Sassafras gefunden habe, kaufte er zur Probe 11 dünne Stämme im Werthe von 33 Rupien, die er in Portwein bezahlte, den Christens für die Kranken verlangte. Selbstverständlich suchte Rosen sich den Fremden so gefällig und angenehm wie möglich zu zeigen, deshalb lud er sie auch wiederholt zu einem Glase Punsch ein, wobei sich dann jeder nach seiner Weise unterhielt, besonders die beiden Seemänner Forbes und Aviling. Letzterer entdeckte sehr bald die völlige Seeuntüchtigkeit und sonstigen Mängel des dänischen „Capitains" und legte sie in dem Maasse rücksichtslos bloss, wie dieser sie verrieth. Brook sprach gar nicht, nur als einmal Capitain Aviling mit der Faust dermassen auf den Tisch schlug, dass ein Punschglas umfiel und zersprang, fragte er seinen Schiffsgefährten sehr trocken: „what is the matter?" worauf dieser heftig erwiderte: „I am only teaching this man (nämlich Forbes) common sense!" — Ehe die Brigg „Anna" den Hafen verliess, ereignete sich noch eine unangenehme Scene, indem eines Morgens der alte Joàn mit mehreren Nikobaresen erschien und den Capitain Aviling verklagte, er habe am Tage zuvor mit seinen Leuten 6 Hühner und 2 Schweine in Malakka gewaltsam weggenommen und die Bezahlung fordernden Eigenthümer mit den Gewehren bedroht statt zu bezahlen, sie auch, da sie sich ihm auf dem Schiffe vorstellten, um ihr Recht zu fordern, in derselben Weise abgewiesen. Rosen ging hierauf mit den Leuten in Begleitung von Chirurg Christens und Sergeant Paulsen an Bord der „Anna", stellte dem Capitain das Unrechtmässige seiner Handlungsweise vor und machte ihn darauf aufmerksam, dass er durch solches Verfahren nicht blos den Dänen, sondern allen Fremden, welche die Inseln besuchten, Schaden zufüge. Vielleicht war es Scham abseiten des Capitain Aviling, genug er bestritt die Wahrheit der Anklage hartnäckig auf das Entschiedenste, so dass dem Residenten nichts übrig blieb, als den Eingeborenen den Schaden aus der Colonialkasse zu ersetzen, wollte er nicht alle Europäer compromittiren. — Dem Aviling schenkte Rosen vor der Abreise eine Horsbourgh'sche Karte des Bengalischen Meerbusens, damit er nicht wiederum ganz auf's Gerathewohl segeln sollte,

gab ihm Briefe an den Gouverneur mit und gestattete einigen der Schiffbrüchigen, mit nach Pulo-Penang zu gehen.
Von der Brigg „Anna", Herrn Brook und seinen Sassafras-
bäumen hat man nie wieder etwas vernommen, wahrscheinlich ist das Schiff verunglückt; was den Sassafrashandel
betrifft, so wurde aus demselben nichts, denn nachdem Rosen
einen Theil Rinde (nur diese wird benutzt) nach Trankebar
zur Untersuchung geschickt hatte, erhielt er vom dortigen
Chemiker den Bescheid, dass der betreffende Sassafras zwar
echt sei, aber keinen Bestandtheil der indischen *materia
medica* bilde, da man ihn nur in West-Indien als fieber-
stillendes Mittel verwende.

Das Jahr 1832.

Das erste, was der Resident der Nikobaren im neuen
Jahre that, war die Befreiung der Colonie von den verunglückten ostindischen Gästen, die er am 1. Januar in der
Zahl von 140 auf dem Schooner „Cimbria" einschiffte, um
sie nach Atschin bringen zu lassen, von wo dann Forbes
Pfefferpflanzen, Reis und andere Nothwendigkeiten mit zurück-
bringen sollte. Nur einige der Fremden behielt Rosen auf
ein weiteres halbes Jahr als Arbeiter zurück. Der Schooner
segelte ab, zwei der Passagiere starben unterwegs, sonst widerfuhr ihm nichts. Am 22. Januar kehrte er zurück, brachte
jedoch keine Pfefferpflanzen für die Plantage mit, eben so
wenig den für gleichen Zweck bestellten Hochlands-Reis, nur
eine kleine rothe javanische Kuh nebst Kalb und 12 Säcke
Speisereis war die Ausbeute der Expedition. Den Reis hatte

Forbes in seiner Unachtsamkeit überdies mit dem doppelten Preise bezahlt, nämlich mit 5 Rupien für den Sack.

Am 13. Januar entschloss sich Rosen, nach Mongk'áta zu übersiedeln, weil seine beständige Gegenwart dort bei den Arbeiten durchaus geboten war, die tägliche Reise von Frederikshöi ihn aber unnützerweise abmattete. Seine wichtigsten Sachen liess er einpacken und in dem hölzernen Magazin verwahren, nur wenige unentbehrliche Dinge nahm er mit hinüber. Sein Zelt liess er auf einem freien Platze Mongk'áta's aufschlagen und wohnte in demselben, bis das neue Haus fertig war. Dies war ein Fehler, der sich bitter an dem wackeren Manne rächte, denn obwohl die Monate Januar, Februar und März die trockensten und angenehmsten auf den Nikobaren sind, so sind sie doch die ungesundesten, und grade der Januar zeichnet sich in letzterer Hinsicht besonders aus. Um diese Zeit begannen auch die Krankheiten unter den Colonisten am heftigsten aufzutreten, und der Tod raffte mehrere hinter einander weg. Alle drei Köche (Rosen's, Paulsen's und Christens') wurden krank, so dass sich die Herren jeder von einem schmutzigen und nachlässigen Kuli die Speisen bereiten lassen mussten, was eben so widerlich wie gefährlich war, denn der Ansteckungsstoff (Sporen?) gefährlicher Dysenterien soll oft an Speisen haften, weshalb nur sorgsame Zubereitung der letzteren nach dieser Seite hin einigermassen schützt. — Paulsen und Christens blieben mit den Sipahies auf Frederikshöi, wohin auch jeder der auf Mongk'áta erkrankten Arbeiter geschafft und dort in eine zum Lazareth eingerichtete Hütte gebracht wurde.

Sechs und einen halben Monat war Rosen völlig gesund gewesen, und er hatte deshalb mit Leichtigkeit und frohen Muthes rastlos arbeiten und sich anstrengen können; diese schöne Zeit sollte nunmehr vorüber sein, denn seine Gesundheit erhielt einen Stoss, den sie nie wieder gänzlich

überwand, und der sowohl seinen Muth als auch seine Kraft
brach. Er selber spricht die Vermuthung aus, dass nur das
Schlafen im Zelt die Schuld an seinem Unglücke war, denn
die Oeffnungen dieses Zeltes waren Anfangs schlecht geschützt,
und grade in der ersten Nacht wehte ein kühler scharfer
Wind, der ihn als Zugwind auf seinem Lager traf. Schon
am folgenden Morgen merkte er eine auffällige Veränderung
in seinem Körper, die bald in Kopfweh und Hitze überging,
und am dritten Tage in heftigster Weise zunahm. Am 16. Januar war er noch Morgens in dem südwestlich von der Höhe
gelegenen Thale gewesen und hatte die Arbeiter angewiesen,
dort einen kleinen Brunnen zum Trinkwasserschöpfen zu
graben. Als er den Berg wieder hinaufsteigen wollte, fehlten
ihm hierzu beinahe die Kräfte, solche Mattigkeit fühlte er
in allen Gliedern, wozu sich ein entsetzliches Kopfweh gesellte. Um 11 Uhr Vormittags kam Christens hinüber, hörte
mit Verwunderung, wie es um den Residenten stand, untersuchte dessen Puls, fand ihn jedoch regelmässig, und da er
sonst nichts Auffälliges am Kranken bemerkte, tröstete er
diesen mit den Worten: die Unpässlichkeit würde schon von
selbst vorübergehen, und entfernte sich. Inzwischen wurde
die Hitze in dem gänzlich freistehenden Zelte unerträglich,
nicht minder das Kopfweh des Patienten. Letzterer fühlte
überdies eine unwiderstehliche Schläfrigkeit, sobald er sich
jedoch auf das Bett legte, schreckte ihn ein heftiges Brausen
des Blutes nach dem Kopfe wieder empor. Er setzte sich
deshalb in einen Lehnstuhl, nahm ein Buch vor, um zu versuchen, seine Gedanken auf irgend einen Gegenstand zu
lenken, weil er hiervon Linderung seiner Schmerzen hoffte;
doch es war ihm nicht möglich zu lesen, denn Kopfweh und
Mattigkeit verhinderten ihn. Der Verlauf der Rosen'schen
Krankheit ist zu lehrreich, um nicht vollständig mitgetheilt
zu werden, deshalb wollen wir ihn hier selber reden lassen:

„Mit einem Male (es konnte wohl 2 Uhr sein) überkam mich das seltsamste, aber zugleich entsetzlichste Gefühl, das ich je in meinem Leben empfunden. Es war, als ob sich eine felsenschwere Masse auf mich legte und mein ganzes Sein in ein Nichts zusammendrückte. Ich konnte sehen, athmen, fühlen, aber mein ganzes Wesen war wie eingeschlossen in einen diamantenen Felsen. Es ist mir unmöglich, Worte der Beschreibung für jenen Zustand zu finden, den ich mir heute noch im Gefühle vergegenwärtigen kann. Ich sprang auf, ging einige Minuten im Zelte auf und ab, indem ich Gott um Hülfe gegen meine Leiden anrief. Ich hatte mein volles Bewusstsein. Plötzlich fiel mir ein, ich könnte am Ende wasserscheu sein, da ich einige Tage zuvor von einem unserer Hunde ziemlich stark in die Hand gebissen worden war. Ich griff also nach einer Tasse Thee, die auf dem Tische stand, und versuchte zu trinken — mit Mühe würgte ich einige Tropfen hinab. Trotzdem glaubte ich steif und fest, dass meine letzte Stunde geschlagen habe; so lief ich denn hinaus zu unseren Leuten nach ihrer in der Nähe liegenden Hütte und rief: „Setzt mich über! ich sterbe!" Meine Sachen liess ich im Zelte, wie sie eben lagen oder standen, und rannte den ziemlich weiten Weg zur Landungsstelle, der über Höhen und Thäler führte, so ungestüm voraus, dass mir die Leute kaum folgen konnten. Als ich schweisstriefend und erschöpft am Strande angekommen war, merkte ich erst, dass mich jenes entsetzliche Gefühl der Beengung verlassen hatte. Ich liess mich aber dennoch im Kanoe nach Frederikshöi hinüberrudern, woselbst Christens Anfangs glaubte, ich käme zum Besuch, und sehr verwundert war, als er die Ursache meines Erscheinens erfuhr. Nachdem er Alles gehört, erklärte er mir, ich hätte doch das Fieber gehabt, aber es wäre ein maskirtes gewesen. Nun musste ich eine Menge Chinin einnehmen und dann eine Stunde um die andere 10 Tropfen Opium. Nach fünf Tagen fühlte ich mich, obschon nicht wohl, doch insoweit gebessert, dass mir Christens erlaubte, nach Mongk'áta zurückzugehen."

Am 23. Januar ging Rosen sogar schon auf die Jagd, aber nicht zum Vergnügen, sondern aus Noth, denn er hatte kein Loth frisches Fleisch zur Verfügung, da die Nikobaresen jetzt so gut wie gar nichts zum Tauschhandel brachten, und dies Wenige nur zu unverschämten Preisen; Hühner boten sie gar nicht an, obwohl diese der gesuchteste Artikel waren, denn die Arbeitsleute sollten jeden Sonntag Hühnerfleisch bekommen, wenn Schafffleisch nicht zu haben war. Er schoss sich an jenem Tage eine grosse weisse Waldtaube, musste sie aber allein rupfen, ausnehmen und in einem Topfe braten. „Es war das erste Mal in meinem Leben, dass ich solche Arbeit that," sagt Rosen, „aber ich habe mir diesen Dienst noch sehr oft selber erweisen müssen!" Ueber seine Krankheit, welche auf den Verlauf der Colonisation so gewaltigen Einfluss hatte, sagte er dann weiter:

„Seit meinem ersten Fieberanfall hörte meine gute Gesundheit auf den Nikobaren auf, und ich erhielt sie erst während der letzten Zeit meines Aufenthaltes wieder zurück, obwohl nicht in dem früheren Grade. Zwar verliess mich das Fieber einige Zeit, aber es kehrte doch immer wieder, obwohl nicht so gewaltsam wie das erste Mal, nichtsdestoweniger zehrte es mich mit gewaltsamen Schmerzen aus. Während des ganzen Februar und März war ich nur einige Tage im Stande, nach den Arbeiten zu sehen, meistens sass ich eingeschlossen in meiner Hütte. Die heissen Anfälle waren mit einem höchst schmerzhaften asthmatischen Drucke verbunden, wozu sich Schlaflosigkeit trotz aller Schläfrigkeit gesellte, ferner gewöhnlich Mangel an Appetit und dann wieder solche Anfälle von Heisshunger, dass ich Nachts aufstehen musste, um zu essen. Magendrücken, Unbehagen, Stumpfheit und Mattigkeit aller Glieder machten mich so schlaff, dass ich mich oftmals kaum ein paar Schritte über die Schwelle begeben konnte."

Bei diesen Leiden entbehrte der Resident Sr. dänischen Majestät aller körperlichen Pflege und musste sich entweder selber bedienen oder auf alles verzichten, auch die von den Europäern in Indien geradezu verabscheuten (weil sehr unangenehmen) Küchendienste für sich selbst thun, wollte er nicht vor Hunger und Ekel verkommen. So fühlte er eines Tages starken Appetit und wollte ein Huhn essen, die Thiere waren jedoch sämmtlich in den Wald gelaufen, nur eins war zurückgeblieben, konnte aber trotz aller Mühe nicht ergriffen werden, deshalb wurde der europäische Zimmermann mit der Flinte in den Wald geschickt, um ein paar Tauben zu schiessen, er traf aber keine. Nun stellte sich Rosen, der kaum laufen konnte, mit dem Gewehr unter die Thür seiner Hütte, liess das eine Huhn vorbeijagen und schoss danach, zerschmetterte ihm jedoch nur das eine Bein, worauf das arme Thier noch eine lange Weile auf dem anderen umhersprang, ehe man seiner habhaft wurde. Nun kam endlich der ersehnte Braten, aber kaum hatte der Kranke hineingeschnitten, da hatte er schon die widerliche Entdeckung gemacht, dass die Eingeweide und der sonstige Inhalt des Huhnes nicht herausgenommen, sondern hübsch mit gebraten worden waren. Selbstverständlich verging ihm jeglicher Appetit, ohne dass sein Hunger gestillt worden wäre.

Was die Colonie betrifft, so feierte diese am 28. Januar den Geburtstag des Königs in höchst solenner Weise, die Leute erhielten Extra-Rationen, die anwesenden Nikobaresen wurden mit Arrak bewirthet, und beim Trinkspruch auf den König feuerten die Geschütze, welche vor dem hölzernen Hause auf Frederikshöi standen, sieben Schüsse ab, welche der im Hafen liegende Schooner beantwortete. Am Ende dieses Monats trat schon solcher Wassermangel in Frederikshöi ein, dass

Christens den nöthigen Bedarf an Trinkwasser täglich von Mongk'áta holen lassen musste. — Am 5. März brachten die Nikobaresen dem Residenten einen Brief von dem Königlich britischen Seecapitän Sandilands (Sandislands?), der sich mit dem von ihm befehligten Kriegsschiff „The Comet" zwischen Trinkut und Nangkowry gelegt hatte und einen officiellen Besuch abzulegen wünschte. Rosen war höchlichst verwundert, ein englisches Kriegsschiff auf der Rhede von Nangkowry zu sehen, denn er war der Ansicht, dass sich ein solches Fahrzeug nur wegen Havarie dorthin verlaufen könne. Die Ursache des Besuches erfuhr er — wunderbar und unschicklich genug — erst später aus den englischen Zeitungen von Madras, in denen er eine vom Gouverneur Christensen veranlasste Bekanntmachung las, welche den Briten und anderen Nationen mittheilte, dass die Dänen auf den Nikobaren eine Colonie errichtet hätten, bei der sich vorbeisegelnde Schiffe mit ihren Bedürfnissen versehen könnten, und dergleichen übertriebene Dinge mehr. Der „Comet" wollte sich demnach blos das Etablissement ansehen, um zu erproben, ob reelle oder unerfüllbare Versprechungen gemacht worden wären, durch deren Beachtung britische Fahrzeuge Nutzen resp. Schaden erleiden könnten. In derselben Absicht erschien auch am 14. Mai die Fregatte „Magicienne" auf der Rhede. Von den Commandeuren beider Schiffe erhielt Rosen Besuch, wurde dann von ihnen an Bord geladen und mit vieler Artigkeit empfangen; leider kamen die Herren nur zu sehr ungelegener Zeit, es liess sich auch nachdem nie wieder ein englisches Kriegsschiff sehen, denn man hatte genug von der „Colonie". Mit Recht sagt Rosen, „Christensen hätte besser gethan, seine Bekanntmachung wenigstens so lange aufzuschieben, bis man auf den Ausfall des Unternehmens eher einen Schluss ziehen konnte." — Der Schooner „Cimbria" war inzwischen nach Trankebar abgeschickt worden. Zur Zeit des

englischen Besuches hatte sich auch ein Portugiese Namens
Francis da Silva aus Mergí mit einer Prahu eingefunden,
seine Papiere vorgelegt und Rosen verschiedene Büchsen
Atscher*) sowie einiges Silberzeug verehrt. Der Mann versprach, im Herbste wiederzukommen und Baumwollsaamen,
Hochlandsreis etc. mitzubringen, er ist aber nicht wiederge-
kommen. Es fanden sich auch mehrere malayische Prahus
ein, doch sah Rosen nicht immer ihre Papiere, oft lagen
diese Fahrzeuge zu entfernt von der Colonie, und oft waren
sie schon wieder fort, ehe man ihre Ankunft erfahren hatte.
Eine englische Brigg, „Sophia", geführt vom Capitain Crump
aus Singapur, kam ebenfalls und verkaufte der Colonie einige
Waaren, welche sie gerade nöthig hatte.

Gegen Ende des März kam die Reihe des Krankwerdens
an den Chirurgen Christens; das Fieber verliess ihn zwar
wieder, doch blieb sein Zustand fortan so wie der von Rosen.
Das Siechthum griff überhaupt so schrecklich um sich, dass
oftmals kaum ein Drittheil der Arbeiter zur Verfügung stand,
indem ein anderes Drittheil bettlägerig und der Rest von
überstandener Krankheit zu geschwächt zum Arbeiten war.
Zum Hinüberschaffen aller Sachen von Frederikshöi nach
Mongk'áta reichten die Kräfte nicht aus, und so mussten noch
obendrein Wächter von der schwachen Zahl abgegeben und
in Frederikshöi zurückgelassen werden. Unter so bewandten

---

*) Atscher, Atschiar, Atschïa oder auch Achïa, d. h.
Mischmasch, ist ein ursprünglich in Persien und dann in Ostindien
zusammengesetztes leckeres Beigericht, etwa den westindischen
mixed pickles entsprechend, das viel in den Handel kommt; es
besteht aus jungen, mit Essig, Pfeffer und anderen Gewürzen ein-
gemachten jungen Sprossen des unteren Bambusrohrs und aus verschiedenen grünen Früchten des tropischen Asiens, sowie aus jungen
Gurkenschnitten, Melonenschnitten, unreifem Mais, verschiedenen
Wurzeln etc.

Umständen konnte es nicht verwundern, dass die Arbeiten nicht fortschritten und das Angefangene wieder verfiel; die Leute waren zudem meist ohne Aufsicht. Was Rosen im Thale bei Mongk'áta gepflanzt und gesäet hatte, glückte auch nicht nach Erwarten, denn zum Theil war diese Arbeit nicht in der passenden Jahreszeit vorgenommen, andererseits hatte Rosen unpassendes, früher mit Laláng bewachsenes Erdreich gewählt. Nur die Kokuspflanzen hielten sich.

Am 15. April meldete der alte Joãn, dass er weit draussen in der See ein zweimastiges Schiff unter Danebrogs-flagge gesehen habe, welches anscheinend in den Hafen wollte, aber nicht hinein konnte. Es war der Schooner „Cimbria", mit dem Gouverneur an Bord, von Tranke-bar kommend, wie Rosen am 19. Morgens durch einen Brief des genannten Herrn erfuhr, den er fischenden Niko-baresen auf der See übergeben hatte und worin er bat, der Resident möge ihm mit Booten zum Bugsiren entgegen kom-men, da er wegen Windstille und Gegenstrom nicht die west-liche Einfahrt zu nehmen vermöge. Rosen machte sich so-fort mit einer Anzahl Nikobaresen, die ihre Kanoes aufluden, über die Landenge auf den Weg nach der Ulálabucht, wo-selbst sie einstiegen und nach der Mündung ruderten. Dort angekommen, erfuhren sie, dass der Schooner ein Lüftchen benutzt hätte und schon in die westliche Einfahrt hinein-gesegelt wäre. Man ruderte ihm nun auf demselben Wege nach, worüber jedoch 2 Stunden vergingen, ehe man die Einfahrt erreichte und, als Rosen so weit im Hafen war, dass er Frederikshöi sehen konnte, da gewahrte er kleine Rauchwolken daselbst aufsteigen, wie wenn Kanonen abge-feuert würden, was auch geschehen war, wer beschreibt aber das Entsetzen des wackeren Mannes, als er gleich darauf eine so dicke Rauchmasse an der Stelle aufwirbeln sah, dass ihm gar kein Zweifel darüber bleiben konnte, dass

die gesammten Baulichkeiten in vollen Flammen ständen.
Und so war es wirklich. Die Sache hatte sich folgendermassen zugetragen: Als der Gouverneur gleich nach seiner
Ankunft mit dem Schooner an's Land ging, waren ihm zu
Ehren die vor dem hölzernen Hause stehenden Geschütze
gelöst worden und hierbei war eine der Zündröhren aus dem
Zündloche heraus- und auf das dürre Blätterdach geschleu-
dert worden, welchen Vorgang die unachtsamen Sipahies nicht
eher merkten, als bis das Dach in Flammen stand. Nun
brach eine allgemeine Verwirrung aus; der Gouverneur versuchte, das Feuer dämpfen zu lassen, da jedoch keinerlei
Löschanstalten vorhanden waren, blieben die Versuche er-
folglos, und in der Bestürzung vergass er, das Dach zusam-
menschlagen und herabreissen zu lassen. Bald stand nicht
blos das Haus, sondern auch die beiden benachbarten Hütten
in hellen Flammen. Statt nun den werthvollen Inhalt des
Hauses ohne Auswahl hinaus- und den Berg hinunterwerfen
zu lassen, was man mit Leichtigkeit hätte thun können, liess
er nach der wohl versteckten Munitionskiste suchen, darüber
geriethen die Balken, blaue Leinewand, Taback, Proviant-
vorräthe und andere werthvolle Sachen in Brand und gingen
verloren; Chirurg Christens, der zugegen war, rettete den
grössten Theil seines Privateigenthums, wohingegen des ab-
wesenden Rosen's Sachen sammt und sonders verbrannten,
weil sich niemand darum kümmerte, und doch lagen sie
kenntlich aufgestapelt und wohl geordnet, innerhalb der beiden Thüren, so dass ihr Hinausstossen kaum 2 Minuten Zeit
erfordert hätte. Der Resident verlor hierbei seine neuen
Kleider, seine neue Wäsche, seine präparirten Nahrungsmittel auf 3 Jahre und viele andere Dinge von Werth, welcher Verlust ihm freilich später vom Könige ersetzt wurde;
was ihm indessen nicht zurückerstattet werden konnte, auch
nicht zurückerstattet wurde und ihn grade am meisten

12*

schmerzte, verloren zu haben, das waren die vielen Andenken aus Episoden seines früheren Lebens und seine sämmtlichen Documente sowie alle seine Aufzeichnungen seit seiner Ankunft in Ostindien.

Zum Glück für die Colonie hatte der Schooner eine ziemliche Menge verschiedener Artikel mitgebracht, die sofort zur Füllung des neuen Packhauses verwendet wurden, so dass wenigstens nicht Mangel eintrat. Ausserdem waren mit dem Fahrzeuge eine solche Masse neuer Menschenkräfte mitgekommen, dass die Ansiedelung nie zuvor über so viel Leute verfügt hatte. Unter den Neuangekommenen befanden sich auch drei Hindufrauen, die Christensen angeblich für die Ehefrauen von dreien seiner Angeworbenen gehalten haben wollte, er wird aber ihren Stand wohl gekannt und nur den Vorwand des ehelichen Verhältnisses gegen den sittenstrengen Rosen gemacht haben. Der Letztere lässt sich über diese Verstärkung so dunkel aus, dass man wohl fühlt, auch er habe der Nothwendigkeit jener weiblichen Gegenwart, die der Gouverneur hervorhob, nachgegeben und selbst an den „heilsamen Einfluss ihrer Nähe auf die Muhamedaner und Hindus" geglaubt. Im Uebrigen dauerte es lange, ehe die zahlreiche Verstärkung die ersten und gefährlichsten Anfälle der Nikobarischen Krankheiten überwand, es mussten auch verschiedene der Leute in's Grab steigen.

Der Gouverneur recognoscirte die neue Anlage nebst Umgegend sehr genau, wobei ihm ein von Trankebar zum Vergnügen mit herübergekommener Lieutenant Namens Horstmann zur Hand ging, und fand Mongk'áta besser geeignet wie das von ihm selber gewählte Frederikshöi. Rosen bekam in Folge des Unglückstages, an dem er sich sehr angestrengt und sich längere Zeit den brennenden Sonnenstrahlen ausgesetzt hatte, einen schlimmen Fieberrückfall, weshalb ihn Christensen mit nach Trankebar zurücknehmen und einstweilen den Lieutenant Horstmann statt seiner als Residenten auf den Nikobaren zurücklassen wollte, doch der wackere Missionär wollte lieber sterben, als sein unvollendetes Werk auch nur vorübergehend einem anderen anvertrauen. Horstmann sollte auch ohnedies noch genug Unglück herbeiführen, wie wir gleich sehen werden. Der Schooner segelte wieder ab und nahm u. A. den Sergeanten Paulsen mit, der seit einem Monate nach seiner Ankunft nicht mehr vom Krankenlager aufgestanden war und, wie zu erwarten, unterwegs starb. Nachdem das Fahrzeug zwei Tage unter Segel war, verbreitete sich plötzlich an Bord ein unbeschreiblich scheusslicher Gestank, als dessen Ursache man schliesslich eine Anzahl faulender Conchilien ermittelte, die Lieutenant Horstmann vor der Abreise im frischen Zustande von den Nikobaresen eingehandelt und, unvorsichtiger Weise, ohne die in denselben enthaltenen Weichthiere vorher zu entfernen, unter den Kojen der Kajüte sowie unter den Gütern im Lastraum verpackt hatte, von wo aus sie nun das ganze Schiff verpesteten. Ob in Folge dieser giftigen Ausdünstungen, was das Wahrscheinlichste ist, oder in Folge nikobarischer Nachwirkungen, genug es brachen gleichzeitig mit jenem Gestank das Malaria-Fieber und Dysenterie im Schiffe in einer Weise aus, dass binnen kurzer Zeit kein Mann mehr im Stande war, nach Steuer oder Segeln zu sehen, so dass das Fahrzeug eine geraume Weile das willenlose Spielzeug von Wind und Strömung wurde. Der Gouverneur Christensen, der Lieutenant Horstmann und viele andere starben, Forbes erholte sich wieder (er sollte noch viel Unheil stiften) und der Schooner langte glücklich am 15. Mai — nach dreiwöchentlicher Abwesenheit — in Trankebar an, gefüllt mit Sterbenden und Kranken und mit der in ein Spiritusfass gelegten Leiche des Gouverneurs. Dies entsetzliche Ereigniss machte einen unbeschreiblich traurigen Eindruck in Tranke-

bar, um so mehr, als Christensen am Tage vor der Hin-
reise nach den Nikobaren ein Gelage gegeben und nach dessen
Schlusse zu der heiteren Gesellschaft die Worte gesprochen
hatte: „Am 15. Mai, meine Herren, gebe ich an dieser Stelle
einen grossen Ball und bitte Sie Alle, mich mit Ihrer und
Ihrer Familien Gegenwart zu beehren!“ Am festgesetzten
Tage kam das Leichenschiff in den Hafen. Diese Unglücks-
fahrt wurde natürlich ebenfalls auf Rechnung der nikobarischen Colonie gesetzt und diente nicht zur Empfehlung des
Unternehmens.

Auf Mongk'áta ging die Sache indessen ihren schlechten Gang. Rosen hatte geglaubt, auf der Höhe würde es
sich gesunder wohnen lassen, er machte aber die Erfahrung,
dass auch dort oben die Leute krank wurden, vermuthlich
weil ihnen dort von zwei Seiten böse Dünste zugeweht
wurden, nämlich von der Ulálabucht und dem Nangkowryhafen
her, wozu sich wohl noch die Wirkung des Trinkwassers
gesellte, welches sie unten aus einer unbedeckten Brunnen-
grube schöpften. Auffälliger Weise kamen 12 Sipahies, die
9 Monate lang eine Hütte unten mitten im Dickicht unfern
des Strandes bewohnten, besser weg, wie die anderen Leute,
denn sie erlitten nur ein paar leichte Fieberanfälle und nichts
weiter. Wahrscheinlich haben sie ihren Durst stets mit Co-
kuswasser gelöscht oder sich sonst besser in Acht genommen,
waren auch vielleicht nicht so empfänglich. Rosen hielt
jedoch vorläufig seine neue Niederlassungsstätte fest, wozu
er nun freilich durch die Feuersbrunst auf Frederikshöi
gezwungen war. — Da der bequemste Landungsplatz von
Mongk'áta ziemlich entfernt lag, liess der Resident einen
neuen dicht unter dem Fusse der Höhe anlegen, welches eine
ebenso unnütze, als Mühe und Krankheit verursachende Arbeit war, denn dieser Weg musste zuerst durch das Mangrovedickicht gehauen werden, welches sich auf stinkendem und

faulem Untergrunde, der nur während der Ebbe zum Theil trocken lag, bis weit in's Meer hinaus erstreckte, nächstdem musste der Uferwald im Zickzack den steilen Berg hinauf durchholzt und der freigewordene Weg einigermaassen geebnet werden. Rosen wollte nämlich einen Ochsenkarren anschaffen, damit nicht alle Güter und Lasten beständig von Menschenhänden getragen werden mussten, das hätte er freilich mit dem alten Wege ebenfalls erreichen können. Doch es kam nicht zu solcher Benutzung, denn die ganze Arbeit blieb liegen, da etwas über ein Drittel und zwar der schlimmste Theil, fertig war, indem der ruhelos umher greifende Resident die Ansiedelung auf Mongk'áta verliess und an anderer Stelle eine neue gründete, so dass nach 2—3 Jahren die Stätte unter dem jungen Nachwuchs von Holz und Unkraut kaum mehr zu erkennen war.

Von sonstigen mühsamen Arbeiten auf Mongk'áta verdient die Einhegung von 600 Fuss Umfang Erwähnung, welche den Thierpark umschloss. Dies Gehege bestand aus dünnen, meist von den Nikobaresen gefällten Baumstämmen, die dicht neben einander in den Boden gegraben waren, aus dem sie 10 Fuss hoch hervorragten, um den Schlangen das Hinüberkriechen zu verwehren, denn diese thaten der Hühnerzucht, welche Rosen schliesslich angelegt hatte, grossen Abbruch; doch nützte das Gehege nichts, denn entweder kletterte das grosse Ungeziefer hinüber oder schlüpfte unten durch. Einmal fand Rosen in der Nacht, vom Bellen der Hunde geweckt, in Begleitung des Zimmermanns Braunmann eine 12 Fuss lange und 11 Zoll im Umfang messende Schlange innerhalb des Zaunes. Das Thier hatte soeben einen grossen Hahn todt gebissen und wurde natürlich erschossen. Das Schlimmste war, dass diese Bestien stets mehrere Hühner umbrachten, ehe sie eins zum Verschlingen auswählten. Merkwürdig war die Zerrissenheit der ganzen Anlage auf Mongk'áta:

Unfern vom Ufer, bei dem durch das Mangrovedickicht ge-
hauenen Wege lag die Hütte der Krieger oder Sipahies, deren
kiegerischer Werth in solcher Isolirung von den anderen Leuten und besonders von ihren europäischen Anführern gleich
Null war; ca. 700 Schritte von diesen entfernt befand sich
eine Arbeiterhütte, etwa 300 Schritte hiervon lag der Thierpark ohne Wächterhaus, ziemlich ebenso weit hiervon und
fast oben auf dem Berge befand sich die sogenannte „grosse
Hütte", von der wieder das europäische Wohn- und Packhaus ca. 200 Schritte entfernt lag. Auf der anderen Seite
des Wassers lag Frederikshöi mit seinen Kranken und einer
schwachen Wache. Hätte je ein feindlicher Angriff auf die
Anlage stattgefunden, gleichviel, ob von der Ulálabucht oder
vom Nangkowryhafen her, dann hätte es dem Feinde wenig
Mühe gekostet, all den vereinzelten Widerstand ohne grosse
Mühe zu überwältigen.

Noch muss eines Hindernisses erwähnt werden, welches
der Gouverneur Christensen für Rosen durch die Ein-
setzung eines „Rathes" geschaffen hatte. Dieser Rath
sollte nämlich aus drei Personen bestehen und Rosen als
erstes Mitglied desselben den Vorsitz führen; seine Befugniss
war die Regierung der Colonie genau nach dem Muster der
Trankebar'schen Verfassung, natürlich en miniature. Der
Chirurg Christens wurde vor der letzten Abreise des Gouverneurs zum „zweiten Mitgliede des Rathes" ernannt und
erhielt gleichzeitig seine definitive Anstellung als Colonialarzt.
Als „drittes Mitglied des Rathes und Commandeur der Gar-
nison" wurde der jeweilige Sergeant ernannt, der die paar
Mann Wache kommandirte. Es konnte nicht fehlen, dass
dergleichen hochklingende Titel verbunden mit wunderlichen
Artikeln in der Instruction Leuten den Kopf verdrehen
mussten, die seither nur an untergeordnete Thätigkeit und
schweigenden Gehorsam gewöhnt waren, denn sie glaubten

sich nun plötzlich zu einer Würde und einem Einfluss erhoben, den zu ertragen ihre schwachen Geisteskräfte nicht hinreichten. Rosen wusste auch oftmals nicht, was er mit den beiden ersten Sergeanten auf den Nikobaren anstellen sollte, so aufgeblasen und rechthaberisch benahmen sie sich.

Bei all den Schmerzen, Mühen und Sorgen ergriff den Residenten schliesslich ein solcher Missmuth, dass er verzagt wurde und ihm der Gedanke durch den Kopf schoss — nicht etwa den Colonisationsversuch aufzugeben, denn das fiel ihm selbst im Traume nicht ein, sondern die Ansiedelung nach einer anderen Insel zu verlegen. Als solcher Wechselort schien ihm das nördlichste nikobarische Eiland „Kar-Nikobar" am geeignetsten, denn es lag ziemlich weit ab von den anderen Inseln, war weniger dicht mit Wald bewachsen, wurde oft von europäischen Schiffen angelaufen und war reichlich mit Kokuspalmen und anderen Nähr- und Nutzgewächsen versehen. Dort hoffte er ein gesunderes Klima zu finden, um dessenwillen er die bisherige angewandte Arbeit opfern und den schönen, sichern Nangkowry-Hafen aufgeben wollte. Er theilte diesen Plan dem „zweiten Mitgliede des Rathes" Christens mit, der ihn mit Freuden aufnahm, denn auch er fühlte unter der bisherigen Bürde seine Kräfte sinken und sah wohl, dass die Kunst (d. h. soweit er derselben Meister war) nicht gegen das Siechthum erfolgreich ankämpfen konnte. Die beiden Herren beschlossen also, die Expedition mit dem Schooner „Cimbria" unternehmen zu lassen, sobald dieser wieder da sei und die nöthigen Vorbereitungen getroffen worden wären.

Es bedarf wohl nicht eines besonderen Hinweises, dass sich Rosen entschieden irrte, wenn er auf Kar-Nikobar der Seuche zu entrinnen hoffte, denn jene Insel hat dasselbe Trinkwasser und dieselben sonstigen Anlagen zu Fieber und Dysenterie, wie die übrigen grösseren Eilande ohne Aus-

nahme, — dies wissen wir heute, seitdem die Herren von
der Galathea-Expedition Kar-Nikobar genau untersucht haben.

Am 6. Juli kehrte der Schooner „Cimbria" nach Nangkowry-Hafen zurück, und brachte einige Sipahies und Kulies, so wie einen Sergeanten Namens Worm mit, der an
Stelle Paulsens eintreten sollte. Nun erst erfuhr Rosen,
was sich auf dem Schooner bei der Reise nach Trankebar
ereignet hatte. — Man begann eifrig mit den Vorbereitungen
zur Expedition, es trat aber so unruhiges Wetter, verbunden
mit Regen und Sturm ein, dass auf dringendes Anrathen von
„Capitain" Forbes der Aufbruch wenigstens bis zum Eintritt von ruhigerem Wetter verschoben werden musste. Es
wurde nun zunächst eine Menge Proviant, verschiedene Waaren, Werkzeug u. dergl. mehr eingeschifft, ausserdem, damit
gleich Wohnungen gebaut werden konnten, ein hinreichender
Vorrath von Bambus, Sparren und geflochtenen Atapblättern.
Obgleich Rosen zu der Zeit grade recht leidend war und
Fieberanfälle, verbunden mit Erbrechen, Diarrhöe etc. hatte,
liess er sich doch nicht abhalten, am 21. Juli sich einzu-
schiffen. Hierbei gerieth er in Lebensgefahr, denn die Hindus
hatten in ihrer gewöhnlichen Sorglosigkeit versäumt, vorher
das Kanoe zu untersuchen; als man nun hinreichend weit
hinaus war, um nicht mehr zurück schwimmen zu können,
löseten sich die Pflöcke des Ausliegers*) und das Fahrzeug
drohte umzuschlagen; es musste ein hinduischer Selling oder
Bootsmann in's Wasser springen, um den Schaden zu repariren, er benahm sich jedoch so ungeschickt, dass der Auslieger gänzlich los ging, und nun blieb nichts übrig, als dass
der Mann sich im Wasser an das Kanoe hing, widrigenfalls

---

*) Auslieger nennt man die Bambusstange, welche parallel
mit dem Kanoe auf dem Wasser liegt und es im Gleichgewicht
erhält. Sie ist mit dem Fahrzeug durch zwei Querstangen verbunden.

es sofort umgeschlagen wäre; dabei kam man aber nicht vorwärts, und die See drohte das Fahrzeug voll Wasser zu schlagen. In dieser Noth gewahrte man einen Eingeborenen mit seinem Kanoe aus einem Mangrovedickicht herausrudern, man machte ihm Zeichen und er eilte auch sofort herbei; ihm gelang es, in wenigen Minuten die Sache in Ordnung zu bringen, worauf man die Fahrt nach dem ⅛ Meile entfernten Schooner fortsetzen konnte. Das Wetter verhinderte jedoch eine sofortige Abreise, und so hatte Rosen noch Zeit genug, den schwerkranken Christens mehrmals zu besuchen. Endlich am 24. Juli setzte man Segel und fuhr ab. An Bord befanden sich ausser der Schiffsmannschaft noch 8 Sipahies, 16 Kulies und eine ansehnliche Zahl lebender Thiere. Die Fahrt nach dem etwa 20 deutsche Meilen vom Nangkowry-Hafen entfernten Kar-Nikobar hätte in 36 Stunden beendet werden können — sie dauerte aber fünf Wochen und vier Tage, ohne das erstrebte Ziel der Reise zu erreichen.

Ehe wir an die Betrachtung dieser Irrfahrt gehen, müssen wir noch eines am 15. Juni stattgefundenen wichtigen Vorfalles erwähnen, der Rosen hätte mitbestimmen sollen, zu bleiben wo er war. Am genannten Tage kamen nämlich der Häuptling und die Leute von Inúang und verklagten einen Eingeborenen der Ulálabucht wegen Mordes eines ihrer Angehörigen, indem sie gleichzeitig verlangten, dass die Dänen den Mörder bestrafen sollten. Wenn man bedenkt, dass diese Wilden sich bisher keinerlei Einmischung in ihre Angelegenheiten gefallen liessen und ohne Weiteres den todtschlugen, der nach ihrer Meinung den Tod verdient hatte, dann muss man staunen über das Ansehen und den Einfluss, welchen Rosen über sie erlangt hatte. Der Resident versprach, den Schuldigen greifen, einsperren und nach Trankebar senden zu lassen; aber er that in der Sache gar nichts, der Uebelthäter entkam und man hörte nie wieder etwas von ihm. Welchen gewaltigen Eindruck würde es auf die Wilden gemacht haben, hätte er wenigstens eine allgemeine Hetzjagd auf den Verbrecher anbefohlen, hierzu seine Sipahies, den Schooner und auch die Eingeborenen, letztere kraft seiner Autorität, verwendet, statt die Kräfte der Ansiedelung nutzlos an einer verfehlten Unternehmung zu vergeuden. Auch wenn die Jagd ohne Erfolg geblieben wäre, hätte sie das Ansehen der Dänen im höchsten Grade gefördert und ihre unbedingte Herrschaft über die Wilden für alle vorkommenden Fälle gesichert.

Der wohlüberlegte Reiseplan war folgender: Forbes hatte in Trankebar den Befehl erhalten, nach Coringa zu segeln, um dort den Schooner repariren zu lassen und verschiedene Bedürfnisse für die Colonie einzukaufen, worauf er wieder nach dem Nangkowry-Hafen zurückkehren sollte; es wurde daher beschlossen, dass er von Coringa zuerst nach Kar-Nikobar kommen sollte, ginge dort Alles nach Wunsch, dann sollte er den Rest der Mannschaft und die Güter aus der alten Ansiedelung abholen und nach der neuen Colonie bringen; ginge es hingegen nicht gut, dann wollte Rosen auf dem Schooner wieder nach Mongk'áta zurückkehren.

Nachmittags 2 Uhr wurden die Anker gelichtet und schon Abends 6 Uhr befand sich die „Cimbria" bei westlichem Winde jenseit der Nordspitze von Kamorta, nun aber schlug der Wind in Nordwest um, es erhob sich unruhige See; der Schooner kam gänzlich aus seinem Cours. Forbes hielt auf Südost, und nach einem Umhertummeln von zehn Tagen bekamen die Reisenden die Küste von Atschin in Sicht. Rosen's Tagebuch giebt folgenden Aufschluss über diese Odyssee:

„25. Juli. N.W. scharfer Wind. Ich litt sehr am Fieber. Wir hielten südlich. Forbes hatte ab und zu

Fieberanfälle und war sehr missmüthig; die See schlug beständig über Deck. — 27. Juli. Die See ein wenig ruhiger. — 28. Juli. Ein wenig Sonnenschein; noch immer westlicher Wind; eins unserer Schafe starb; ein anderes musste wegen Krankheit geschlachtet werden; Forbes hatte wieder Fieber. — 29. Juli. Wetter wie vorher; Forbes machte Beobachtungen und fand, dass wir unter 8° 45′ Polhöhe waren; ein Schaf wurde krank und musste geschlachtet werden. — 30. Juli. Sonnenschein. See und Wind wie vorher; Forbes ist aufgeräumter. — 31. Juli. Forbes wieder missmüthig; er macht Aeusserungen, aus denen ich entnehmen kann, er will mich fühlen lassen, dass ich ihn in dies schwierige und unangenehme Vorhaben verwickelt habe. Ich erwiderte ihm, dass er nur den ersten den besten Hafen anlaufen möge, für das längere Ausbleiben des Schiffes würde ich aufkommen, im Uebrigen wäre mir die Sache unangenehmer wie ihm. — 1. August. An diesem Tage sollte das Jahresfest unserer Landung auf den Nikobaren sein, aber welche Lage gegen damals! Wir werden noch immer ohne Nutzen umhergeworfen. Ich befinde mich nicht wohl. — 2. August. Heute liess der Wind etwas nach; wir befanden uns in ruhigerem Wasser; um 10 Uhr kam Forbes froh zu mir herab und rief: „Land in Sicht!“ Zu meiner Verwunderung höre ich, dass es Pulo Vay oder Pulo Ronda sein solle (Forbes hatte mir gesagt, Rangoon wäre der nächste Hafen). Ich fühlte das Herannahen des Fiebers. Mit unseren 6 Schafen ist es nun vorbei. — 3. August. Wir versuchten in Atschin einzulaufen, es glückte uns aber nicht; um 10 Uhr Vormittags bekam ich einen furchtbaren Anfall von Hitze, verbunden mit vorhergehendem Erbrechen. — 4. August. Dieselbe Krankheit; ich nahm Chinin; meine Lage war höchst unbehaglich; keine Möglichkeit, Ruhe zu erhalten; um 2 Uhr war das Fieber vorbei; Nachmittags drehte sich der Wind und wir nahmen einen nördlichen Cours, aber die Strömung ist gegen uns und die See geht hoch. — 5. August. Das Fieber blieb aus; See sehr unruhig; im Uebrigen ist mir übel, matt, schwindlig, ohne Appetit. — 6. August. Unser Cours noch derselbe; die See geht hoch und unruhig. — 7. August. Heute starb der Kuli Palianandi; er war einer der zuletzt Angekommenen, sein Fieber war 6 Tage zuvor eingetreten; derselbe Cours und dieselbe See. — 8. August. Die See gut; mir war besser; Forbes meinte, er wolle die Seyer-Islands, südlich von Mergi, anlaufen, um Wasser einzunehmen, wenn sich Nordwest-Wind einstellte. Wir befinden uns nun östlich von Kamorta, aber weit ab; mit unserer Reise sieht es bedenklich aus; Abends 6½ Uhr meldete mir Forbes, dass einer unserer Sipahies im Sterben läge; zu meinem Erstaunen sah ich, dass dies Rama Sámi war, mit dem es schon besser gegangen war; er hatte am Morgen gegessen. Ich kroch zu ihm hinab in den Schiffs-raum und gab ihm Medizin. Um 8 Uhr war er todt. — 9. August. Ein wenig besser; Wetter dasselbe; die See geht stark und die Bewegung ist höchst unangenehm; drei der Leute kamen und verlangten Medizin; bald darauf kamen alle und klagten ihr Leiden: sie könnten sich kaum mehr ihr Essen kochen, sie erhielten weder Butter, noch Taback, noch so viel Wasser, um ihren Durst zu löschen. Sie baten mich, dass ich sie nach Kamorta zurückführen möchte, wo-selbst sie wenigstens so viel Wasser trinken könnten, wie sie Lust hätten; sie hätten keine Ruhe, weder bei Tage noch bei der Nacht, das wäre eine lange Reise geworden, ob-wohl ich ihnen doch vorher gesagt hätte, sie würde vielleicht 1½ Tage dauern. Ich suchte sie zu trösten und sagte, dass unsere Reise ja nun wohl bald enden würde und dass sie dann haben sollten, was sie wünschten. Ich litte ja eben so viel wie sie. Abends sagte mir Forbes, dass wir nur noch 30 Meilen von Kar-Nikobar entfernt wären und am andern Morgen frühzeitig dort anlangen würden."

Zu diesen Tagebuchnotizen muss noch hinzugefügt werden, dass Rosen fast den ganzen Tag gezwungen war, in der Kajüte zu bleiben, dass er dort von der unerträglichen Hitze in schrecklichster Weise leiden musste, die Nächte schlaflos verbrachte und sich kaum des Schmutzes und Ungeziefers erwehren konnte, denn in dieser Kajüte lagen des Nachts sechs Menschen — Rosen, Forbes und vier Aufwärter, die letzteren natürlich am Boden. Unter solchen Umständen war es für den armen Residenten wie wenn eine Botschaft vom Himmel käme, als am 10. August Forbes in die Kajüte hinabsprang und rief: „Land in Sicht! Wir sind dicht bei Kar-Nikobar und werden heute Nacht dort vor Anker gehen!" Am Tage zuvor hatte er bekanntlich den Abstand von jener Insel auf 30 Seemeilen geschätzt und deshalb, um nicht vorbei zu segeln, nach Süd-Südost steuern lassen. Rosen eilte mit dem Fernrohr in der Hand freudig auf das Deck, um sich das gelobte Land anzusehen, er war aber sofort enttäuscht, denn die vorliegende Insel war viel zu hoch, um Kar-Nikobar sein zu können, überdies waren noch andere Gründe zur Rechtfertigung des Zweifels vorhanden: Forbes war ein durchaus unwissender Mann, der zwar alle seemännischen Hülfsmittel, darunter auch einen Chronometer, an Bord hatte, aber von diesen Dingen gar keinen Gebrauch zu machen verstand, wovon sich Rosen überzeugt hatte. Der letztere nahm nun Horsbourgh's Directory for navigation vor und ermittelte, dass das fragliche Land eine der Inseln an der Küste von Tenasserim sei und wahrscheinlich die von Horsbourgh als Middel-Seyer bezeichnete Insel. Man war also über 200 Seemeilen von Kar-Nikobar entfernt! Eine Landung war nicht möglich, denn als man während der Nacht beim hellsten Mondschein die berg-

hoch aufragende Insel umschiffte, sah man, dass rund um
dieselbe eine gewaltige Brandung toste, welche auf einen un-
nahbaren unterseeischen Klippengürtel schliessen liess. Guter
Rath war theuer, denn das Trinkwasser ging auf die Neige,
da man sich jedoch Junkseylan am nächsten glaubte, wurde
beschlossen, diesen Hafen anzulaufen. Schon am anderen
Vormittage (11. August) wurde Junkseylan gesehen, südwärts dieser Insel gesegelt, um die Südspitze derselben zu
umschiffen, aber als diese erreicht war, konnte die „Cimbria"
nicht vorbei kommen. Der Wind wehte scharf und die See
ging hoch, die Takelage des Schooners war so zerrissen und
verwirrt, dass Forbes erklärte, eine Weiterfahrt sei unmöglich, ehe das Segelwerk des Fahrzeuges in Ordnung gesetzt wäre. Es wurde deshalb in einer so gefährlichen See
Anker geworfen und an die Arbeit gegangen, wobei das
Schiff so geschüttelt wurde, dass abwechselnd der Ausleger
und der Gross-Segelbaum in das Wasser tauchte und die
See derart über Deck schlug, dass das Feuer in der Kajüte
erlosch und kein warmes Essen mehr zu bekommen war.
Alle Hände wurden nun zum Flicken der Segel verwendet,
am vierten Tage jedoch ward die unliebsame Entdeckung gemacht, dass der grösste Anker verloren gegangen war; da
nun der kleine Anker das Schiff nicht halten konnte, so war
dieses jeden Augenblick in der Lage, auf die Klippen getrieben zu werden, deshalb musste man lichten, um abzukom-
men und die Segelausbesserung einstellen. Zum Glück war
diesmal die Strömung günstig und man kam um die Südspitze herum nach der Ostseite des Landes, es wurden verschiedene hohe und mit Bäumen bewachsene Inselchen von
kaum 100 Schritten Umfang passirt und am 17. August in
den lang ersehnten Hafen eingelaufen, der zwar geräumig,
jedoch nur 12 Fuss tief ist. Keine menschliche Seele war zu
sehen, aber noch mehr Mangrovedickicht wie auf den Niko-

baren. Man fand von der See ausgespülte Austern, welche
sehr gut schmeckten, auch eine vortreffliche Quelle, die
dem Wassermangel ein Ende machte, — beiläufig gesagt,
war an Bord kaum mehr ein Viertelquart Wasser für den
Mann. Am andern Tage entdeckte man Fischer aus Atschin,
die sich mit Mühe gegen hohen Preis herbeiliessen, den
Reisenden einige Dutzend Fische zu verkaufen, von ihnen
erfuhren sie auch, woselbst sie Menschen finden konnten.
Das Land war ein üppiges Paradies, mit Aeckern und den
herrlichsten Fruchtbäumen bedeckt; die Menschen lebten in
luftigen, zierlichen Wohnungen, waren zutraulich und dem
Stamme nach Siamesen. Man kaufte von ihnen Enten und
zwar 4 Stück für einen Piaster, liess das Schiffsvolk an's
Land gehen, sich baden und Bewegung machen, während
sich Rosen und Forbes an die Austern hielten. Bald
kamen Boten vom Rajah der Insel und erkundigten sich über
Woher und Wohin der Reisenden. Am anderen Morgen
musste Forbes in einem Boote nach dem Wohnorte des
Rajahs rudern, woselbst er sehr gut aufgenommen wurde und
für 3 Piaster nicht weniger wie 50 Hühner, eine Menge
Früchte, gesalzene Enteneier und vielerlei anderes einkaufte.
Abends kehrte er zurück. Am anderen Tage machte der
Sohn des Rajah dem Rosen in herzlicher Weise seine Auf-
wartung, liess sich eine Flasche Genever und eine Dose
feines Schiesspulver (letzteres zum Tättowiren) verehren und
ging dann wieder ab. Der Tag wurde noch dadurch merkwürdig, dass zwei Matrosen vom Schooner desertirten und
alles Nachsuchens ungeachtet verschwunden blieben, so dass
man am 22. August ohne sie absegeln musste. Gleich nach
der Abfahrt starb wieder ein Sipahi und bald darauf noch
ein Kuli, so dass diese unheilvolle Reise 4 Todte und 2 Ver-
misste für die Colonie eintrug, die natürlich bei der allge-

meinen Abrechnung dem mörderischen Klima der Nikobaren mit zur Last geschrieben wurden.

Man wollte nun, so gut oder so schlecht es ging, die
Nikobaren zu erreichen suchen, doch gab Rosen seinen
Plan, Kar-Nikobar zu besiedeln, keineswegs gänzlich auf,
nur konnte er sich nichts Bestimmtes vornehmen, weil nicht
zu berechnen war, wohin der Schooner sie führen würde.
Wider Erwarten hatte man diesmal mehr Glück, denn schon
am 30. August zeigte sich Gross-Nikobar und am 31. August
wurde der St. Georgs-Canal passirt, doch mit grosser Mühe,
denn das Wetter war ungünstig. Forbes hatte schon während der ganzen Reise beunruhigende Bemerkungen über den
gebrechlichen und lecken Zustand des Schooners gemacht,
nun aber schien sein Muth gänzlich gebrochen, denn er erklärte rundweg, dass es gar keine Möglichkeit sei, den Nangkowry-Hafen oder gar Kar-Nikobar anzulaufen, und dass man
sich auf weitere drei Wochen Irrfahrt gefasst halten müsse.
Er fügte hinzu, dass der Reis und die sonstigen Dauervor-
räthe im Lastraum gänzlich von faulem Seewasser verdorben
seien und man sich binnen Kurzem auf Hungersnoth vorzubereiten hätte. Dies war alles, nach den gehabten Erlebnissen,
nicht so unmöglich, deshalb entschloss sich Rosen, die Reise
nach Kar-Nikobar vorläufig aufzugeben, und bat Forbes,
wenigstens alles zu thun, was in seinen Kräften stände, um
den Nangkowry-Hafen so schnell wie möglich zu erreichen. Das
Glück war den Reisenden günstig, indem sich das Wetter
aufklärte und eine frische Brise sie schon am 1. September
Nachmittags 2 Uhr durch die westliche Einfahrt in den Hafen
trieb.

Dort hatte sich mittlerweile nichts zum Schaden und
auch nichts zum Besseren geändert. Christens war gänzlich nach Mongk'áta übergesiedelt, und auf diese Weise hatte
Rosen wenigstens einen Gesellschafter, wenn ihn das Fieber

auf das Bett warf, denn der Arzt war nämlich immer gleichzeitig mit dem Residenten bettlägerig, da das Fieber sich
bei beiden gewöhnlich mit dem Mondwechsel einstellte. Der
Schooner wurde bald darauf nach Coringa zur Reparatur
geschickt.

Am 22. September erschien plötzlich der Schooner „Star".
geführt vom Capitain Beduin, um zu sehen, was man eigentlich auf den Nikobaren mache. Das Gouvernement in Trankebar war nämlich wegen des langen Ausbleibens der „Cimbria"
ängstlich geworden, glaubte, dem Schiffe sei ein Unglück widerfahren und die Colonie stecke in Noth. Deshalb war dem
„Star" ein ansehnlicher Vorrath von Lebensmitteln und anderen Nothwendigkeiten mitgegeben worden, zugleich aber auch
eine sehr unliebsame Depesche an den Residenten, welche
diesen aufforderte, den Colonialarzt Christens mit der nächsten Reisegelegenheit nach Trankebar zu senden, indem
dort der Regiments-Feldscheer Ruhde gestorben sei und
diese wichtige Stelle nicht unbesetzt bleiben dürfe; von einem
Ersatzmann für Christens war natürlich keine Rede, und die
Colonie blieb von da an ohne Arzt!

Capitain Beduin wunderte sich übrigens höchlich, alles
fieberkrank zu finden, und gab den Europäern den wohlge-
meinten Rath, schwimmende Häuser zu bauen und darin auf
dem Wasser zu wohnen. Er selber kam auch wenig an's
Land, und doch sollte gerade er und seine Mannschaft von
der Seuche am härtesten betroffen werden, denn nachdem er
am 27. September — also fünf Tage nach der Ankunft —
abgesegelt war, um nach seinem Bestimmungsort Pulo-Penang
zu gehen, brach das nikobarische Fieber (diese Krankheit
nennt wenigstens Rosen!) an Bord seines Schiffes mit solcher Heftigkeit aus, dass er und ein grosser Theil der Mannschaft starben, noch ehe der „Star" den Hafen erreichte.
Leider hat uns Rosen nicht gesagt, ob der „Star" nikoba-

risches Trinkwasser eingenommen hatte, doch darf man dies
beinahe annehmen, ebenso wahrscheinlich ist es, dass Capitain
Beduin und seine Leute beim Landgange sich das frische Trinkwasser der Inseln ein- oder das andere Mal zu Nutzen gemacht haben, wie Seeleute dies fast immer zu thun pflegen;
vielleicht lag auch der „Star" recht dicht unter der Küste,
und es wurden ihm die giftigen Dünste des Strandes aus erster
Hand angeweht. Wahrscheinlicher ist es auch, dass Dysenterie
und nicht Fieber die Besatzung des „Star" befallen hatte.

Rosen hatte schon früher einmal beim Gouvernement
um die Erlaubniss nachgesucht, auf den kleinen Inseln Bambok und Teressa ein Etablissement anzulegen, weil diese
Eilande möglicherweise ein gesunderes Klima haben könnten,
wie die grösseren, dicht beisammen liegenden Inseln der mittleren Gruppe. Nun, nach der Irrfahrt wegen Kar-Nikobar,
fiel es ihm ein, mit Christens eine Erforschungsreise nach
diesen benachbarten Stätten zu unternehmen. Man war noch
im Besitze eines grossen Bootes, welches einige Monate zuvor sammt den Planken eines verunglückten Schiffes bei der
Ulálabucht an's Land getrieben worden war. Dies Boot wurde
in Stand gesetzt, einige Leute der Colonie, mehrere bezahlte
Nikobaresen und ein sprachkundiger Neger Namens Abraham, der aus Pulo-Penang vor vielen Jahren herübergekommen war, dienten als Mannschaft, und die Fahrt begann
frühzeitig am 8. December. Schon um 4 Uhr Nachmittags
wurde Bambok erreicht, welches eben so wie Teressa
vulkanischen Ursprungs scheint. Korallenwachsthum und An-
schwemmung haben seit Rosen's Zeit die Tiefenverhältnisse
bei beiden Inseln verändert und sie weniger geeignet zum
Anlegen gemacht. Rosen und Christens stiegen au's
Land, um unter den Kokuspalmen ihre Mahlzeit zu halten,
und sahen sich natürlich bald von Neugierigen umringt; auch
der Häuptling kam und bot ihnen seine Hütte als Nacht-

quartier an. Die Reisenden frugen nach Marlborough und erfuhren nun, dass dieser der Häuptling von Lakoi auf Teressa wäre, dass seine Insel aber als gemeinsame Benennung auch für Bambok gebraucht würde. Der Häuptling der letzteren Insel hatte eine recht geräumige Hütte, so dass den Reisenden kein Platz mangelte; sie fanden jedoch wenig Ruhe, denn bis Mitternacht strömten die Neugierigen ab und zu, erst dann wurde die Fallthüre des Fussbodens geschlossen, der Docht der Lampe geputzt, neues Schweinefett aufgegossen, damit während der ganzen Nacht Licht im Raume war, worauf sich die Mitglieder der Familie auf ihre Matten ausstreckten. Es dauerte jedoch nicht lange, da kehrten einige verspätete Nachzügler von der Jagd, Fischerei etc. zurück; jeder von ihnen ging zunächst an den Feuerherd, woselbst das Meloribrod in Schlingen hing, und stillte daran seinen Hunger, dann wurde eine Cigarre geraucht, hierauf einige Züge Toddy aus den aufgehängten Kokusschaalen getrunken und schliesslich Ruhe auf einer Matte gesucht. Rosen wurde durch diese wiederholten Ankünfte so gestört, dass er sich schliesslich aufsetzte und bis zum Anbruche des Morgens Cigarren rauchte.

Am anderen Tage um 9 Uhr wurde die Reise nach Teressa unternommen; das Wetter war vortrefflich, die Strömung jedoch so stark, dass es unmöglich war, mit dem nicht scharf genug gebauten Boote vorwärts zu kommen; nach einer anstrengenden Arbeit von 5 bis 6 Stunden sahen sich die Reisenden an der Südspitze von Bambok vorbeigetrieben, und nun kostete es das Aufgebot aller Kräfte, um nicht auf das offene Meer hinausgeworfen zu werden. Schliesslich erreichte man doch Abends 7 Uhr wieder den Punkt, von dem man Morgens abgefahren war. Hier fand sich der Häuptling Marlborough, begleitet von der jungen Mannschaft seines Dorfes, in seiner ganzen Pracht und Herrlichkeit mit einem Staats-Kanoe ein. Seine erste Frage war: „Weshalb kamt Ihr nicht zu mir?" Nachdem er die Ursache erfahren, gab er sich zufrieden, holte fünf Stück mittelmässiges Schildpatt hervor und machte Rosen ein Geschenk damit, erbat sich aber sofort als Gegenverehrung ein rothes Taschentuch und eine Flasche Arrak, welche Dinge er auch erhielt. Bei guter Zeit entfernte er sich mit seinem Gefolge, so dass die Reisenden wenigstens in ihrem offenen Boote eine behagliche, wenn auch sehr gefährliche Nachtruhe unter freiem Himmel geniessen konnten. Sie hatten von dem Besuche noch erfahren, dass die „Cimbria" in der Nähe des Nangkowry-Hafens gesehen worden war.

Am 10. December wurden mit Tagesanbruch die Segel gesetzt und aus aller Kraft gerudert, um nach Kamorta zu gelangen; Wind und Strömung vereitelten jedoch dies Vorhaben, so dass das Boot die Nordspitze von Katschal anlaufen und dort vor Anker gehen musste, zum grossen Verdrusse der beiden Europäer, welche nun noch eine Nacht nutzlos im Freien zuzubringen hatten, was besonders für Christens um deswillen störend war, weil er sich auf seine Abreise nach Trankebar, welche die Ankunft des Schooners ihm vorschrieb, vorbereiten sollte, und deshalb jeden Augenblick seiner Zeit wahrnehmen musste. Auf Katschal war weiter nichts Auffälliges, als das häufige Vorkommen eines flachen, sandigen Strandes und Austern von der Grösse einer recht grossen Schüssel. Die Schaalen einiger dieser Riesenaustern sammelte Rosen auf und schickte dieselben nach Trankebar. Am 11. December entschlossen sich die Reisenden, da die Ueberfahrt mit dem Boote unmöglich schien, das Schiffsboot auf Katschal unter dem Schutze von 7 Mann der Bootsmannschaft, unter denen Philipp Lapalme, zurückzulassen und in einem geliehenen Kanoe nach der Ulálabucht zu fahren. Der Neger Abraham und vier Mann der anderen von Kamorta mit hinübergenommenen Leute, sowie zwei Eingeborene von Katschal ruderten das Kanoe; einer der letzteren versah Steuermannsdienste. Das Schiffsboot sollte nachkommen, sobald das Wetter es erlaubte. Diese Fahrt war in sofern merkwürdig, als die Reisenden, da sie etwa die Hälfte der ziemlich 4 Meilen langen Strecke zurückgelegt hatten, ein tropisches Unwetter der schlimmsten Art heraufziehen sahen. Die Lage war bedenklich, und Rosen sowohl als Christens fühlten dies, doch konnte sich keiner von beiden überwinden, seine Gedanken auszusprechen. Sie blickten die Nikobaresen scharf an, um aus deren Mienen ihr Schicksal zu errathen, doch bemerkten sie an ihnen nichts, was auf Furcht deutete. Die Leute ruderten aber so angestrengt, das dass leichte, gebrechliche Fahrzeug gleich einem Pfeil durch die Wogen schoss und die Ulálabucht erreichte, ehe der Gewittersturm völlig losbrach. Die Bucht wurde durchschifft und dann der Heimweg landwärts eingetreten. Tüchtig durchnässt erreichten die Europäer ihr Haus auf Mong'káta und hörten dort zunächst, dass die „Cimbria" Tags zuvor angekommen wäre. Bei dieser Gelegenheit erinnert Rosen daran, dass die Nikobaresen hinsichtlich der Wetterveränderungen ein unglaublich feines Vorgefühl und richtiges Beurtheilungsvermögen besässen, denn nie hätte er erlebt, dass einer von ihnen zur See verunglückt wäre, da sie stets zur rechten Zeit die Küste zu erreichen wüssten.

Der Schooner hatte vom Trankebar'schen Gouvernement die schriftliche Genehmigung mitgebracht, die Colonie nach Bambok oder Teressa zu verlegen; Rosen war jedoch von aller Begeisterung für diese beiden Inseln geheilt, denn das Resultat seines Ausfluges war die mitgebrachte Erfahrrung, dass Bambok sowohl wie Teressa von denselben Krankheiten geplagt war, wie Kamorta und Nangkowry, dies hatten ihm die dortigen Eingeborenen gesagt und zum Ueberfluss hatte er an Ort und Stelle einen Beweis der Wahrheit in Gestalt eines fieberkranken Malayen gefunden. Dieser Mann gehörte zur Mannschaft einer malayischen Prahu, die auf Bambok gestrandet war, sich an's Land rettete und dort sammt und sonders krank wurde. Einige von ihnen starben, der Rest machte sich nach und nach auf anderen Fahrzeugen davon, nur einer blieb als gänzlich hülflos zurück und wurde auf sein Bitten von Rosen mitgenommen. Er schien dem Tode verfallen, erholte sich aber auf Mongk'áta so gut, dass er noch ein sehr nützlicher Arbeiter wurde und viele andere überlebte.

Nun war es die Insel Trinkut, welche sich Rosen als nächstes Ziel eines Colonisationswechsels erkieste. Er bestimmte den grade anwesenden Forbes, mit ihm einen Ausflug dahin zu unternehmen, und dieser war auch gleich bereit, vermuthlich um dadurch einer nochmaligen Entdeckungsreise nach Kar-Nikobar zu entgehen. Die Herren untersuchten eine Strecke des südlichen Theiles der Insel, die ihnen zwar sehr gut gefiel, aber nirgends eine bequeme Landungsstelle bot. Bei dieser Untersuchung wurden sie plötzlich von einem gewaltigen Unwetter überrascht, und da es bis zu dem einzigen nikobarischen Dorfe, an der Nordspitze der Insel, zu weit war, flüchteten sie sich unter eins der offenen Schauer, welche die Eingeborenen der benachbarten Inseln dort errichtet hatten, um darunter Obdach zu suchen, nachdem sie ihre Kokuspflanzungen besucht hatten. Es dauerte jedoch nicht lange, und die Reisenden trieften von Wasser unter dem mangelhaften Dache. Nachdem das Unwetter ausgeraset hatte, zündeten sie ein grosses Feuer an, traten dicht an dasselbe heran und drehten sich dann davor so lange im Kreise herum, bis ihre Kleider ihnen auf dem Leibe ziemlich getrocknet waren. „Und ich habe später keine schlimme Wirkung gespürt, die ich diesem Trockenverfahren zuschreiben zu können glaubte!" sagt Rosen in seinem Tagebuche sehr naiv bei dieser Gelegenheit — man stelle sich nur vor, ein fieberkranker, maroder Mann, seine Kleider auf dem Leibe trocknend.

Am 26. December segelte der Schooner ab und nahm den Bataillons-Chirurg Christens sowie den Sergeant Worm mit fort; letzteren auf Grund seiner Schwäche, denn derselbe hatte während seines halbjährigen Aufenthalts auf den Nikobaren das Krankenlager nicht verlassen, er starb auch, wenige Tage nach seiner Ankunft in Trankebar. Rosen sandte mit dem Schiffe einen Bericht über die Inseln Bambok und Teressa ein und suchte zu beweisen, dass nun das Fortbestehen oder Eingehen der Colonie von dem Ausfalle eines Versuches auf Trinkut abhinge. Er begann auch gleich damit, Materialien zum Hüttenbau hinüberzusenden.

Durch einen Zufall gelangte Rosen zu einer Verstärkung seiner Arbeitskräfte um 25 Mann; es kamen nämlich am 28. December Abraham und Joãn zu ihm und meldeten, dass bei Kákena, auf der Nordostspitze Kamorta's, eine birmanische Prahu gestrandet wäre; weiter berichteten sie, dass die Eingeborenen die günstige Gelegenheit, sich mit fremdem Gute zu bereichern, nicht von der Hand gewiesen, sondern die Prahu geplündert hätten, es sei jedoch Hoffnung vorhanden, dass das Geraubte den Geschädigten wieder zugestellt würde, wenn Abraham in Begleitung von zwei Nikobaresen und zwei malayischen Dienstleuten hübsch mit Pistolen und Gewehren bewaffnet, sowie mit der dänischen Flagge versehen, den Kákenaërn einen Besuch abstattete. Rosen gab den Leuten das Verlangte, jedoch mit der Weisung, von den Schiessgewehren nur zur Vertheidigung ihres Lebens Gebrauch zu machen. Die Sendung hatte wirklich den gewünschten Erfolg, indem die Birmanen das Ihrige zurückerhielten. Es glückte ihnen auch, ihre Prahu flott zu bekommen und sie fanden sich mit derselben vor Mongk'áta ein, fast gleichzeitig mit dem Eintreffen der Mannschaft einer anderen, aber bei Katschal gestrandeten Birmanischen Prahu. Die meisten dieser Leute boten Rosen ihre Dienste an, so dass er die Auswahl hatte und sich 25 der scheinbar besten Leute aussuchte und da behielt.

Das Jahr 1833.

Das neue Jahr begann Rosen mit ernstlicher Ausführung der Besiedelung von Trinkut, indem er alle Güter und Waaren von Mongk'áta nach Frederikshöi bringen liess und dort zur Bewachung nur einen Havildar oder Unteroffizier der Sipahies nebst einigen Mann stationirte. Kaum merkten die Nikobaresen, dass es mit der Besitznahme von Trinkut Ernst sei, da kamen ihre Häuptlinge und auch Abraham, um davon abzurathen; u. A. behaupteten sie, „die Stätte wimmle von Teufeln, es gäbe dort auch die schlimmsten Schlangen und Insecten, die man sich nur denken könne." Rosen wusste indessen, dass die Leutchen parteiisch seien, denn sie besassen auf Trinkut Kokus-, Bananen- und Arekaplantagen, die sie wohl durch die Colonisten für gefährdet halten mochten.

Nachdem alles Material zu den Hütten hinübergebracht worden war, schiffte sich Rosen mit dem Rest der Ansiedler auf dem grossen Boote ein, nahm noch einige Provisionen sowie das zur Colonie gehörige Kanoe mit. Die Fahrt ging schlecht, denn Wind und Strömung kamen mit grosser Kraft aus Osten, so dass man beim Dorfe Injong, ausserhalb der östlichen Einfahrt, liegen bleiben musste. Während des Wartens an jenem Punkte kam der Häuptling von Eldegóa mit seinen Leuten und erbot sich aus freien Stücken, die Ansiedler nach Trinkut hinüber zu rudern. Rosen war hoch erfreut über dieses Anerbieten, er einigte sich bald mit den Wilden über die Bezahlung und die Fahrt begann. Man hatte aber einen schlechten Kauf gemacht oder die Sache war von den verschmitzten Eingeborenen fein angelegt worden, genug der Häuptling und seine Leute, sämmtlich Trunkenbolde der ärgsten Art, ruderten so faul, dass man kaum von der Stelle kam und dabei riefen sie beständig nach Schnaps und Cigarren. Etwa gegen 11 Uhr Nachts, da man grade mitten zwischen Kamorta und Trinkut war, erklärten sie, nicht weiter zu können, und machten den Vorschlag, in Rosen's Canoe zurückzufahren und am andern Morgen wiederzukommen. Selbstverständlich liess sich Rosen hierauf nicht ein und die Wilden thaten auch, als ob sie sich fügten, plötzlich jedoch, auf ein gegebenes Zeichen des Häuptlings, sprangen sie in's Wasser, kletterten in das Kanoe und machten Miene, sich desselben mit Gewalt zu bemächtigen; nun liess Rosen die Sipahies auf die dummpfiffigen Leute anschlagen und erklärte, Feuer geben zu lassen, wenn sie nicht sofort weiter ruderten. Dies half, und spät in der Nacht kam man am Strande von Trinkut an. Das Lehrreiche bei dieser Sache war, dass die Wilden die ihnen angethane Gewalt niemals vergolten haben, obwohl sie später manche Gelegenheit dazu hätten finden können.

Vom 14. Januar an wurde nun mit Aufgebot aller Kräfte an der Instandsetzung der neuen Anlage, die hauptsächlich an der Ostküste der Insel liegen sollte, gearbeitet, und es ging alles ziemlich gut. Ein geräumiger Landungsplatz an der Westküste wurde ausgerodet, ein grosses Packhaus daselbst aufgeführt, während an der Ostseite ein kleineres pro-

visorisches Residentenhaus und eine grosse Hütte für die
Leute errichtet wurde. An ersterem und letzterem Punkte
wurden auch mehrere Brunnen gegraben, mitten zwischen beiden Plätzen eine grosse Rodung ausgeführt und beide Orte
durch einen Weg, der aus dem Dickicht herausgehauen wurde,
verbunden. So viel Mühe um Nichts!

Das erste Uebel, mit dem die Ansiedler auf dem neuen
Platze zu kämpfen hatten, war der Widerwille der Nikobaresen gegen das ganze Unternehmen. Die meisten Bewohner
von Kamorta und Nangkowry hatten nämlich, wie schon angedeutet, Plantagen auf Trinkut, und nun gab es alle Tage
Streit zwischen ihnen und Rosen's Leuten über verletztes
Eigenthum. Bald klagten sie, man hätte ihnen gepflanzte
Bäume umgehauen, bald Kokusnüsse, Bananen, Arekanüsse
oder Betelblätter entwendet, oder auch, man entkräfte ihre
Kokuspalmen durch Abhauen zu vieler Blätter (welche letztere Klage durchaus begründet war!), so dass Rosen nicht
wusste, wem er Recht geben und wohin er überall die Augen
wenden sollte. Das Missvergnügen der Nikobaresen war jedoch das kleinste Uebel, weit Schlimmeres sollte sich noch
einstellen. Während Rosen blosse Ausflüge auf Trinkut gemacht hatte und so lange er in seinen Mantel gehüllt unter
freiem Himmel im offenen Boote schlief, hatte er nie eine
Belästigung durch Insecten verspürt; ebenso ging es seinen
Leuten in der ersten Zeit, so lange diese gleich ihm im Boote
schliefen. Kaum waren jedoch die Hütten fertig und bezogen
worden, da entstand eine Plage, welche geeignet war, den
geduldigsten Menschen bis zur Tollheit zu reizen und die
Alle ohne Ausnahme bis auf das Aeusserste entkräftete, weil
Niemand mehr auf der Insel zum richtigen Schlafen gelangte.
Die Plagegeister waren Muskitos, welche sich nach dem
Eintritte der Dunkelheit in wolkenartigen Schwärmen erhoben
und auf die Menschen stürzten, ausserdem eine Art schwarzer

Fliegen von der Grösse eines Sellerie-Samenkorns, die in
solchen Massen in die Gemächer drangen, dass binnen wenigen Minuten das Oel in den Lampen von ihren Leibern
schwarz war. Nichts half gegen ihre Zudringlichkeit und ihre
entzündenden schmerzhaften Stiche. Rosen nähte sich aus
Leinewand ein sogenanntes Schlafnetz, doch musste er dasselbe wegen Mangel an Raum zu klein machen, und so wurde
jede Nacht für ihn eine schlaflos verbrachte russische Schwitz-
kur, während die Leute sich von Haupt bis zu Füssen in
ihre Kleider hüllten, ohne Schutz vor den Insectenstichen zu
finden. Die einzigen, welche sich zu retten wussten, waren
die Birmanen. Diese Leute erbauten sich dreissig Fuss hohe
Schlafgerüste, indem sie vier dünne Stämme in den Boden
gruben und in der bezeichneten Höhe durch Querstangen derart
verbanden, dass 6—8 Menschen auf der solchergestalt gebildeten Plattform Raum zum Schlafen fanden. Mittels einer aus
Rotang geflochtenen Strickleiter erkletterten sie allabendlich
diesen luftigen Horst, den der erste Sturm über den Haufen
geworfen haben würde und der sich auch nur während der
trockenen Jahreszeit benutzen liess. Die Wirksamkeit dieser
Schlafstätte beruhte auf dem Umstande, dass die Muskitos
und die anderen erwähnten Insecten sich nicht gern hoch vom
Boden erheben, wie sie andererseits nicht über eine Wasser-
fläche fliegen mögen.

Zu der Insectenplage, welche die Leute blos entkräftet
und mürrisch machte, gesellte sich bald die schlimmste von
allen, das Fieber, welches natürlich da am meisten herrschen
muss, wo Muskitos am üppigsten gedeihen, d. h. in der Nähe
von Morästen und Tümpeln. So schlimm wie auf Trinkut
waren die Leute noch nie vom Fieber angefallen worden, am
schlimmsten von allen erging es jedoch den Birmanen, die
binnen drei Wochen bis auf den letzten Mann erkrankten.
Alle Arbeit blieb liegen — es gab zuletzt auf dem Eilande

nur noch ganz hülflose Kranke und sieche Krankenpfleger.
Auch Rosen bekam Rückfälle und dazu eine neue Plage,
die ihm vorher unbekannt war, nämlich eine Unmasse Geschwüre an den Beinen, grade wie Haensel dies begegnet
war. Diese Geschwüre müssen wohl ein Selbsthelfen der Natur
sein, um den Fieberkrankheitsstoff aus dem Körper auszu-
scheiden.

Das Elend auf der Ansiedelung wurde doch zu arg, um
länger erträglich zu bleiben. Rosen beschloss Aufbruch und
Rückkehr nach Mongk'áta, mochten die Eingeborenen und
mochte das Gouvernement in Trankebar davon denken, was
beliebte. Am 11. und 12. Februar wurde der Umzug bewerkstelligt; am letztgenannten Tage waren Alle sammt Hab
und Gut wieder auf dem alten Platze und in den alten Hütten. Dass dieser Wechsel so schnell ging, das dankte man
den Nikobaresen, denn kaum hatten diese Rosen's Entschluss
vernommen, da eilten sie in Massen herbei und schleppten
Menschen und Sachen in ihre Kanoes und ruderten damit
nach Kamorta. Der Abzug hatte viel Aehnlichkeit mit dem
Aufräumen eines Schlachtfeldes oder einer erstürmten Stadt,
denn sämmtliche Birmanen und noch viele andere der Colonisten mussten in leinenen Laken an Tragestangen fortgeschafft
werden.

Der Gesundheitszustand besserte sich nach geschehenem
Ortswechsel sofort, nur von den Birmanen starb einer, ob in
Folge des Fiebers oder der Dysenterie ist nicht gesagt. Die
Birmanen hatten übrigens das Colonisiren satt und forderten
sämmtlich ihren Abschied, den ihnen Rosen mit Freuden
gewährte. Sie setzten dann, so gut sie konnten, ihre Prahu
in Stand und segelten ab, litten aber bei Teressa auf's Neue
Schiffbruch, ohne jedoch deshalb wieder umzukehren.

Rosen war nun einmal der Ansicht, dass die Höhe von
Mongk'áta der unheilvollste Punkt auf Kamorta wäre, weil

sie eben hoch lag; deshalb musste, seiner Ansicht nach, am
Fusse von Mongk'áta ein gesünderes Wohnen sein. Hierin
hatte er insofern recht, als am Fusse dieser Höhe sich nur
die faulen Dünste des Nangkowry-Hafenstrandes und nicht
auch noch die der Ulálabucht geltend machten. So schwer ihm
das Gehen wegen der seine Beine bedeckenden Geschwüre
auch wurde, begann er doch schon am 13. Februar seine
Wanderungen zur Untersuchung der Küste und überzeugte
sich zunächst, dass dort ein schweres Stück Arbeit bevor-
stand, denn alles war dicht mit hohen Urwaldsbäumen bewachsen, unter denen sich ein undurchdringliches Unterholz
unentwirrbar verschlungen hatte, besonders machte sich eine
dicke Art Rotang geltend, deren scharfe, gekrümmte Stacheln
das furchtbarste Hinderniss bildeten. Unmittelbar an der Küste,
bis weit in den Hafen hinein, wuchs ein dichter Mangrove-
wald. Es wurden nun die Leute hinabgesendet, um mit der
Axt in der Hand Platz für die Ansiedelung zu machen. Die
Arbeit fiel den entkräfteten Leuten ungemein schwer, und
wer weiss, ob sie nicht ganz liegen geblieben wäre, wenn
sich nicht die Nikobaresen hülfsbereit gezeigt und das Holzfällen übernommen hätten. Es stellten sich jeden dritten
oder vierten Tag ca. 20 Mann dieser kräftigen Leute ein und
übernahmen die schwerste Arbeit, so dass die Kulies und
Sipahies einen Brunnen graben, Hütten aufführen und dergleichen leichteres Werk thun konnten. Uebrigens darf man
doch nicht glauben, dass ein sonderlich grosser Platz frei-
geholzt wurde, denn die ganze Fläche hatte nur eine Länge
von ca. 150 und eine Breite von 20—50 Schritten. Sobald
es der Raum zuliess, wurden zuerst die Hütten der Leute
und zuletzt Rosen's Haus aufgerichtet.

Da der Resident beschlossen hatte, dort auszuhalten,
woselbst er nun einmal war, nämlich auf der vierten Ansiedelung, war er auch Willens, sich selbst und den Leuten

bequemere und gegen die Witterung besser geschützte Wohnungen zu verschaffen. Dies konnte nur durch steinerne Bauten bewerkstelligt werden, denn nur in diesen war Sicherheit, nicht plötzlich im Bette vom Regen oder dem durchsausenden Sturmwind überrascht zu werden, wie bisher geschehen war, und nur in solchen Bauten konnten die Waaren und Lebensmittelvorräthe wirklich gegen klimatische Einflüsse, Insecten und Verderben geschützt werden. Es wurde also mit Ziegelstreichen und Kalkbrennen begonnen. Letztere Arbeit war nicht schwierig, denn Zweigkorallen waren im Ueberfluss vorhanden, ebenso Holz, und zum Brennen baute man einen primitiven Ofen, wie solche in Ostindien üblich sind. Das Ziegelstreichen erwies sich aber als der schwierigste Theil aller bisher übernommenen Aufgaben. Man hatte hierbei mit folgenden Uebelständen zu kämpfen: In der nassen Jahreszeit hatte man jederzeit das nöthige Wasser zum Anrichten der Thonmasse, aber man konnte die geformten Ziegel nicht abtrocknen. ja die niederstürzenden Regenmassen lösten die mühsam geformten Steine wieder in Brei auf; in der trockenen Jahreszeit hingegen fehlte es wieder am nöthigen süssen Wasser, zum Zurichten der Masse, da man bekanntlich Salzwasser nicht nehmen darf. Das durchaus nöthige Innehalten von Terminen bei der Fabrikation liess sich niemals durchführen, weil der wie das Wetter veränderliche Gesundheitszustand der Leute stets einen Querstrich durch die weisesten Berechnungen machte; überdies verstanden die Hindus nicht mit der nikobarischen Thonmasse, die viel fetter ist, wie die ostindische, umzugehen, es musste deshalb der für sie brauchbare Thon überall mühsam zusammengeschabt und dann mit Sand gemischt werden, der keine Korallentheile enthalten durfte; solchen fand man aber nur an einer einzigen Stelle dicht bei der Küste, obwohl nicht in bedeutender Menge und auch dieser enthielt noch eine grosse Beimischung von Lehm. Die Ziegel fielen meistens **morsch** aus, und es wurden während des Jahres 1833 höchstens 40,000 Stück hergestellt. Uebrigens war **Rosen** der Ansicht, dass die viel gewandteren und verständigeren **europäischen** Ziegelstreicher mit dem nikobarischen Material gewiss vortreffliche Ziegel erzeugt haben würden.

Dr. **Rink** hat eine Probe des Thons von Südkamorta untersucht und sagt darüber Folgendes: „Der Thon ist in den äusseren, der Luft ausgesetzten Theilen weiss oder hellgelb, aber weiter nach innen, da wo die Verwitterung noch nicht hineingedrungen ist, erscheint er von grauer Farbe. Er bildet eine schwach zusammenhängende, leichte, schwammige und stark wassersaugende Masse, die beim ersten Anblick dem Meerschaum nicht unähnlich scheint. Unter der Loupe zeigt er sich völlig gleichförmig und fast ohne Spur von Glimmerblättchen. Mitunter braust er mit Säuren etwas auf, mitunter gar nicht. Er lässt sich mit Leichtigkeit pulverisiren und wenn man ihn zu schlemmen versucht, hält er sich sehr lange im Wasser suspendirt. Ich habe vergebens versucht, ihn durch Kochen mit concentrirter Salzsäure oder Schwefelsäure zu decomponiren, wodurch nur Spuren von Basen ausgezogen wurden. Er enthält immer Talkerde. Vor dem Löthrohr schwärzt er sich zuerst und schmilzt dann an den Kanten. Eine Analyse durch Schmelzen mit kohlensaurem Natron ergab: Kieselerde 72,2; Eisenoxyd 8,3; Thonerde 12,3; Talkerde 2,1; Wasser 5,6 = 100,5 Theile. Mitunter sind die Thonmassen zerklüftet und man findet dann die Zwischenräume mit schönen Gypskrystallen und Plättchen von Eisenoxydhydrat ausgefüllt; an denselben Orten ist die den Sonnenstrahlen ausgesetzte Hügelwand öfter mit efflorescirter, schwefelsaurer Talkerde in seidenglänzenden Nadeln bedeckt. Die Bildung dieser Stoffe lässt sich leicht erklären, wenn man bedenkt, dass die Bruchstücke in den Conglome-

14

eines „Colonial-Packhaus-Assistenten" bekleiden und nebenbei dem Residenten im Beaufsichtigen der Arbeiter behülflich
sein. Die Freude war freilich nur von sehr kurzer Dauer,
und wollen wir bei dieser Gelegenheit auf die alle Begriffe
übersteigenden Forderungen hinweisen, welche nothgedrungen
an Rosen, trotz seines hochklingenden Titels, herantraten.
Er hatte seither das Amt eines Packhaus-Aufsehers und Rationen - Vertheilers ganz allein selber versehen müssen, weil
er noch keinen Mann auf der Insel gehabt hatte, dem er
einerseits dies Amt zumuthen und andererseits das hierzu
nöthige Vertrauen schenken konnte. Das Abmessen und tägliche Ausgeben der Rationen war mit die widerlichste Beschäftigung, gleichzeitig sehr anstrengend und an eine pünkt-
liche Zeit gebunden, gleichviel, ob Rosen krank war oder nicht.

Die „Cimbria" brachte auch einen Brief vom Trankebar'schen Gouvernement mit, das nunmehr durch den neuangekommenen Capitain K. E. Mourier als Gouverneur und
die Regierungsräthe J. Rehling und P. Hansen vertreten
ward; in dem Schreiben wurde die Erwartung ausgesprochen,
dass der Schooner den Residenten bei der neuen Ansiedelung
auf Trinkut finden würde; es sei dieses Unternehmen zwar
nicht gebilligt worden, denn man hätte lieber einen Versuch
auf Bambok gesehen, indessen hoffe man, dass die Dinge
auf Trinkut nach Wunsch gehen würden. Der Plan, aus
Pulo-Penang mit Hülfe des Schooners junge Gewürzbäumchen
und einige chinesische Gärtner zu holen, um auf den Nikobaren Gewürzplantagen anzulegen, fand den vollkommenen
Beifall des Gouvernements, nur wurde die Mitreise des Residenten nach Pulo-Penang nicht bewilligt.

Rosen machte sich wegen diesen Briefes viel Kopfzer-
brechen, denn er sah nunmehr wohl den bitteren Inhalt des
folgenden Schreibens schon voraus, wie auch eintraf. „Der
Aufenthalt auf Trinkut hatte in meinem Körper schlimme

Nachweben hinterlassen; Sucht nach Wechsel und Zerstreuung
waren es nicht, die mich nach Trinkut getrieben!" bemerkt
Rosen etwas unwirsch in seinen Aufzeichnungen. Das ist
richtig, er war aber von der fixen Idee beherrscht, es müsse
irgend wo auf den Nikobaren einen gesunden Fleck Erde
inmitten des Pestbodens geben, und nach diesem suchte er
bisher.

Es kam nun darauf an, dass die „Cimbria" so schnell
wie möglich segelklar wurde, damit die Pflänzlinge gleich bei
Beginn der nassen Jahreszeit auf den Nikobaren ankämen.
Forbes sputete sich auch so viel er konnte; er erklärte
aber, der malayischen Sprache, die damals auf Pulo-Penang
die landläufigste war, nicht mächtig zu sein, weshalb es nöthig
war, ihm einen sprachkundigen und zuverlässigen Mann zum
Führer der Verhandlungen und Besorgung der Einkäufe mit-
zugeben. Hierzu eignete sich einzig und allein Thomas
Due, der demnach am 18. März mit der „Cimbria" absegelte,
um nie wiederzukehren. Der Herr Resident war also wieder
nach wie vor in eigener Person Packhaus-Assistent und, seit
Christens' Abreise, auch wieder Colonialarzt!

Was sich mit dem Unglücks-Schiffe auf dieser Fahrt ereignete, werden wir weiterhin berichten, was aber die Verstärkung betrifft, welche der Schooner für die Colonie gebracht hatte, so wurde dieselbe zunächst eine Last, denn
fünf Tage nach dem Abgange des Schiffes lagen alle Neuangekommenen sammt und sonders krank darnieder. Ausserdem ereignete sich der ärgerliche Vorfall, dass einer der
Kulies, ein losgekaufter malayischer Sklave, ausriss und sich
in einem der Dörfer an der Ulálabucht versteckte. Rosen
hätte ihn mit Hülfe der Nikobaresen sehr leicht einfangen
können, doch bedachte er, dass er durch das Gefangensetzen
und Bewachen eines so desperaten Kerls seinen wenigen, entkräfteten Sipahies nur eine neue Last aufbürden würde, des-

halb liess er diesen höchst bedenklichen Vorfall ungestraft hingehen.

Am 10. April war alles auf dem neuen Ansiedelungs-platze in Stand gesetzt, selbstverständlich, soweit von Instand-setzen die Rede sein kann, wo hölzerne Hütten die Hauptsache sind. Rosen nannte den neuen Ort „Frederikshavn", d. h. Friedrichshafen.

Zu den vielen Widerwärtigkeiten, mit denen die Coloni-sation schon zu kämpfen hatte, gesellte sich noch ein neuer Uebelstand — der vollständige Salzmangel. Um sich diese unentbehrliche Würze zu verschaffen, stellte Rosen die ver-schiedenartigsten Versuche an: zuerst liess er Seewasser in eisernen Grapen verdampfen, durch welches Verfahren er zwar ein geniessbares, aber schwarzes Salz erhielt, dann nahm er nikobaresische Thonpfannen und erzeugte in ihnen ein weisses, gutes Salz, musste aber die Pfannen nach ein-maligem Gebrauche wegwerfen, weil sie zersprangen; nach Eintritt der trockenen Jahreszeit versuchte er es mit der hindustanischen Weise, indem er flache Bassins beim Strande ausgraben, voll Seewasser laufen und dann absperren liess. Dieser Versuch schlug gänzlich fehl, da weder die feuchte Luft, noch die eigenthümliche Erde der Inseln die Salzbildung durch natürliches Verdunsten erlaubte.

Es fehlte auch nicht an lästigen Abwechselungen, wo-durch die vorhandenen Verlegenheiten noch vermehrt wurden. Am Abend des 9. Mai klopfte es spät und mit Heftigkeit an Rosen's Thür. Verwundert öffnete er und erblickte vor sich die 6 Fuss hohe Gestalt eines Europäers im langen Rock und in jeder Hand ein Pistol haltend. In der ersten Ueberraschung wollte Rosen die Thür zuschlagen und nach seinen Schusswaffen laufen, da sah er zum Glück, dass hinter dem seltsamen Fremden der Häuptling von Inúang und meh-rere seiner Leute standen; nun schien es ihm klar, dass

kein feindlicher Ueberfall beabsichtigt wurde. Der un-
heimliche Gast trat ein, legte seine Pistolen auf den Tisch
und warf sich ohne Weiteres in den Stuhl, welchen Rosen
soeben verlassen hatte, dann rief er: „Here is a ruined man
come to die among you!" Der menschenfreundliche Wirth
bedeutete den Fremden, dass derartige Worte von übler Vor-
bedeutung sein könnten, denn mit dem Sterben könnte auf
den Nikobaren sehr bald Rath werden; der Wüstling unter-
brach die Ermahnungen jedoch mit der Frage: „Have you
any brandy?" Da kein Cognac vorhanden war, wurde ihm
eine Flasche Genever vorgesetzt; er füllte sich mit der
scharfen Flüssigkeit ein Wasserglas bis weit über die Hälfte,
goss des Scheines halber ein paar Tropfen Wasser hinein
und leerte es auf einen Zug. Nun entspann sich eine Unterhaltung, aus der Rosen erfuhr, dass er es mit einem
Herrn Craw zu thun habe, der aus Bengalen mit seiner
Brigg „Francis Ann" herübergekommen war, um sich auf
den Inseln niederzulassen und von dort aus einen Handel
mit Kokusnüssen nach den verschiedenen Küstenplätzen der
Bengalischen Bucht zu treiben. Schliesslich wurde der Mensch
so betrunken, dass er nicht mehr zusammenhängend sprechen
konnte und verlangte ein Bett. Da nur eins vorhanden war,
blieb dem Wirthe nichts weiter übrig, als die Nacht auf
einem Stuhle zu schlafen. Der wüste Gesell blieb am andern Tage auch noch da und machte sich sehr unangenehm,
indem er für die seinem Wirthe veranlassten Unkosten und
Unbequemlichkeiten keineswegs dankte, sondern noch im Gegentheile sich über unvollständige Pflege und mangelnde Be-
quemlichkeit beschwerte. Erst am Nachmittage glückte es
Rosen, den ungebetenen Gast mit Hülfe der Nikobaresen
nach seiner Brigg hinauszuspediren, doch kam er mit dem
Schiffe 2 Tage später wieder in den Hafen zurück und plagte
dann den Residenten fast täglich, ziemlich einen Monat lang,

mit seiner lästigen Gegenwart. Erst am 5. Juni starb er, wohl mehr in Folge seiner liederlichen Lebensweise als des Klimas's, und wurden neben dem Sergeanten Voigt auf Frederikshöi begraben. Er war das Mitglied einer vornehmen englischen Familie, war Lieutenant in der englischen Marine gewesen, aber wegen seiner Excesse schliesslich aus dem Dienst gejagt worden; nachdem er dann seinen Freunden und Verwandten viel Geld gekostet und viel Aerger verursacht hatte, beschlossen sie, noch einmal die Mittel aufzubringen, um ihn nach den Nikobaren zu schaffen, „damit ihn dort der Teufel hole", denn die Inseln erfreuten sich für solchen Zweck schon eines guten Namens. Dies alles erfuhr Rosen von dem Steuermann der „Francis Ann", einem Schotten Namens Toole, der ein durchaus anständiger und braver Mensch war, mit Rosen täglichen Umgang hielt, aber diesem auch viel Last verursachte, da er ihm u. A. bei der Ausbesserung und Ausrüstung seines schlechten Schiffes wesentlich behülflich sein und ihm wiederholt aus den Vorräthen der Colonie Lebensmittel und andere Nothwendigkeiten verkaufen musste, was leicht für die Colonie schlimme Folgen hätte haben können, abgesehen von anderen Unzuträglichkeiten.

Der 17. Juli war für den armen Rosen ein unvergesslicher Unheilstag, von dem er sagt, dass er ihm einen Krankheitsanfall brachte, wie er solchen in seinem Leben niemals zuvor und auch nicht nachher gehabt hat, und den er für eine „Abart des nikobarischen Fiebers" hielt. Einer der Leute hatte dieselbe Cholik zwei Tage lang gehabt und starb daran, ein anderer bekam sie später und starb binnen 12 Stunden. Rosen glaubte auch, dass er sterben müsste, und schickte deshalb nach Mr. Toole, damit dieser seinen letzten Willen und Mittheilungen an seine Familie niederschriebe. Toole kam jedoch nicht, denn er hatte ebenfalls einen Fieber-

anfall bekommen und lag schon 4 Tage krank in seiner Cajüte darnieder. Für unsere Marine-Aerzte ist die Selbstkur,
welche Rosen versuchte, vielleicht interessant und sie können
aus derselben wahrscheinlich ermitteln, welche Krankheit
eigentlich vorlag: Am Morgen des genannten Tages fühlte
Rosen Schmerzen und Drücken auf der Brust, am Abend
verspürte er eine Art Fieberfrost mit demselben Druck,
worauf sich nach dem Niederlegen Cholik einstellte, die bald
so heftig wurde, dass er um Hülfe rufen musste. Er versuchte nun verschiedene Mittel zur Besänftigung der Schmerzen, jedoch vergeblich, denn weder Salz noch Kastor-Oel
wollten helfen, auch heisse Servietten auf den blossen Leib
gelegt brachten keine Linderung. Die Schmerzen waren so
furchtbar, dass der Kranke nicht eine Minute auf demselben
Flecke aushalten konnte; er verbrachte die Nacht schlaflos, indem er bald aufsprang und umherlief, bald sich auf
das Bett warf. Der 18. Juli begann wie der vergangene
Tag; der Kranke liess Servietten so stark erhitzen, dass sie
schwitzten und sich dann auf den Magen legen, ohne dass
dies im Geringsten half, ja schliesslich fühlte er nicht einmal, dass sie ihn erwärmten. Der dritte Tag verlief in
derselben Weise; es wurde mit Klystieren versucht und
schliesslich, um nichts unversucht zu lassen, spanische Fliegen auf den Magen gelegt, aber sie wollten nicht ziehen,
angeblich, weil die betreffende Stelle vorher nicht mit Essig
eingerieben worden war. Der vierte Tag war noch schlimmer
wie die drei vorhergehenden, und nun schickte Rosen nach
Mr. Toole, weil er seine Stunde für gekommen hielt, er
selber konnte keine Feder mehr ansetzen. Am Abend dieses
Tages fiel es ihm ein, ein warmes Bad zu versuchen; ein
solches ward hergerichtet und kaum lag der Kranke einige
Minuten in demselben, da liessen die Schmerzen nach und
er empfand eine unbeschreiblich wohlthuende Linderung, doch

dauerte dies nur so lange, als er im Bade blieb, dann stellten sich die Schmerzen auf's Neue und heftiger ein wie zuvor. Jetzt hielt sich Rosen für völlig verloren, doch nach einigen Stunden begann er Linderung zu verspüren und obwohl er auch jetzt noch nicht schlafen konnte, nachdem er fünf Tage und fünf Nächte völlig schlaflos zugebracht hatte, besserte sich sein Zustand von da ab doch, und am neunten Tage befand er sich „ziemlich wohl". Diese Krankheit muss doch Dysenterie und nicht Fieber gewesen sein.

Das ungewöhnlich lange Ausbleiben der „Cimbria" hatte Rosen schon eine geraume Weile im Stillen beunruhigt, als er aber seine Gedanken dem Seemann Toole mitgetheilt hatte und von diesem erfuhr, dass auch er glaube, dem Schooner müsse ein Unglück widerfahren sein, da hatte er gar keine Ruhe mehr, und beide Herren sahen nun beständig nach dem sehnlichst erwarteten Schiffe aus. Hierbei widerfuhr ihnen eines Tages eine komisch-verdriessliche Täuschung, indem sie einen Hanmai der Eingeborenen, d. h. ein von diesen abgeschicktes Teufelsfloss mit seinen drei Masten und Mattensegeln für ein europäisches Fahrzeug hielten und ihm ein Boot bis weit in die See hinaus entgegenschickten. Die Leute brachten zum Beweise der Wahrheit den grossen Mast des Hanmai mit an's Land, der 20 Fuss lang war. Wenige Tage nach dieser Täuschung, am 5. August, erschien aber wirklich ein grosser Dreimaster und segelte dicht an der östlichen Einfahrt des Nangkowry-Hafens vorbei. Nun schwur jedoch Mr. Toole bei seinem Leben, dass man es jetzt mit einem leibhaftigen Schiffe zu thun habe, und darauf hin stiegen beide Herren in ein Boot, um dem Fahrzeuge, welches nicht gut laviren konnte, entgegenzufahren. Nahe bei demselben kam ihnen schon das grosse Boot des Dreimasters, der „Ahmed Shaw" hiess, entgegen, und in demselben sass zu Rosen's grösster Freude der Capitain Halsöe, welcher bekanntlich die „Cimbria" zu allererst geführt hatte. Das Wiedersehen dieses alten lieben Bekannten rührte Rosen bis in's Innerste; er stieg sogleich in Halsöe's Boot und sprach zunächst mit ihm über seine Familienangelegenheiten, die der Capitain sehr genau kannte, dann erst gingen die Herren zu anderen Angelegenheiten über, die durchaus unangenehmer Natur waren. Das Gouvernement in Trankebar hatte nämlich erfahren, dass die „Cimbria" im hülflosesten Zustande in Pulo-Penang lag, deshalb hatte es sich an Halsöe, den Capitain des „Ahmed Shaw", mit dem Anmuthen gewandt, auf seiner bevorstehenden Tour nach Penang einen Cargo Lebensmittel etc. für die Colonie mitzunehmen, und zu versuchen, die „Cimbria" in seine Gewalt zu bekommen, um sie dann nach den Nikobaren zu bringen.

Das Schicksal der „Cimbria" war folgendes gewesen: Als sie am 18. März aus dem Nangkowry-Hafen absegelte, war noch alles wohl an Bord, aber schon 2 Tage nach der Abfahrt brachen die Krankheiten aus (Rosen spricht natürlich immer nur vom Fieber), derart, dass das Schiff binnen Kurzem ein blosses Lazareth war und nur mit Mühe und Noth den Hafen von Pulo-Penang zu erreichen vermochte. Von der Mannschaft starben drei, ausserdem der Capitain Forbes und der für Rosen und den Zweck der Reise so wichtige Thomas Due; Steuermann Burnet, obwohl gefährlich erkrankt, erholte sich doch wieder am Lande und übernahm nun das Commando des Schiffes. Die unvorhergesehenen Ausgaben, welche das Unglück mit sich führte, hatten es nothwendig gemacht, auch die zu Einkäufen und Anwerbungen bestimmte Summe aufzubrauchen, deshalb wandte sich Burnet wegen eines Vorschusses an die öffentlichen Functionäre von Pulo-Penang, doch diese stellten sich sehr ängstlich, obwohl sie wissen konnten, dass die königlich dä-

nische Regierung zu Trankebar für das Darlehn unbedingt
aufkommen würde. Erst nach langem Verhandeln und nachdem sie die Schiffspapiere in Pfand genommen hatten, entschlossen sie sich, dem Steuermann B u r n e t 1000 Rupien
vorzustrecken, mit welcher Summe dieser den Schooner aus-
rüstete und Ende Mai oder Anfang Juni nach den Nikobaren
zu segeln versuchte. Bei der Nordspitze von Sumatra wurden
die Reisenden jedoch von heftigem Unwetter befallen, und
es stellte sich eine so gewaltsame Strömung ein, dass sie
die schon sehr schadhaft gewordene Verkupferung des Schiffes
ablöste und fladenweise vor den Augen der Mannschaft am
Fahrzeuge vorbeitrieb. Als die Leute dies sahen, glaubten
sie in ihrem ersten Schreck, der Schiffsboden sei völlig leck
und hielten sich für verloren; die Pumpen bewiesen ihnen
nun zwar, dass die Sache nicht ganz so schlimm stände, doch
hielt sich B u r n e t für verpflichtet, in einen Hafen von Sumatra einzulaufen und dort einigermassen zu repariren, worauf
er wieder nach P u l o - P e n a n g zurücksteuerte, woselbst sich
herausstellte, dass der Schooner gründlich kalfatert werden
musste, was etwa 1200 Rupien kostete. Mittlerweile wurde
B u r n e t wieder vom Fieber befallen, ging an's Land, kümmerte sich um nichts weiter und liess Schooner wie Mannschaft für sich selber sorgen.

Die Nachricht von diesen Begebnissen hatte das Trankebar'sche Gouvernement bewogen, der Colonie mit dem „Ahmed Shaw" einen Besuch abstatten zu lassen, und den Capitain H a l s ö e darum anzugehen, Alles aufzubieten, um die
„Cimbria" in Händen zu bekommen und sie wo möglich gleich
nach den Nikobaren zurückzubringen. Es muss aber in Trankebar ein merkwürdig schleppender, kopfloser und dazu noch
büreaukratisch hochmüthiger Geschäftsgang geherrscht haben,
anders bleibt es unerklärlich, wie man einem Kauffahrtei-Ca-
pitain den schwierigen Auftrag geben konnte, ein im fremden

Hafen liegendes Schiff der königl. dänischen Regierung, das noch dazu gewissermassen verpfändet war und einen nominell rechtmässigen Schiffsführer hatte, an sich zu bringen, während man ihm keinerlei amtliche Vollmacht für dieses Beginnen in die Hände gab. Ohne solche Vollmacht war gar nicht daran zu denken, dass Halsöe seinen Auftrag erledigen konnte, deshalb wandte er sich sofort an den Residenten Rosen, ihm ein derartiges Certificat auszustellen. Rosen sagte sich nun, dass er den Halsöe als einen durchaus rechtschaffenen, besonnenen und discreten Mann kenne, dass sein Verlangen völlig in der Ordnung sei und dass der ihm vom Gouvernement gewordene Auftrag auch einen weiteren und unumgänglichen Schritt des Vertrauens bedinge, deshalb stellte er ihm eine solche Vollmacht aus — und durch diesen Schritt lud er eine Verantwortlichkeit auf sich, deren Trageweite weder er noch sonst Jemand voraussehen konnte, denn an jenes Schiff knüpften sich noch eine Reihe von Unglücksfällen, und ihn machten darauf die Herren in Trankebar für alles verantwortlich!

Das Gouvernement hatte auch an Rosen einen Brief mitgegeben, der in einem Tone abgefasst war, „dass mir beim Lesen wunderlich und übel zu Muthe wurde", wie der Resident sagte. Man machte ihm in dem Schreiben die bittersten Vorwürfe darüber, dass er Trinkut verlassen, dass die Colonisirung gar keinen Fortgang nehme, dass er beständig veränderliche Pläne im Sinne habe; was jedoch das Schlimmste war, man legte ihm auch das Schicksal des Schooners zur Last, obwohl das Gouvernement zu der Reise und Mission des Fahrzeuges ausdrücklich seine Zustimmung gegeben hatte.

Der einzige Trost für Rosen war, dass der „Ahmed Shaw" wenigstens eine ansehnliche Menge von Lebensmitteln und Tauschwaaren mitgebracht hatte; so wurde wenigstens für diesmal der offenbare Mangel von der Colonie gescheucht, denn Rosen hatte ein Versehen gemacht, indem er dem Mr. Toole die nöthigen Lebensmittel zur Ausrüstung der „Francis Ann" aus den Colonialvorräthen verabfolgt hatte. — Halsöe reiste gleich nach dem Löschen des für die Nikobaren bestimmten Cargo's ab.

Rosen begann im September mit dem Anpflanzen von Areka, Kokus, Bananen, Maulbeerschösslingen und anderen Pflanzen, von Yams hatte er zum Glücke schon eine ansehnliche Menge gepflanzt; diese Beschäftigung wurde bis zum Ende des Jahres fortgesetzt und nahm nebst Ziegelstreichen und anderen baulichen Verrichtungen den grössten Theil der Zeit in Anspruch.

Mr. Toole, der so lange unthätig im Hafen gelegen hatte, begann endlich zur Abfahrt zu rüsten; zuerst musste er eine tüchtige Reparatur seines lecken Fahrzeuges vornehmen. Um diese bewerkstelligen zu können, wurde die Brigg völlig erleichtert und ein bedeutender Theil ihres Inhalts u. A. in das grosse Schiffsboot der Colonie geschafft, in welchem dann stets einige seiner Leute schliefen; hierauf wurde das Schiff bei Hochwasser so weit wie möglich landeinwärts gezogen und lag dann während der Ebbe ziemlich trocken auf der Seite. Das Ausbessern der Verkupferung war die Hauptsache, konnte jedoch nicht vollendet werden, weil während einer Nacht trotz der Wache u. A. ein Kasten mit 150 Pfund Kupfermünzen aus dem grossen Boote gestohlen worden war. Erst späterhin wurde der Urheber des Diebstahls und ein Theil des Gestohlenen ermittelt. Noch einmal, am 25. September, begehrte Mr. Toole von Rosen Lebensmittel und erhielt sie, wofür der gutwillige Resident und alle seine Leute noch schwer büssen sollten. Endlich wurde das Schiff mit Hülfe von 36 Nikobaresen in 6 Kanoes (die Rosen natürlich beschafft hatte!) aus der östlichen

Einfahrt bugsirt, wobei schon die Pumpen unablässig gehen mussten. Die Brigg kam nicht weit — nachdem sie zwei Tage gesegelt hatte, war sie fertig zum Sinken; Mr. Toole und sein Zimmermann retteten sich mit 5 Mann der Besatzung in das Boot und überliessen die anderen Leute ihrem Schicksale. Nach 7 Tagen erreichte er Mergí und ging von dort in einer Prahu nach Arrakan. Ein Chronometer und ein Beutel mit 2000 Rupien war Alles, was er vom Schiffe gerettet hatte. Dies erfuhr Rosen späterhin durch Capitain Hazlewood vom Schooner „Hebe".

Einige Tage nach Toole's Abreise brach des Nachts ein gewaltiges Unwetter aus. Rosen sass in seinem Zimmer und konnte nichts weiter hören wie das Krachen des Donners und das Plätschern des Regens, da fühlte er plötzlich eine Erschütterung des Fussbodens, als ob das Haus vom Blitze getroffen worden wäre. Erschreckt sprang er hinab zur Thür, öffnete und blickte in die rabenschwarze Nacht hinaus. Es war nichts zu sehen, deshalb rief er laut nach der Schildwache, die beim Packhause in der Nähe seiner Wohnung stand; sie antwortete jedoch nicht, sondern lag wohl Angesichts des Unwetters in einer der Hütten und schlief. Am anderen Morgen stellte sich heraus, dass Jemand das grosse Vorhängeschloss einer der Thüren losgesprengt hatte, welche in die Packkammer unter Rosen's Fussboden führte, und da das ganze Haus auf Pfählen ruhte, hatte das gewaltsame Sprengen des Eisens die vorerwähnte Erschütterung hervorgebracht. Von den Vorräthen schien übrigens nichts angerührt zu sein, und ein strenges Verhör der eigenen Leute hatte keinen Erfolg. Acht Tage später wurde der Uebelthäter jedoch in sonderbarer Weise entdeckt und damit zugleich Licht über den Kupferdiebstahl verbreitet. Rosen hatte nämlich ein paar Kisten mit Conchylien und eine Kiste mit leeren Flaschen, weil er grade keinen Platz hatte, unter ein Schauer neben seine Thür gestellt. Am Morgen darauf waren diese Sachen jedoch verschwunden. Als Rosen bald nachher am Strande entlang ging, sah er zu seiner Verwunderung die Kisten dicht am Ufer stehen, die Diebe mussten sie demnach dorthin geschleppt haben, um zu Wasser damit abzugehen, hatten sie aber, da sie den werthlosen oder mangelnden Inhalt gewahrten, lieber zurückgelassen. Im feuchten Sande waren Fussspuren, darunter eine von so gewaltiger Breite und Länge, dass Rosen sofort sah, der Inhaber jenes Fusses gehörte nicht zu den Dienstleuten der Colonie. Die herbeigerufenen Nikobaresen bezeichneten die genau ausgemessene Spur als die des Negers Singor. Dieser Singor war seiner Zeit mit den Birmanen angekommen, hatte wie diese Dienste genommen und war dann mit ihnen wieder abgesegelt, um bei Katschal auf's Neue Schiffbruch zu leiden. Er war der Einzige, der wieder zu Rosen zurückkehrte, nochmals Dienste nahm, jedoch bald wegen seiner Unzuverlässigkeit weggejagt wurde. Seitdem streifte er mit einem Malayen und einem verrufenen Eingeborenen auf den Inseln umher. Er war ein riesenhafter und gefährlicher Kerl.

Rosen war nun genöthigt, eine Wache bei seinem Hause aufzustellen, eine Vorsichtsmassregel, zu der er sich ungern entschloss, weil er fürchtete, dieselbe beim Wiederüberhandnehmen der Seuche unterbrechen zu müssen, auch war sie von vorn herein beschwerlich. Um dem so bald wie möglich ein Ende machen zu können, war es geboten, die Inseln wenigstens von Vagabunden rein zu halten, deshalb musste Singor vor allen Dingen eingefangen und unschädlich gemacht werden. Dies liess sich nur mit Hülfe der Nikobaresen bewerkstelligen und am besten durch einen Eingeborenen von Itóe, der unter dem Namen Major bekannt war. Dieser Mann hatte seinerzeit den Entendieb angegeben und besass einen gewaltigen Einfluss auf den jungen Häuptling und die ganze Bevölkerung von Itóe; er war etwa 30 Jahre alt, ungemein verschlagen, was sich schon in seiner schelmischen Physiognomie kund gab, liebte europäische Kleider, trug sein Haar lang und hielt es mittels eines langen gebogenen Messingkamms· im Nacken fest, eine Mode, die er mit keinem seiner Landsleute gemein hatte; im Uebrigen war er keck und beweglich, trotzdem seine beiden Beine von der Elephantiasis angegriffen waren. Die Unterhandlungen mit Major waren bald zu Ende geführt, denn der Biedermann erklärte rund weg: er hätte keine Lust, den Singor zu fangen, aber todtstechen wolle er denselben, sobald es Rosen wünschte. Man kann sich den Schrecken des Missionärs bei solchem Anerbieten vorstellen, das er natürlich entschieden ablehnte, doch bat er den mordlustigen Schlaukopf, ihm die Wohnung des Vagabunden auszukundschaften. Dazu liess er sich bereit finden, und kam schon nach einigen Tagen in Begleitung mehrerer Häuptlinge und anderer Leute der Ulálabucht mit der Nachricht wieder, dass Singor an der genannten Bucht sich eine Hütte erbaut habe und in derselben zusammen mit einem Malayen wohne, der ihn bei seinen nächtlichen Streifzügen begleite. Die Leute von Ulála klagten wie aus einem Munde über die Diebereien Singor's und begehrten seine Bestrafung. Es lag auf der Hand, dass dieser Neger der Haupturheber aller auf den Inseln begangenen Spitzbubenstreiche gewesen war, denn vor seiner Ankunft hatte man niemals eine so allgemeine Unsicherheit verspürt. Rosen schickte sogleich Boten an die Leute von Malakka und Inúang und liess sie bitten, unter Mitnahme ihrer Speere am andern Morgen bei ihm zu erscheinen. Als sie gekommen waren, theilte er ihnen mit, was er vorhabe, und sie riethen ihm, den Landweg einzuschlagen, damit der Dieb ihr Herannahen nicht bemerkte. Fünf Sipahies mit Gewehren

mussten sich dem Zuge anschliessen, dann wurde erst nach
dem Westhafen gerudert, von wo ein den Nikobaresen bekannter Fusssteig nach Ulála führte. Der Marsch bergauf
und bergab in der brennenden Sonnenhitze war äusserst beschwerlich, besonders litt Rosen unter der Unbequemlichkeit
seiner Stiefel und der europäischen Kleider, die er zur Erhöhung seiner Autorität für den vorliegenden Fall angelegt
hatte. Man war genöthigt, unterwegs einmal Halt zu machen,
um sich zu erfrischen, dann ging es weiter, bis man eine
fast senkrecht aufsteigende Höhe erreichte, an deren Fuss die
Hütten lagen. Die zwölf Nikobaresen unter Joãn blieben
nun ein Stückchen zurück und holten mit ihren Speeren
zum Wurfe aus, Rosen mit dem Dolmetscher Abraham
ging voran, während die Sipahies einige Schritte hinter ihnen
folgten. Singor stand unbewaffnet vor seiner Hütte und
antwortete auf Rosen's Zuruf, sich zu ergeben, mit einem
ruhigen Lächeln und dem verwunderten Ausruf: „Was Teufel
mögen diese guten Leute vorhaben?" Die Frage richtete er
übrigens an die Leute des Dorfes, welche von allen Seiten
herbeigelaufen kamen. Rosen gab den Sipahies einen Wink,
sie fielen sofort über den Uebelthäter her und banden ihn,
ohne dass er den geringsten Widerstand geleistet hätte, worauf man ihn nach Frederikshavn abführte. Dort leugnete er
in dem angestellten Verhöre jede Schuld, und schob alle Diebereien auf seinen malayischen Kameraden; das aufgehobene
Spurmass sprach jedoch allzu beweisend gegen ihn, deshalb
liess ihn Rosen in Eisen legen und im Packhause einsperren.
Anderen Tages begehrte er zu beichten und behauptete nun,
dass die Eingeborenen von Malakka Toole's Kupferkiste gestohlen und im Walde vergraben hätten, ein gewisser Atúdi
kenne die Stelle, wo sie läge. Sofort begab sich Rosen
mit dem Gefangenen und vier Sipahies nach Malakka, sprach
beim Häuptling vor und verlangte nach Atádi. Doch Niemand

15*

wollte wissen, wo dieser war, und so musste er unverrichteter Sache wieder abziehen, da Singor hartnäckig dabei blieb, ohne Atádi könne er die Kupferkiste nicht finden. Am folgenden Tage kam der Häuptling von Malakka mit zehn seiner Leute nach Frederikshavn, um Fürbitte für Singor einzulegen; sie wollten für sein gutes Betragen einstehen, wenn man ihn losliesse. Selbstverständlich lehnte Rosen dies Ansinnen mit der Erwiderung ab, dass er erst Toole's Kiste zurück und Aufklärung über den Diebstahl haben müsse. Nun baten die Leute, er möchte ihnen blos erlauben, den Singor mit hinüberzunehmen, damit er ihnen die Kiste suchen helfen könne. Auch dies schlug Rosen ab, da er befürchten musste, die augenscheinlich Mitschuldigen würden den Mann entwischen lassen. Der Gefangene musste aber von da an in Ketten Erdarbeiten verrichten helfen, damit er wenigstens sein Brod verdiente. Schon nach einigen Tagen stellte sich ein junger Eingeborener von Malakka ein und brachte eine Hand voll Kupfermünzen wie zur Probe mit; er erklärte, dass, wenn man ihm einige Leute mitgäbe, er diesen die Stelle zeigen wolle, wo Toole's Kiste läge. Seinem Verlangen wurde sogleich gewillfahrt, aber statt nach Malakka zu rudern, führte er die Leute nach der Stelle, woselbst die „Francis Ann" in Reparatur gelegen hatte, und dort hob er aus dem Moder die Kiste hervor, in der sich jedoch nur noch der vierte Theil ihres ehemaligen Inhalts befand. Das Holz der Kiste erwies sich bei genauerer Besichtigung von den weissen Ameisen durchnagt, so dass sich als bewiesen herausstellte, sie müsse vorher an anderer Stelle, und zwar in trockener Erde gelegen haben. Hieraus ergab sich wieder, dass die Leute von Malakka bei dem Diebstahle betheiligt gewesen sein müssen. Wahrscheinlich hatte sie der ihnen geistig überlegene Neger hierzu verführt. Nachdem Singor einen Monat lang in Eisen gearbeitet hatte, bekannte er, dass er unter

Mithülfe des Malayen die Konchilien- und Flaschenkisten gestohlen habe; hierauf liess ihm Rosen die Eisen abnehmen
und ihn frei arbeiten, in der Mitte des December liess er
ihn aber mit einer birmanischen Prahu von den Inseln fort-
schaffen, um ihn los zu werden, denn die „Cimbria" kam nicht
und der Mangel an Lebensmitteln machte sich schon fühlbar.
Die ganze Angelegenheit zeigte, wie misslich im Grunde genommen der Resident und Beherrscher der Nikobaren da-
stand.

In die letzte Zeit des Jahres fiel auch ein Fest, nämlich der Geburtstag der Königin von Dänemark, der
solenn gefeiert wurde. Die Sipahies hatten aus freien Stücken
schon früh Morgens um 6 Uhr Rosen's Haus mit Kränzen
und jungen Palmenblättern geschmückt und zwei Schildwachen
vor die Thür gestellt, die grosse Flagge wurde gehisst und
Abends nach eingetretener Ebbe die Kanonen auf den sandigen Strand gezogen und fünf Schüsse abgefeuert.

Am 22. December liess Rosen den Reisvorrath genau
nachsehen, und es fand sich, dass nur noch 17½ Sack vorhanden waren, die höchstens 6 Wochen ausreichen konnten.
Nun war guter Rath theuer, denn die Hoffnung, dass die
„Cimbria" noch zur rechten Zeit mit Ersatz kommen könnte,
hatte man schon allseits aufgegeben; es kam also darauf an,
Reis aufzutreiben, wo und wie man denselben fand. Grade
in dieser Zeit der Bedrängniss brachten die Nikobaresen die
Meldung, es läge ein Schiff bei Bambok, das wahrscheinlich
Reis bei sich führe; sofort liess Rosen eine Jolle segelfertig
machen, gab zweien seiner Malayen hinreichend Geld, um
dafür das ganze Boot voll Reis kaufen zu können und über-
redete den alten Joan und Abraham, die Fahrt mitzumachen.
Am 27. December fuhren die Leute ab, und erst am 14. Januar spät in der Nacht kamen sie wieder. Rosen, der sich
wegen dieses langen Ausbleibens schon sehr geängstigt hatte,

fuhr freudig aus dem Schlafe auf, als ihn die Schildwacht
mit der Meldung weckte, aber wer beschreibt seine Nieder-
geschlagenheit, da er erfuhr, dass die Leute keinen Reis
mitgebracht hatten, indem das fragliche Schiff, eine Brigg
mit 16 Mann Besatzung, von Mergí kommend, am Tage vor
dem Eintreffen des Bootes von seinem Ankerplatz getrieben
und auf die Klippen gestossen war. Den beiden Negern musste
er 4 Klafter blaue Leinewand und 10 Blätter Taback als Lohn
für ihre vergebliche Arbeit geben.

Das Jahr 1834.

Das alte Jahr hatte mit düsteren Aussichten geschlossen,
und das neue begann zunächst mit einer Enttäuschung, wie
wir schon gesehen haben; das drohende Gespenst des Nah-
rungsmangels rückte näher und näher, Rosen fühlte das ganze
Gewicht dieser Sorge und die auf ihm lastende Verantwortlichkeit — er entschloss sich zu einem verzweifelten Wagniss:
er wollte in dem grossen Schiffsboote die zwanzig deutsche
Meilen weite Reise über das offene Meer nach Kar-Nikobar
antreten, weil er hoffte, dort Schiffe zu treffen, die ihm von
ihren Vorräthen ablassen konnten. Das bezeichnete Fahrzeug
wurde demgemäss auf den Strand gezogen, vom Zimmermann
überall dicht gemacht, inwendig getheert und der Boden mit
in Theer gekochtem Dammar wohl bestrichen, die Segel und
sonstiger Zubehör in vorschriftsmässigen Stand gesetzt. Zehn
seegewohnte Leute der Colonie und vier Sipahies sollten die
Besatzung bilden, während sechs Nikobaresen versprochen
hatten, die Reise bis Tschowry mitzumachen und dafür gut

sagten, dass von dort Eingeborene jenes Eilandes bis nach Kar-Nikobar folgen würden; die Bewohner von Tschowry duldeten nämlich nicht, dass andere Nikobaresen Kar-Nikobar besuchten. In der ersten Hälfte des Januar war alles zur Fahrt bereit, da es aber zur Ausführung kommen sollte, zerschlug sich der ganze Plan an der Unlust und der Verzagtheit von Rosen's Leuten. Sie beschwerten sich, dass sie nicht mehr volle Rationen bekämen, und ohne vollauf Speise und Trank könnten sie sich nicht auf eine so weite und gefährliche Reise einlassen. Da half kein Zureden abseiten Rosen's mit dem Hinweise, dass die Expedition ja nur in ihrem Interesse vorgenommen werden sollte, um Hungersnoth zu vermeiden, denn er für sein Theil brauche wenig und begnüge sich täglich mit einem halben Schiffszwieback, einer Kleinigkeit Yams und dem Federwild, das er sich im Walde schiesse oder von den Nikobaresen eintausche. Gewalt wollte der Resident nicht anwenden, deshalb musste es beim Unterlassen der Fahrt bleiben. Er hätte sich dies übrigens vorhersagen können, denn zu einer derartigen Fahrt hätten sich kaum muthige europäische Matrosen freiwillig entschlossen.

Um nichts unversucht zu lassen, schrieb Rosen fünf gleichlautende Aufsätze, in denen er die Bedrängniss der Colonie in grellen, obwohl nur wahren Farben schilderte und jeden Schiffsführer aufforderte, Hülfe zu leisten. Diese Aufsätze schloss er einzeln in Futterale aus Bambusrohr und berief dann fünf von den Häuptlingen zu sich, die am entferntesten von Frederikshavn an den Aussenküsten wohnten; ihnen übergab er diese Bittschriften mit dem Auftrage, dieselben nach dem ersten Schiffe zu bringen, welches sie von ihren Plätzen aus in der See gewahren könnten, für welche Gefälligkeit er ihnen eine ansehnliche Belohnung versprach.

So weit war es demnach mit dem königlich dänischen Etablissement gekommen, das nach Christensen's öffentlicher Bekanntmachung sich seinerzeit erbot, Schiffe, welche die Inseln anliefen, mit Proviant und anderen Nothwendigkeiten zu versehen! Dies selbe Etablissement musste nun Schiffe, gleichviel von welcher Flagge, auf's Gerathewohl um Proviant ansprechen! Uebrigens versuchte Rosen auch, von den Eingeborenen Lebensmittel zu erlangen, doch kam er hier schlecht an, denn Alle ohne Ausnahme, auch die Häuptlinge, welche Certificate und Flaggen führten, verweigerten die Lieferung von Yams und anderen Vegetabilien, oder sie forderten so unverschämte Preise, dass Rosen fürchten musste, bei diesem Handel seinen schon sehr geringen Vorrath von blauer Leinewand völlig zu verschleudern und sich den ganzen zukünftigen Handel zu verderben. Er liess deshalb allen brauchbaren Yams eigener Pflanzung ausgraben und versuchte, dem Mangel durch Selbstgewinnung, so weit dies anginge, abzuhelfen. Es wurde wieder zum Salzkochen gegriffen, ausserdem zur Kokusnussöl-Bereitung, um für die aufgebrauchte indische geschmolzene Butter (Ghi), die zur Bereitung des Karri diente, Ersatz zu schaffen und Beleuchtungsmaterial zu gewinnen. Eine Presse hatte er nicht, deshalb liess er die Nusskerne schaben und in heissem Wasser kochen, worauf das emporsteigende Oel abgeschöpft wurde. Es war dies Oel wohlriechender und reinschmeckender wie das in Indien durch Pressung gewonnene. — Um dem Zuckermangel abzuhelfen, liess Rosen von dem vortrefflichen wildwachsenden Zuckerrohr schneiden und dies mittels einer höchst einfachen, von ihm selbst construirten Presse seines Saftes entleeren, der dann durch Kochen in dicken Syrup verwandelt wurde. — Da der über 6 Monate alte Schiffszwieback von Würmern wimmelte und Rosen doch des Brodes nicht gut entbehren konnte, beschloss er solches selber zu backen. Als Sauerteig diente ihm Palmenwein und als Ofen eine nikobarische Thonpfanne auf eiserner Platte, während eine andere Pfanne als

Deckel darüber gestülpt wurde. Dies Brod war ein grosses Labsal, doch fehlte ihm sehr viel am rechten Wohlgeschmack, denn das Mehl war zu alt (d. h. wohl dumpfig!), und die Backmethode war wohl auch nicht ganz die richtige. — Um den Fleischvorrath zu verlängern bez. zu ersetzen, schoss Rosen oftmals die grossen fliegenden Hunde, und die Leute assen dieselben auch recht gern im Karri. Die Noth nahm aber trotz aller Umsicht Rosen's zu und führte schliesslich Uebelstände herbei, welche die Auflösung aller Bande leicht hätte bewirken können.

Ursprünglich, da noch gute Zeit war, erhielten die Leute wöchentlich 9 Trankebar'sche Maass oder ca. 9 dänische Pfund Reis; dies Quantum wurde beim Eintritte des Mangels nach und nach auf 7, 6, und vom 19. Januar ab auf 4 Pfund wöchentlich herabgesetzt, statt dessen wurden aber als Ersatz 4 Pfund Yams verabreicht. Diese Wurzelfrucht zeichnet sich auf den Nikobaren durch ungemeinen Wohlgeschmack, Feinheit und Weisse aus, sie wurde auch bis dahin von den Leuten als Delicatesse betrachtet und nur in kleinen Mengen verabfolgt, von dem Augenblicke jedoch, da Yams zur gewöhnlichen Kost dienen sollte, erhob sich lautes Murren. Indessen blieb die Arbeit wenigstens vorläufig noch nicht liegen, es wurden u. A. täglich Korallen geholt und Kalk daraus gebrannt, Ziegel angefertigt u. dgl. m.

Am 28. Januar jedoch begann die Sache sich unangenehmer zu entwickeln. Es war Königs Geburtstag, und dieser sollte gefeiert werden, so gut es eben ging. Rosen liess daher die Sipahies exerciren und drei Salven aus ihren Gewehren abfeuern, nachdem zuvor bei Sonnenaufgang 5 Kanonenschüsse gelöst worden waren, denen bei Sonnenuntergang nochmals eben so viele folgten. Der Arrak war längst aufgebraucht, worüber die Leute täglich murrten, doch waren im Magazin noch 4½ Flaschen Franzbranntwein, die Rosen

als Medizin aufgespart hatte. Dieses seltene Getränk bot
er nun zur Feier des Tages den Arbeitsleuten als Geschenk
an und glaubte Wunder, wie hoch erfreut sie darüber sein
würden; zu seinem grössten Aerger wiesen diese Leute jedoch
die Gabe mit Hohn und Trotz zurück und erklärten,
dass, wenn sie nicht Reis und vernünftiges Essen erhalten
könnten, sie sich auch nichts aus Branntwein machten, er
möge ihn nur behalten, von nun an wollten sie aber auch
nur einen halben Tag arbeiten (und so geschah es wirklich!). Die Sipahies betrugen sich indessen im Ganzen besser,
sie nahmen die Flaschen mit grösster Freude entgegen und
leerten sie in kurzer Zeit auf das Wohl des Königshauses.

Am 31. Januar, Morgens 9 Uhr, bemerkte man ein
Schiff vor der östlichen Hafeneinfahrt und Rosen erkannte
darin sofort die „Cimbria“. Seine Freude war unbeschreiblich
— aber von kurzer Dauer. Mit auf das Höchste gespannter
Erwartung liess er sich dem Fahrzeuge weit in die See
hinaus entgegenrudern. Noch ehe er dasselbe erreichte,
wurde er schon den Capitain Halsöe auf dem Verdeck ge-
wahr, und dessen Aussehen liess zuerst einige böse Ahnungen
in ihm aufsteigen. Der lange und an sich schon hagere
Mann sah bleich, verstört, abgezehrt und deshalb geradezu
gespensterhaft aus, doch nahm sich Rosen nicht die Zeit,
nach seinem Befinden zu fragen, sondern stiess in fiebernder
Hast, sobald er an Bord gestiegen war, die Frage hervor:
„Haben Sie uns Reis mitgebracht?“ — „Nein!“ antwortete
Halsöe; „ich glaubte, Sie hätten genug!“ — Rosen war
wie vom Donner gerührt. Stumm und rathlos starrte er vor
sich hin, da fiel sein Auge auf eine Anzahl Kasten mit
Pflänzlingen, die in dem sonst leeren Schiffsraume standen.
„Ha!“ rief er, „endlich also Gewürzpflanzen!“ — „Ja“,
antwortete Halsöe, „und vier chinesische Gärtner dazu!“
Dem braven Residenten ward wunderlich zu Muth, etwa wie

einem verdurstenden Wanderer in der Wüste, der eine Quelle zu finden vermeint, aber statt deren eine Goldader entdeckt. Nun stand er am Ziel seiner Wünsche und musste sich zunächst fragen, womit er die neuen Ankömmlinge ernähren sollte, da er nicht einmal für die schon am Platze Vorhandenen Nahrung hatte. Doch er verscheuchte die schwere Sorge mit Macht und beschloss zu nehmen, was geboten worden; eine Rücksendung der Leute war überdies nicht möglich, indem sie schon ansehnliche Vorschüsse erhalten hatten. Halsöe versprach, sofort wieder abzureisen, nachdem er Wasser eingenommen habe.

Nun erfuhr Rosen die Ursache des Ausbleibens der „Cimbria" und damit seiner Noth. Halsöe hatte bei seiner Ankunft in Pulo-Penang sogleich mit Hülfe der Rosenschen Vollmacht die „Cimbria" aus Burnet's Befehl gelöst und dann die Ausrüstungen beginnen lassen, welche nöthig waren, um das Fahrzeug segelklar zu machen. Hierauf fuhr er mit dem „Ahmed Shaw" nach Singapur, um dort seine anderweitigen Aufträge zu erledigen, womit er schnell fertig zu werden hoffte und nach spätestens fünf Tagen wieder in Pulo-Penang eintreffen wollte, um dann mit der „Cimbria" nach den Nikobaren zu segeln. In Singapur überfiel den wackeren Mann jedoch ein gefährliches Fieber, welches ihm eine Zeitlang sein Bewusstsein raubte, ihn 5 Monate an das Krankenbett fesselte und seinem Willen alle Spannkraft nahm, so dass er in wahrhaft asiatischer Apathie sich um gar nichts kümmerte. Während dieser ganzen Zeit blieb der Schooner sich selbst überlassen, die Takelage gerieth in den schlechtesten Zustand, der Schiffsboden, welcher bekanntlich seine Verkupferung verloren hatte, überwuchs dick mit „Barnacles" genannten Muscheln, und die Mannschaft erhielt nutzlos Löhnung und Zehrung. Als endlich Halsöe so weit genesen war, dass er nach dem Schiffe sehen konnte, musste

die Ausrüstung wieder von vorn angefangen werden, es wurde
also Geld über Geld förmlich in's Wasser geworfen; und als
nun die Fahrt mit der „Cimbria" begann, da stellte sich
heraus, dass das Fahrzeug kaum vorwärts wollte und dem
Steuer nur schlecht gehorchte; dies rührte von den Barnacles her, welche sich mit ihren senkrecht stehenden Schalen
so massenhaft und klumpenweise an die Planken geheftet
hatten, dass der Schiffshoden einem mit Hauslauch bewach-
senen Dache glich. Die Reise dehnte sich daher über alle
Gebühr aus. Steuermann B u r n e t und sein Diener wurden
noch todtkrank in Frederikshavn an's Land gebracht — u n d
d o r t g e n a s e n b e i d e , ihre Pflege (besonders die B u r n e t 's)
war aber das Schwierigste, was R o s e n je durchgeführt hatte,
weil es ihm an Allem mangelte: an Medizin, Erfrischungen
für Reconvalescenten und sogar an Lebensmitteln.

H a l s ö e hielt sein Versprechen; er hatte kaum seine
spärliche Ladung gelöscht und Wasser eingenommen, da fuhr
er ab und zwar durch die östliche Einfahrt, weil er auf
diesem Wege eine Tagereise ersparen konnte. Da jedoch
der Wind aus Nordost kam, musste er in dem engen Fahrwasser laviren, und hierbei hatte er das Unglück, dass der
Schooner, da er dem Steuer nicht gehorchte, auf das Korallenriff gerieth und fest sitzen blieb. Alle Einwohner von Malakka eilten herbei und versuchten das Schiff loszuziehen,
doch glückte dies weder bei Ebbe noch Fluth, und so blieb
schliesslich nichts übrig, als Ballast und Wasser über Bord
zu werfen, wodurch das Fahrzeug flott wurde, aber vier
Tage verloren gingen. Endlich, am 6. Februar, kam H a l s ö e
aus dem Hafen, diesmal jedoch durch die westliche Einfahrt,
und R o s e n hoffte ihn in 14 Tagen wieder zurück zu haben,
indem er blos bis A t s c h i n segeln und dort Reis einkaufen
sollte, er kehrte aber erst am 11. März zurück, derart hielt
ihn die schlechte Beschaffenheit des Schiffes auf.

Rosen beeilte sich, die Chinesen gleich nach ihrer Ankunft in Thätigkeit zu setzen; er wies ihnen einen Platz in dem Thal hinter der Höhe an, bei der das neue steinerne Haus errichtet werden sollte. Sie bauten sich zunächst eine Hütte, dann reinigten sie den Boden und pflanzten nach und nach die jungen Gewächse ein; in etwa anderthalb Monaten wurden sie mit dieser Verrichtung fertig. Als Rosen die Colonie verliess, waren im Ganzen angepflanzt: Kokus 1000 Pflanzen, Gewürznelken 53, Muskatnuss 143, Mangustane 61, Rambustane 4, Bananas 200, Yams 200, Maulbeerschösslinge 300 Pflanzen, Ingwer 30 Büsche, Zuckerrohr 80 Büsche, Arekanuss 100, Ananas 300, Pompelmus 8, Orangen 12, Lemonen 20, Mango 20, Guana 6, Kaffee (zur Probe) 3, Betel 5 Pflanzen. Von diesen Gewächsen gingen alle in Folge mangelnder Pflege und Ueberhandnahme des Unkrautes aus, nachdem die Colonisation aufgegeben worden war; nur die Kokus- und Arekapalmen fanden sich, jedoch total verwildert, 1845 noch vor.

Was die übrigen Arbeiten betrifft, so wurde mit verkürzter Arbeitszeit am Hause weiter gearbeitet und am 18. Februar der erste Thürrahmen eingesetzt. Ausserdem wurde Kalk gebrannt, Bäume gefällt und die Brunnen gereinigt sowie tiefer gegraben. Letzterem Beginnen stellte sich übrigens ein Naturhinderniss in den Weg, denn bei 25 Fuss Tiefe zeigte sich ein harter, bläulicher Stein, der sich nicht durchbrechen liess und in der bezeichneten Tiefe auf den Inseln überall vorkommen soll.

Am 23. Februar wurde der letzte Reis ausgetheilt, und nun war guter Rath theuer, denn jetzt war nichts weiter vorhanden wie Yams, süsse Kartoffeln, Bananen, Kürbisse und einige Grünkräuter, ein paar Ziegen, Rosen's Enten, Gänse und Truthühner, sowie einige entbehrliche Hühner des Etablissements, jedoch von allem leider zu wenig. Wenn

man bedenkt, wie genügsam die Hindus sonst sind und wie
in ihrer Heimath oftmals eine ganze Familie täglich von
einem dünnen Brei (Kanschi) lebt, der aus einigen Handvoll
Körnern hergestellt wird, dann muss man sich billig darüber
wundern, wie diese Leute sich auf den Nikobaren so unge-
behrdig anstellen konnten. Freilich hatten sie seit Eintritt
des Reismangels nicht mehr die hinlängliche Menge Nahrungsmittel erhalten, die nöthig ist, um den Hunger zu stillen,
und die Sache gestaltete sich noch schlimmer, da der Reis
völlig ausgegangen war, aber trotzdem darf man doch nicht
behaupten, dass sie gradezu Hungersnoth litten, nichtsdestoweniger gebehrdeten sie sich, als ob ihnen das langsame
Verhungern bevorstände. An dem Tage, da sie zum ersten
Male keinen Reis mehr bekamen, gingen sie sogar bis zur
offenen Meuterei, und wenn die Sipahies nicht fest geblieben
wären, wer weiss, was geschehen wäre. So blieb die Sache
beim Toben und Lärmen und ausdrücklicher Verweigerung
jeder Arbeit. Rosen hätte gegen diese feigen Leute Gewalt brauchen können, das hätte die Sache jedoch nicht im
Geringsten gebessert, wohl aber verschlechtert, überdies war
Rosen ein viel zu gewissenhafter Mann, um nicht einzusehen, dass die Arbeitsleute im Rechte waren, denn sie erhielten ja nicht, was ihnen in Trankebar versprochen worden, hinreichende Nahrung neben Lohn.

Uebrigens hätten die Leute nicht so viel zu hungern
brauchen, wenn sie nur alles hätten essen wollen, was vorhanden war, aber so wiesen sie u. A. Schweinefleisch entschieden
zurück, weil sie glaubten, der Genuss desselben hätte ihnen die
bösen Fieber zugezogen, während Rindfleisch von den Kasten-
Vorurtheilen verpönt war. Die Leute waren nämlich meistens
Völläler der Sudra-Kaste und als solche sehr vor-
nehm, weshalb sie vieles, was Rosen oder andere Europäer
berührt hatten, nicht geniessen durften. Einstmals hatten sie

zwei Parias und einen Muselmann durch die Drohung vom Genusse des Kalbfleisches abgeschreckt, dass sie die Verunreinigten nicht mehr in ihrer Nähe dulden würden. Sonderbarer Weise setzten sie sich, nachdem der Hunger erst ordentlich bei ihnen eingekehrt war, über sehr viele Vorurtheile hinweg und bewiesen damit, dass die menschliche Natur doch stärker ist, wie das eingefleischteste Vorurtheil — sie genossen u. A. Melloribrod, welches von den nikobarischen Weibern, also von Parias, zubereitet worden war. Die Veranlassung zu dieser „Verunreinigung" rührte wohl hauptsächlich von der Faulheit der Betreffenden her, denn sie mutheten erst Rosen zu, ihnen das fertige Melloribrod von den Nikobaresen zu kaufen, was dieser ihnen rundweg abschlug, indem er sie darauf verwies, dass sie ja den lieben langen Tag nichts zu thun hätten, also in den Wald gehen und sich so viele Pandanus- oder Calderabaum-Früchte selber holen könnten, wie sie Lust hätten; damit sie die Zubereitungsweise kennen lernten, liess er einen Nikobaresen rufen, der ihnen das Verfahren zeigte. Rosen's Vorstellungen nützten nichts; die Leute verkauften ihre Taschentücher, Leinewand, Messer und was sie sonst hatten, für nikobaresisches Mellori, „wie es scheint", sagt unser Gewährsmann, „weil sie dem unter den Fingern der Nikobaresinnen hervorgegangenen Brode einen grösseren Wohlgeschmack zutrauten, obwohl bei der Schmutzigkeit dieser Weiber ein besonderer Appetit zum Genuss der an sich schon eigenthümlichen Kost gehörte!" — Mit den Chinesen kam Rosen besser weg, denn diese waren weder Kostverachter noch durch Kastenvorschriften gehinderte Indier; sie assen gesalzenes Ochsenfleisch, Speck und nahmen statt des Reises gern Yams und anderes Gemüse. Uebrigens liessen sie sich bei ihrer Arbeit auch Zeit.

Eine auffallende Erscheinung war die Abnahme der

Krankheiten auf der Colonie während der knappen Zeit, denn während sonst gewöhnlich ein Drittel aller Leute auf der Krankenliste stand, ein anderes Drittel als Reconvalescenten auch nicht arbeiten konnte, so dass nur das letzte Drittel als arbeitsfähig zur Verfügung blieb, lagen nunmehr Zwei, höchstens Drei zu gleicher Zeit, ja mitunter nur ein Einziger krank darnieder. Rosen glaubt die Ursache dieser Erscheinung in der Acclimatisirung der Leute suchen zu müssen, denn dass sie seit 5 Monaten keinen Branntwein erhalten hatten, konnte nicht mitwirken, da er selber eben so darbte, wie sie und trotzdem ab und zu das dreitägige Fieber bekam, oftmals verbunden mit heftigem Erbrechen und Diarrhöe. Wenn nur nicht der milde, gute Rosen vordem oft durch Simulanten getäuscht worden ist, denn das Krankwerden bei Müssiggang bringt bekanntlich keine Arbeitsersparniss zu Wege. Möglich ist es auch, dass das blosse Nichtsthun der Gesundheit förderlich war.

Da es nachgrade zu dem gewöhnlichen Lauf der Dinge gehörte, dass der Schooner „Cimbria" unglückliche Reisen machte, und eine solche bei dem erbärmlichen Zustande des Schiffes und der Kränklichkeit Halsöe's diesmal als fast gewiss zu erwarten war, wandte sich Rosen der Sicherheit halber an die Nikobaresen mit der Bitte, ihn im grossen Schiffsboote nach Kar-Nikobar zu begleiten. Sie versprachen ihm auch nach langem Unterhandeln, ihn bis Tschowry zu bringen und dort ihre Landsleute zu seinem Weitertransport nach Kar-Nikobar zu vermögen. Es wurden nun sogleich alle Vorbereitungen zu der waghalsigen Reise gemacht, da aber alle Waarenvorräthe aufgebraucht waren, konnte Rosen nicht bezahlen und musste den Eingeborenen versprechen, ihnen die Belohnung sofort auszuzahlen, wenn der Schooner oder sonst ein Schiff mit Vorräthen käme und ihn aus seiner Noth erlöste. Grade während sie mitten in den

Vorbereitungen waren, traf am 3. März eine siamesische Prahu bei der östlichen Einfahrt ein und versetzte durch ihr Erscheinen, da sie von den Leuten mit der „Cimbria" verwechselt wurde, Alles in Aufregung. Der Schiffer, ein Siamese Namens To a n g - Lo, kam nach geschehener Aufforderung, seine Schiffspapiere vorzuweisen, selber an's Land und brachte einen jungen portugiesisch-malayischen Mischling Namens A'Cunha aus Penang mit, den er von Teressa als Schiffbrüchigen aufgelesen hatte. Dieser A'Cunha, der beim Polizeiwesen als Unterbeamter der englischen Behörde Penangs gedient und ein gutes Zeugniss hatte, begehrte in den Rosen'schen Dienst zu treten. Er war von offenem und entschlossenem Wesen, was ihm sehr wohl stand, sprach portugiesisch, englisch und malayisch, kannte die Verhältnisse der malayischen Küste sehr gut und schien in jeder Hinsicht ein brauchbarer Mensch zu sein: doch sah sich Rosen genöthigt, sein Anerbieten wegen des herrschenden Nothstandes abzuschlagen. A'Cunha erbot sich jedoch, der Noth ein Ende zu machen, wenn ihn Rosen anstellen und ihm etwas Geld sowie ein Boot mit einigen Mann anvertrauen wollte, und richtig, schon am nächsten Tage brachte er einen halben Sack Reis von einem Fahrzeuge aus der Ulálabucht, und am darauffolgenden Tage ziemlich einen Sack von einer noch entfernteren Stelle. Nun herrschte grosser Jubel in Frederikshavn. Der Resident liess sogleich an jedes Mitglied der Colonie eine Portion Reis vertheilen, jedoch unter der Bedingung, dass die Leute nun wieder täglich ein paar Stunden arbeiteten, wozu sie sich, nach vielen Umständen, bequemten. To a n g - Lo hatte ausser dem für die Colonie so nützlichen A'Cunha leider auch eine Nachricht mitgebracht, die keineswegs zu Rosen's Beruhigung diente, die nämlich, dass sich bei den Andamanen zwei malayische Seeräuber-Prahus auf die Lauer gelegt hätten und jedes Fahrzeug abfingen, dessen sie

Herr zu werden vermöchten. Der Colonial-Schooner konnte demnach in ihre Hände fallen, und überhaupt war solche Nachbarschaft keine angenehme.

Am 5. März ging A'Cunha in einer ihm anvertrauten Jolle mit zwei malayischen Kulies und fünf Nikobaresen nach Bambok, um noch mehr Reis zu suchen, zu dessen Kauf ihm 40 Rupien übergeben waren. Da es jedoch sehr leicht möglich war, dass er das gewünschte Nahrungsmittel nicht fand, so hatte ihm Rosen ein Schreiben für die Trankebarsche Regierung mitgegeben, das wahrheitsgetreu den Nothstand der Colonie und das muthmassliche Schicksal des Schooners schilderte. Dies Schreiben sollte A'Cunha der ersten der besten Prahu zur Weiterbeförderung übergeben. Eine so unsichere Briefbeförderung konnte keine Gewähr für baldige Erlösung geben, deshalb entschloss sich der königlich dänische Resident, gleichzeitig an den Engländer William Caunter auf Pulo-Penang zu schreiben und diesen Brief durch Toang-Lo befördern zu lassen, der direct dorthin segelte und den Auftrag auch pünktlich ausrichtete. Besagter Brief war ein Bittschreiben an einen Privatmann, noch dazu fremder Nationalität. Es wurde diesem Menschenfreund darin die bittere Noth der Colonie mitgetheilt, ihre schlechte Aussicht, von Trankebar aus oder durch Capitain Halsöe Lebensmittel zu erhalten, dargelegt und dann dringend um Unterstützung gebeten. Der Brief schloss mit den Worten: „Sollte diese kleine Colonie ihre Geburt überleben und zu Wachsthum gelangen, dann wird Ihr Name, als der des grössten Wohlthäters derselben, welcher sie vom schmählichen Tode errettete, den besten Platz in den Jahrbüchern dieser Colonie erhalten!" — Rosen kannte diesen Mr. William Caunter keineswegs persönlich, sondern nur dem Rufe nach, der allerdings damals ein weitverbreiteter war, denn Caunter war einer der edelsten Menschen seiner

Zeit, ein Menschenfreund ohne Gleichen, der sich jedes Bedrängten ohne Ausnahme annahm. Er liess auch nach Empfang von Rosen's Brief sogleich Anstalten treffen, um der königl. dänischen Colonie auf den Nikobaren ein bedeutendes Quantum Reis und andere Lebensmittel zu senden. Die Abfahrt des Proviantschiffes unterblieb jedoch, weil bald darauf ein anderer Brief Rosen's an ihn eintraf, der die Mittheilung brachte, dass der Colonie mittlerweile geholfen worden wäre. Man bedenke aber nur das eigenthümliche Verhältniss! — Uebrigens muss doch schliesslich die Noth sehr arg gewesen sein, denn Rosen sagt mit Bitterkeit, dass er zum ersten Male für seine eigene Person mit Nahrungssorgen zu kämpfen hatte und alltägliche Bedürfnisse entbehren musste, die er zuvor niemals entbehrt hatte, und dabei hatte er noch an Burnet zu denken.

Am 11. März, des Mittags, da Rosen sich grade an seine kärgliche Mahlzeit machen wollte, erschien die „Cimbria" an der östlichen Einfahrt, von Pulo-Samoi und Atschin kommend. Sie brachte 35 Sack Reis und 8 Sack gesalzenen Fisch mit, sonst nichts. Ihr langes Ausbleiben rührte von dem Hinderniss her, welches die Barnacles ihrem Laufe in den Weg gelegt hatten. Gleichzeitig mit dem Schooner kam A'Cunha von Bambok zurück und brachte 8 Körbe Reis (etwa 3 Tonnen), die er von Schiffen um den vierfachen Preis erhandelt hatte. Nun ärgerte sich Rosen zwar über den hohen Preis der Waare, er sah aber ein, dass er in A'Cunha eine Kraft erworben, die ihm bisher, sehr zum Schaden der Colonie, gefehlt hatte. A'Cunha war auch der einzige, der es verstand, Hochlandsreis zu pflanzen, von dem Rosen einen Sack ungeschälten einst als Strandgut erhalten hatte. Achtzehn Nikobaresen wurden gedungen, um einen hügeligen Platz am Ufer dicht westlich bei Frederikshavn abzuroden, und dann wurde die kostbare Frucht gepflanzt, um einer Wiederkehr

16*

von Hungersnoth vorzubeugen. Im Mai war die Aussaat vollendet, und drei Monate später hatte Rosen die Freude, von ½ Sack Aussaat 12 Sack Ernte einzuheimsen, und doch war die Aussaat häufig unterbrochen worden und hatte zur unpassenden Zeit begonnen, im März, statt erst im April. Als die Halme gemäht worden, schlugen die Wurzelstöcke auf's Neue aus und gaben noch einmal eine halbe Ernte, deren Einbringen jedoch Rosen nicht vergönnt war.

Am 16. März starb einer der chinesischen Gärtner, der übrigens schon krank an's Land gekommen war. Der Verlust eines solchen Arbeiters war empfindlich, um so mehr, als am 5. August noch einer dieser Leute starb, aber nicht am Fieber, sondern in Folge des Genusses eines giftigen Fisches, den ein Nikobarese ihm aus Rachsucht, wegen vorgefallenen Streites, verkauft haben sollte. Der Tod des äusserst gesunden und kräftigen Mannes erfolgte nach unbedeutendem Erbrechen in wenigen Minuten unter heftigen Convulsionen. Dieser Giftfisch heisst auf nikobarisch F'tóit, ähnelt dem *Tetrodon hispidus*, kann sich aufblasen und hat ein abschreckendes Aeussere bei gelbgrauer Farbe. Die Eingeborenen kannten seine Gefährlichkeit sehr genau.

Der Schooner wurde mittlerweile beim Dorfe Inúang, so weit dies ging, auf's Trockene gebracht und von der Muschelkruste gereinigt, die in erstaunlicher Dicke seine Planken bedeckte und auch angebohrt hatte.

Nunmehr, da Lebensmittel reichlich vorhanden waren, konnte Rosen an Ausführung eines Lieblingsplanes gehen, nämlich Nikobaresen in beständigen Dienst zu nehmen. Bisher waren alle seine Versuche, die Wilden zum Aufgeben ihrer persönlichen Freiheit und Eintritt in ein Abhängigkeitsverhältniss zu überreden, vergebens gewesen, aber A'Cunha's Ueberredungskunst machte das unmöglich Scheinende möglich. Am 16. März trat ein junger Nikobarese und am 22. März noch ein anderer auf vier Wochen hintereinander in den Colonialdienst als Kuli. Diese beiden ersten erhielten monatlich ein Stück blaue Leinewand (4½ Rupien im Werth) und freie Kost als Lohn. Bald folgten noch andere dem Beispiele, so dass Rosen den Preis herabsetzen konnte, bis auf ein Drittel oder ein Viertel Stück Leinewand. Zehn dieser starken Leute hatte er fortan immer im Dienste, und wenn auch manche derselben schon nach 1 oder 2 Monaten aus dem Abhängigkeitsverhältnisse schieden, so wurden die leer gewordenen Plätze doch gleich wieder besetzt, und die meisten blieben für beständig als fleissige und zuverlässige Arbeiter im Dienste. Europäern ist dies weder vor- noch nachher geglückt! — Andererseits hatte Rosen gar kein Glück mit dem Verproviantiren bei den Eingeborenen. Zur Zeit seiner bitteren Noth wollten sie ihm Lebensmittel entweder gar nicht oder nur gegen Wucherpreise abgeben, während sie die mährischen Brüder während ihrer Verlassenheit oft ein halbes Jahr lang verpflegten und zwar in so taktvoller Weise, dass manch' geschliffener Europäer daran hätte lernen können. „Sie kamen“, so berichtet uns Haensel, „und hingen schweigend Kokusnüsse, Geflügel, Ferkel und Früchte an die Aussenwand unserer Hütte und entfernten sich dann rasch. Als wir ihnen nachriefen, wir hätten weder Taback, noch Leinewand, noch sonst etwas, womit wir die Sachen bezahlen könnten, und wüssten überhaupt nicht, ob wir jemals wieder etwas bekämen, da antworteten die Wilden: „„Während Ihr hattet, da habt Ihr uns abgegeben, nun sollt Ihr von uns bekommen, so lange bis Ihr wieder etwas habt!““ und sie liessen uns nie Mangel leiden, sondern brachten uns unaufgefordert alles was wir bedurften.“ Freilich, die Rosen'sche Colonie würde ihnen wohl etwas mehr gekostet haben, wie die paar Herrenhuter.

Dem Schritte der Nikobaresen, zu Rosen in ein Gesindeverhältniss zu treten, folgte noch ein weit bedeutsamerer, der dem Residenten zu noch grösserer Ehre gereichte und dessen Fehlschlagen im Interesse der Civilisation sehr zu bedauern ist: **Die Eingeborenen boten dem Residenten die Erziehung ihrer 8—12jährigen Kinder an**, „damit diese die Sprache der Dänen lernen könnten"; für die an sie gewendete Mühe sollten sie diejenigen Arbeiten verrichten, denen ihre Kräfte gewachsen wären. So glücklich sich Rosen sowohl als Beamter wie als Missionär über dieses Anerbieten fühlte, so glaubte er doch nicht sofort darauf eingehen zu dürfen, sondern erst die Ankunft von Verstärkungen aus Trankebar und das Vollenden einer bessern häuslichen Einrichtung abwarten zu müssen.

Am 4. April war die „Cimbria" segelklar; diejenigen Leute, die ausgedient hatten, und solche, die durch Krankheit zum Arbeiten zu schwach geworden waren, wurden nebst ihren 34 Bagagekisten, eingeschifft; das Briefpacket für die Regierung war schon an Bord, und Rosen stand eben im Begriff (es war 7 Uhr Morgens), gleichfalls an Bord zu gehen, um von Halsöe Abschied zu nehmen, als der „Major" von Itóe mit einem Theil seiner Landsleute zu ihm kam und mit ihm zu sprechen begehrte. Sein sonst immer heiteres Antlitz sah sehr ernst und bekümmert aus. „My friend", begann er seine Rede, „ich komme mit einer schlimmen Nachricht," und nun theilte er mit, dass am Tage zuvor zwei stark bemannte malayische Prahus nach Itóe gekommen wären, der Führer mit einem Theile der Mannschaft wäre an's Land gegangen und hätte Lebensmittel sowie Arekanüsse verlangt; nachdem er diese erhalten, hätte er den Preis zu hoch gefunden und sei mit der Waare ohne Bezahlung abgegangen; da nun die Eingeborenen nachliefen und Bezahlung verlangten, hätten die Malayen ihre Krische gezogen und höhnisch gerufen: „Wenn wir wiederkommen, dann wollen wir Euch mit

Roth bezahlen!" Hierauf hätten sie sich in der Nähe des Strandes gelagert und sich gütlich gethan, und dort hätten einige Nikobaresen, die sich herangeschlichen, die Räuber deutlich sagen hören: „Wenn nur der Schooner nicht da wäre, dann wollten wir wohl sehen, was die Colonisten für uns aufgehoben haben, so aber wollen wir erst nach Sámbalong (Gross-Nikobar) gehen und dann wiederkommen!"

Unter so bewandten Umständen blieb Rosen am Lande und schickte zu Halsöe mit der Bitte, zu ihm zu kommen. Nach seinem Eintreffen wurden dann die Nikobaresen genau über alle Umstände ausgefragt, und da ergab sich Folgendes: Die eine Prahu war so gross wie die „Cimbria", führte 70 Mann Besatzung und 4 Drehbassen, die andere war etwas kleiner; die beiden Führer hiessen Tjae Musai und Va Nallang. A'Cunha fragte, ob der Tjae Musai nicht ein alter Mann von kleiner Gestalt und langem weissen Barte wäre? und als die Nikobaresen dies bejahten, sagte er, dass er diesen Mann kenne, dass derselbe „ein hartherziger blutiger Hund wäre, so alt er auch sei." Die englischen Herren auf Penang hätten ihn schon lange in Verdacht gehabt, und alle Malayen wüssten, was in ihm stecke, er und Va Nallang seien immer beisammen. Hierzu kam noch, was Toang-Lo über zwei Seeräuber-Prahus mitgetheilt hatte, die jedenfalls mit diesen eins seien, so dass man gar nicht an der gefährlichen Lage der Colonie zweifeln konnte. Capitain Halsöe war auch ganz entschieden der Meinung, dass man sofort Sicherheitsmassregeln ergreifen müsse, und mit diesen wurde hierauf sogleich begonnen.

Hinter den Häusern von Frederikshavn lag ein Hügel, auf dem ein kreisrunder indischer Kalkofen stand, dessen Mauern mit Zuglöchern versehen waren; er hatte eine Höhe von 5 Fuss und einen Durchmesser von 12 Fuss. Dieser Kalkofen sollte als Festung dienen, deshalb wurden die Kanonen hinaufgezogen und dicht vor die Mauern gestellt, der Schooner legte sich so nahe wie möglich an's Land, um die Höhe aus seinen Geschützen bestreichen ¦zu können, falls die Malayen, wie man fürchtete, von der Ulálabucht her den Landweg zum Angriffe wählen möchten, und Halsöe gab 4 Mann von seinem Schiffsvolke ab. Gleich am 4. April fing man mit dem Fällen von Nibongpalmen an, aus denen man 10 Fuss lange Palissaden hieb, und damit den Platz einhegte, so dass man Raum für alle Leute und die Vorräthe gewann. Die Arbeit war äusserst schwer, denn die Sonne brannte grade, kurz vor Beginn der Regenzeit, mit sengender, die Kräfte und Gesundheit aufreibender Hitze, zudem standen die Nibongpalmen zerstreut und weit ab von dem Hügel, der steil war, und das Hinaufschaffen des Holzes erschwerte. Die Nikobaresen an der östlichen und westlichen Einfahrt sowie die an der Ulálabucht wurden beauftragt, scharf auszuspähen und jedes verdächtige Fahrzeug sofort zu melden. Ein Häuptling an der Ulálabucht nahm die Sache am gewissenhaftesten, indem er jeden Tag einen Boten abschickte, der die Meldung überbrachte, dass sich noch nichts gezeigt habe. Uebrigens kamen auch noch andere Eingeborene nach dem Stacket-Fort, und alle klagten wie ein Mann über die räuberischen Malayen, von denen sie sich eben so gut bedroht hielten, wie die Colonisten.

Schon am dritten Tage nach Beginn dieser Arbeiten waren Alle sammt und sonders von den Anstrengungen, den Nachtwachen und Aengsten so erschöpft, dass Rosen fürchtete, es würde dies Leben keiner lange aushalten; A'Cunha hatte schon das Fieber bekommen und mehrere der Leute begannen zu kränkeln. Nun erklärte Halsöe auf das Bestimmteste, dass er keinen anderen Ausweg sähe, als die Malayen aufzusuchen und sie anzugreifen; er fürchtete von diesen feigen Banditen auch keinen sonderlichen Widerstand,

denn ihr Muth offenbart sich ja meistens nur in hinterlisti-
gen, womöglich nächtlichen Ueberfällen. Der Schooner
musste ja überdies fort nach Trankebar, sollte nicht wieder
Hungersnoth entstehen. Den Ausschlag zu dem Entschlusse,
die Malayen anzugreifen, gab die Ankunft einiger Leute von
Gross-Nikobar, welche über das räuberische Auftreten der
dort schon angekommenen Piraten klagten und sich erboten,
den Schooner zu begleiten, wozu sich übrigens fast alle ihre
Landsleute bereit erklärten. Nun wurden alle Hände an
Bord in Thätigkeit gesetzt, um ein Enternetz zu machen und
jedes Stück Munition, das am Lande irgendwie entbehrlich
schien, wurde auf's Schiff gebracht. An der Palissadirung
wurde jedoch fortgearbeitet und nach 6 Tagen, am 10. April,
ward sie vollendet. An demselben Tage bekam Halsöe
einen heftigen Fieberanfall, den er sich wohl durch zu rück-
sichtsloses Aussetzen gegen die Sonnenstrahlen beim Beaufsichtigen aller Arbeiten zugezogen hatte. Endlich waren
alle Vorbereitungen zum Kampfe an Bord des Schooners getroffen, die Nikobaresen fanden sich in hellen Haufen ein,
um am Zuge theilzunehmen; u. A. war der „Major", die
Häuptlinge von Itóe, Inúang und Malakka mit ihren Dorf-
genossen sowie verschiedene Leute von Ulála erschienen.
Sie hatten sich nicht blos mit Proviant und allen möglichen
Waffen, sondern auch mit verschiedenen Tauschwaaren versehen (darunter besonders Töpfe von Tschowry), denn eine
kleine Handelsspeculation lässt der Nikobarese bei keiner
Reisegelegenheit ausser Augen.

Indessen, mit der Ausführung des Zuges sah es schlimm
aus. Die Krankheit hatte unter den Sipahies und dem
Schiffsvolke stark um sich gegriffen, und grade an dem Tage,
da man die Anker lichten wollte, wurden auch die beiden
talmudischen Sukkánis oder Steuermänner krank, die einzig
und allein als Constabler bei den Geschützen nützen konnten.

Halsöe's Krankheit verschlimmerte sich überdies in dem Masse, dass Rosen für sein Leben fürchtete. Unter solchen Umständen blieb nichts übrig, als die Expedition ganz aufzugeben und, da es ungereimt war, von dem Schooner, dessen halbe Mannschaft auf der Krankenliste stand, noch weitere Unterstützung zu erwarten, so redete Rosen dem Halsöe zu, so schnell wie möglich nach Trankebar abzusegeln. Es wurde also die Munition wieder ausgeschifft, 2 Kanonen vom Schiffe entliehen, so dass man im Ganzen 4 Stück am Lande hatte, die Kranken, welche eine Last waren, wurden eingeschifft, aber alle gesunde Colonialmannschaft, sie mochte ausgedient haben oder nicht, zur Vertheidigung des Etablissements zurückgehalten. Am 15. April segelte der Schooner ab, und am selben Tage zerbrach eine ungewöhnlich starke Böe die 50 Fuss hohe und weithin sichtbare Flaggenstange des Etablissements. Dies böse Omen entmuthigte die schon mehr wie zu sehr ängstlichen Sipahies und Kulies noch mehr.

Die Lage der Colonisten wurde nunmehr kritisch.

Obschon man sich in dieser Zeit übermenschlich angestrengt hatte, um eine sichere Zufluchtsstätte gegen die drohende Gefahr zu erlangen, war dies doch nur sehr unvollständig geglückt. Allerdings waren die Palissaden fertig, aber es fehlte noch ein Haus zur Aufbewahrung der Munition und Beschirmung der Mannschaft gegen Regen und Unwetter. Ohne ein solches Haus war gar nicht daran zu denken, von der Palissadirung Gebrauch zu machen, denn da ein Unglück selten allein kommt, so hatte sich jetzt, um die Verlegenheit voll zu machen, die Regenzeit eingestellt und das Wasser stürzte in Strömen aus den Wolken hernieder. Man begann also zunächst mit dem Sammeln von Baumaterialien zu einem Hause, welches auf dem Kalkofen stehen sollte, welch letzterer dadurch zum Keller gemacht wurde. Da jedoch nur ein Zimmermann vorhanden war, aber sehr viel gesägt und behauen werden musste, schritt diese Arbeit ziemlich langsam vor, und bis zur Vollendung vergingen die Colonisten beinahe vor Angst, denn das schlimme Wetter nöthigte sie, des Nachts in den alten Wohnungen ein Unterkommen zu suchen.

Diese Nächte waren entsetzlich. Wenn die Leute während derselben überfallen worden wären, dann hätten sie sich nicht nach einem gemeinsamen Plane vertheidigen können, sondern jeder hätte danach trachten müssen, zu entfliehen oder um sein Leben zu kämpfen, so gut er vermochte. Zwar waren drei Posten im ziemlichen Abstand von einander an den verdächtigsten Punkten aufgestellt, aber da der fieberkranke Rosen selber nicht Kräfte genug hatte, um diese Leute persönlich zu controliren, und auch keinem anderen diese wichtige Aufgabe übertragen konnte, musste er sich auf die Wachsamkeit und Aufmerksamkeit dieser unzuverlässigen Wächter ganz allein verlassen, obwohl dieselben jedenfalls bei Sturm und Regen ein Obdach gesucht und geschlafen haben werden. Während all dieser Nächte schlief Rosen, soweit Angst und Fieber ihm das Schlafen überhaupt erlaubte, vollständig angekleidet, wobei natürlich keine erfrischende Ruhe zu finden war; zwei Mann hatte er als Posten vor der Thür stehen, aber so oft er einen verdächtigen Laut hörte oder zu hören glaubte, sprang er auf und griff nach seinen Waffen, die am Kopfende seines Bettes hingen. Er hatte „blos“ vier Pistolen, zwei Gewehre und einen Säbel, „aber“, sagt er, „wenn Gefahr wirklich eingetreten wäre, würden mir diese Waffen wenig genützt haben!“ Das Haus, in welchem er schlief, war, wie bekannt, ganz und gar von Holz und an den Seiten so wie oben mit trockenen Atapblättern bekleidet, ein einziges Schwefelhölzchen würde hingereicht haben, das ganze Gebäude in wenigen Augenblicken in Feuer zu setzen und ihn mit sammt seinen

Waffen zu verbrennen. „Ein Unglück war es auch", bemerkt Rosen weiter, „dass wir nur Hindus und noch dazu Sipahies aus Trankebar als Kriegsvolk hatten, denn diese Leute verstanden gar nichts vom Kriegshandwerk und waren an strengen Dienst niemals gewöhnt worden; die hingegen, welche uns angreifen wollten, waren lauter abgehärtete Räuber und gewandte Spitzbuben, welche Kriegslist mit der den Malayen eigenthümlichen Grausamkeit verbanden. Hätte dieser Zustand länger gedauert, dann wären wir den Anstrengungen und der Aufregung erlegen."

Zum Glück begann jetzt der Monsun mit einer ungewöhnlichen Heftigkeit zu rasen, und die Eingeborenen theilten den Bedrängten mit, dass man, so lange solches Unwetter tobe, keinen feindlichen Besuch von der See her zu erwarten habe, denn die Prahus könnten solchem Seegang nicht widerstehen. Trotzdem wurde mit Aufgebot aller Kräfte am Hause weiter gearbeitet, und gegen Ende des Monats konnte man dasselbe beziehen und also auch innerhalb der Palissadirung schlafen, was die Hauptsache war. Dieser Zustand kam Rosen vor, wie der plötzliche Uebergang von Krieg zu Frieden. In dem obersten Theile des Hauses nahm der Resident seine Wohnung und brachte seine wichtigsten Sachen unter, im niederen Theile lag die Munition, Lebensmittel u. s. w., in dem Ofen schliefen die Leute. Rund um das Haus war übrigens ein bedeckter Gang angebracht, in dem sie Platz zur Aufstellung hatten und über die Palissaden wegsehen konnten. Die Kanonen waren immer geladen, zwei nach der Landseite und zwei nach der See gerichtet, während die übrigen Vertheidigungsmittel stets gefechtsbereit zur Hand lagen. Um eine nächtliche Ueberrumpelung zu verhüten, die am meisten gefürchtet wurde, und kaum Zeit gelassen hätte, Kanonen und Gewehre zu gebrauchen, mussten drei Mann während der ganzen Nacht ausserhalb der Palis-

saden herumgehen. Man sieht hieraus wohl, dass Rosen
die Forts der Holländer nicht kannte, sonst hätte er den
Raum ausserhalb der Palissaden bis auf 50 Schritt im Durchmesser mit Bambussplittern dicht bestecken lassen, so dass
nur ein einziger im Zickzack laufender Steig eine Annäherung
erlaubt hätte. Aber konnte man es füglicherweise als Aufgabe eines Missionärs ansehen, Fortificationen anzulegen und
Krieg mit Piraten und anderem ruchlosen Gesindel zu führen?!

In Angst und Bangen strich die Zeit hin; da, am 11. Mai,
setzte die Ankunft eines europäischen Schiffes die Colonie
plötzlich fast wieder in die alte Ordnung zurück. Es war
der Schooner „Hebe" aus Carrical, geführt von Capitain
Robson, der auf seiner Fahrt von Wassermangel betroffen
worden und deshalb einen Hafen suchen musste. Niemals
hätte ein Schiff erwünschter kommen können als wie in jenem
Augenblicke die „Hebe"; die Colonisten fühlten sich mit
einem Male nicht mehr verlassen, sie schlossen sich den
Fremden an wie Brüder und fühlten sich so sicher, nicht
als ob ein fremdes Schiff, sondern ihre „Cimbria" angekommen wäre. Wohl freute sich Rosen über die Erlösung,
aber sorgenvoll blickte er auf die verlorene Zeit und
Arbeit zurück, welche die Herstellung der Vertheidigungsmittel gekostet hatte. Es hatte inzwischen so gut wie gar
nichts anderes gemacht werden können, weil man sich nichts
Ernsthaftes vornehmen konnte; u. A. hatte man aber doch
ein sogenanntes malayisches Fischgitter auf des kranken
A'Cunha's Rath bei einer Stelle der Küste angebracht,
leider jedoch nicht am richtigen Flecke, denn man fing sehr
wenig Fische damit und blieb deshalb nach wie vor von den
Lieferungen der Eingeborenen abhängig.*)

---

*) Ein solches Fischgitter wird aus dicht stehenden Bambus-
stäben gebildet, die in den Seeboden gesteckt werden und so stehen,

Die Ankunft des Capitain Robson, der sich sehr bald wieder entfernte, erlöste die Colonie gleichzeitig aus einer anderen Verlegenheit, denn die „Hebe" führte so viel Spiritus, blaue Leinewand und Taback, dass der Capitain einiges davon an Rosen verkaufen konnte, der gar nichts mehr im Vorrath hatte und wegen des Tabacksmangels beim Tauschhandel mit den Eingeborenen schon zu einem eigenthümlichen Aushülfsmittel hatte greifen müssen. Er hatte den Leuten nämlich „Wechsel auf Taback" ausgestellt, deren Annahme jedenfalls von Culturfähigkeit zeugt. Die Form dieser Wechsel war einfach und sinnig folgendermassen: Auf einem Stück Papier wurde ein Tabacksblatt abgezeichnet und dann daneben so viele Striche angebracht, als der Nikobarese Tabacksblätter empfangen sollte. Zur eigenen Orientirung schrieb sich Rosen darunter auf, für welche Leistung der Wechselinhaber die Blätter zu beanspruchen hatte. Nachdem erst einige der Häuptlinge solche Wechsel angenommen hatten, zögerten die sonstigen angesehenen Leute unter den Eingeborenen nicht, dieses papierne Zahlungsmittel ebenfalls anzunehmen, welches nun durch die Ankunft der „Hebe" eingelöst werden konnte. Rosen hatte sich mit Hülfe desselben u. A. so viele Kokusnüsse eingetauscht, wie er und seine Leute brauchten, gewöhnlich 80 Stück zum Preise von 20 Tabacksblättern auf dem Papiere.

Am 13. Juni, Abends 10 Uhr, vernahm man einen Kanonenschuss in weiter Ferne; Rosen hielt ihn für das Signal der wieder zurückkehrenden „Cimbria" und hatte sich darin

---

dass die Fische bei der Fluthzeit hinüberschwimmen, beim Eintreten der Ebbe aber nicht wieder zurück können und dann mit Leichtigkeit gefangen werden. Wenn man den rechten, von den Fischen gern besuchten Fleck trifft, dann hat man nur nöthig, dies wichtige Nahrungsmittel beim Eintreten der Ebbe körbeweis einzusammeln.

nicht getäuscht, denn als er seinerseits einen Schuss lösen liess, wurde derselbe sofort wieder beantwortet.

Am andern Morgen lag der Schooner schon im Hafen, und an's Land kam nicht Capitain Halsöe, sondern ein 18jähriger Jüngling Namens Norfor. Der wackere Halsöe war im wahnsinnigen Zustande in Trankebar zurückgelassen worden, und es hatte demnach ein junger Mensch, dessen ganze seemännische Erfahrung darin bestand, dass er unter Aufsicht seines Vaters (eines Compagnie-Capitains) von England nach Indien gereist war, das Wagestück ausgeführt, die enge westliche Einfahrt in finsterer Nacht zu nehmen — etwas, das ihm alte Seemänner kaum nachgemacht hätten, was aber sehr schlecht hätte ablaufen können, da der junge Mann das Fahrwasser gar nicht kannte. So hing hier stets alles vom Zufall ab! — Norfor's Signal sollte diesem nur Gewissheit geben, ob die Colonisten überhaupt noch vorhanden waren, denn man hatte sich in Trankebar auf die gewaltsame Vernichtung der Colonie schon gefasst gemacht.

Norfor brachte Briefe vom Trankebarischen Gouvernement, die den von Kopenhagen aus eingetroffenen Befehl enthielten, sich mit allen Ausgaben für die Colonie einzuschränken, da diese binnen Kurzem aufgehoben werden sollte, indem sie ja doch keinen Fortschritt zeige. Selbstverständlich enthielten diese Briefe auch viele Vorwürfe gegen den schuldlosen Rosen.

An dem Tage, da jener bedeutungsvolle Befehl aus Kopenhagen in Trankebar eintraf, waren schon die für die Colonie bestimmten Güter und Leute auf der „Cimbria" eingeschifft, und das Gouvernement liess sich — was sehr zu loben ist — nicht die Zeit, alles Dies wieder auszuschiffen, sondern sendete den ganzen Transport (wozu 22 Mann, darunter 4 Maurer, 1 Zimmermann, sowie Sipahies und Kulies gehörten) unverweilt nach den Nikobaren hinüber; es wurde aber Rosen die Verpflichtung aufgelegt, sich in allen Dingen einzuschränken und einen, die künftigen Einschränkungen betreffenden Vorschlag. einzureichen, der ausgeführt werden sollte, sobald die „Cimbria" wieder zurückkäme, um ihn dann selber nach Trankebar abzuholen. Mit den Einschränkungen begann das Gouvernement zunächst beim Residenten Rosen, dem das Gehalt entzogen und statt dessen Diäten ausgesetzt wurden, obwohl seine Verrichtungen dieselben blieben und es ja nicht in seiner Wahl stand, die Inseln sogleich zu verlassen oder die Wiederkehr des Schooners abzuwarten, welch letzterer nach Vornahme einer nöthig gewordenen Reparatur gleich wieder absegelte.

Die neue Verstärkung wurde zunächst wie gewöhnlich eine Last für die Colonie, denn obwohl Alle von ihnen junge Männer waren, zu einer Zeit ankamen, die sonst nicht so ungesund zu sein pflegt, einen Arzt vom Hindustamme bei sich hatten und eine bessere Aufnahme fanden, wie irgend einer ihrer Vorgänger, so wurden doch sieben von ihnen schon 15 Tage nach der Ankunft fieberkrank, und am 24. Juli hatten alle Zweiundzwanzig ohne Ausnahme das Malariafieber, und es starben von ihnen, noch ehe Rosen die Inseln verliess — sieben.

Es war nun das Bestreben des Residenten, wo möglich noch das steinerne Haus fertig zu bekommen, ehe er die Inseln für immer verlassen musste. Mit der Maurerarbeit ging es Anfangs recht gut, denn man hatte ja nun Sachverständige genug; das Gebäude wurde auch glücklich bis auf das Dach vollendet, da aber trat die Erkrankung der neuangekommenen Maurer ein und, um das Unglück voll zu machen, wurde der Zimmermann Braunmann der Colonie durch den Tod entrissen. Dieser Braunmann war der einzige, welcher sein Handwerk verstand, und er war zugleich einer von denen, welche den Colonisationsversuch von Anfang an mitgemacht hatten, sein Tod berührte daher den gefühlvollen Rosen doppelt schmerzlich. Es blieb nunmehr blos noch ein Zimmermann übrig, der jedoch gar nichts verstand. Das Haus sollte, wie bereits erwähnt, ein flaches Dach erhalten; dicke und dünne Balken lagen schon bereit, aber sie bedurften noch der letzten Zurichtung, die ihnen jedoch Niemand zu geben vermochte, eben so wenig, wie einer im Stande war, sie gehörig aufzustellen; ein schräges Dach hätte noch mehr Zimmermannsarbeit und überdies Ziegelsteine erfordert, die ja nicht vorhanden waren und auch nicht mehr gemacht werden konnten; damit nun aber das Haus, welches doch nun einmal gebaut war, nicht vom Regen verdorben wurde, sondern als Wohnung benutzt werden konnte, liess Rosen ein einfaches schräges Dach aus unbehauenen Balken und Sparren aufsetzen und mit Blättern decken. — Ausser dem Hausbau wurden Arbeiten auf den Pflanzungen ausgeführt.

Nachdem die Bedrohung der Colonie durch die malayischen Seeräuber aufgehört hatte und einigermassen Ruhe eingetreten war, erneuerten die Nikobaresen das Verlangen, ihre Kinder dem Rosen zur Erziehung zu übergeben. Selbstverständlich konnte dieser nun nicht mehr darauf eingehen, nachdem die Tage seines Aufenthalts auf den Inseln und überhaupt die des Bestehens der Colonie gezählt waren. Mit schwerem Herzen, wie man wohl denken kann, musste er also die Bitte der Eingeborenen ein für allemal abschlagen, und doch war man jetzt endlich an einem Punkte angelangt, wie er zuvor noch nie erreicht worden, und von dem aus man mit mehr Aussicht auf Erfolg, wie jemals früher, weiter arbeiten konnte — man hatte ein steinernes Haus, dem nur noch das Dach und der einfache innere Ausbau fehlte, man hatte eine Anzahl fertiger, trockener, hölzerner Häuser und Hütten, man hatte ferner eine Art Fort, das durch einige Vervollkommnungen gegen blosse Piratenzüge uneinnehmbar gemacht werden konnte; es waren die Anfänge von Pflanzungen vorhanden und, was mit eine Hauptsache, man hatte die Eingeborenen in ein Verhältniss zur Colonie gebracht, welches den ersten und wichtigsten Schritt zur Civilisation dieser rohen Naturmenschen in sich schloss — in freiwillige Dienstbarkeit, verbunden mit der Erziehung ihrer Kinder. Es ist vielleicht für uns Deutsche gut, dass die Sache so kam, wie geschehen ist, indessen, man wird doch von Mitgefühl für den armen Rosen ergriffen, dessen aufopfernde Mühe und Sorge in dem Augenblicke, da seinem rastlosen patriotischen Streben der Lohn winkte, durch einen Federstrich von Kopenhagen aus nutzlos gemacht wurde. Hätten die Herren dort statt des Aufhebungsbefehls lieber ein paar tüchtige Aerzte geschickt und den Befehl, an der Stelle zu bleiben, die dermalen eingenommen war, dann hätten sie jedenfalls mehr im Interesse Dänemarks gehandelt, und es hätte Dänemark dann gewiss im Jahre 1848 oder später die Nikobaren an England oder sonst eine Macht wenigstens verkaufen können, statt dass es dieselben weit früher und dann später noch einmal schlechtweg aufgeben musste. Uebrigens kann man doch nicht umhin, sich darüber zu wundern, dass Rosen nicht versuchte, auf eigene Hand dort zu bleiben, woselbst er so lange gearbeitet hatte; möglich freilich, dass die Regierung in so vorwurfsvollen Ausdrücken über die bisherigen Resultate seiner colonialen Thätigkeit geurtheilt hatte, dass dem Residenten von vorn herein der Muth entfiel, wegen eines Handelsvorschusses nochmals nachzusuchen.

Doch zurück zu den thatsächlichen Verhältnissen.

Am 11. Juli erhielt die Colonie wieder einen Besuch, indem die „Hebe" nochmals im Hafen erschien. Capitain Robson kaufte wieder, wie bei seinem ersten Besuche, Kokusnüsse auf und brachte eine Partie eigens zu dem Zwecke gekaufter Waaren mit, für welche die Colonie, wie er glaubte, Bedarf haben musste. Rosen kaufte nichts, und der wackere Robson musste unverrichteter Sache wieder abziehen, seine Arrakanischen Steinfliesen, die er gleichfalls mitgebracht hatte, musste er sogar wegen Mangel an Raum auf Kamorta zurücklassen. Es scheint fast, als ob die „Hebe" nicht die traurige Erfahrung anderer Schiffe in sanitätlicher Beziehung gemacht habe, denn Rosen erwähnt mit keiner Silbe eines Krankheits- oder gar Todesfalles an Bord dieses Schooners, der doch zweimal nikobarisches Trinkwasser eingenommen und verbraucht hatte. Vielleicht hatte Robson einen glücklichen Griff gemacht dadurch dass er seine Fässer aus den mit frischem Regenwasser angeschwollenen Bächen gefüllt hatte, aus denen die Fäulnissstoffe kurz vorher durch die frisch aus den Wolken gefallenen Wassermassen weggespült worden waren. Uebrigens hielt sich die „Hebe" auch diesmal nur wenige Tage auf.

Am 29. September lief ein anderer Schooner in den Hafen ein; diesmal die „Highland Lass", ein zwischen Madras und Pulo-Penang wohlbekannter Segler, geführt vom Capitain Thacker. Der letztere kam, um die günstige Conjunctur, nämlich den Mangel an blauer Leinewand, tüchtig auszubeuten. Der Mann wurde wegen seiner hohen Forderungen (100 Kokusnüsse für einen Klafter Leinen) bald der Gegenstand des allgemeinsten Hasses der Eingeborenen, und wie Rosen durch A'Cunha erfuhr, hatten sie nicht übel Lust, Thacker's Schiff gewaltsam zu überfallen und auszuplündern, „wenn nur Rosen nicht da wäre", wie sie stets nach jedem offenherzigen Erguss ihres Zornes hinzusetzten. Man sieht daraus wieder, welchen Einfluss das moralische Uebergewicht des Residenten auf diese Wilden gewonnen hatte, denn dass sie sich vor den ihm zur Verfügung stehenden physischen Kräften nicht fürchteten, liegt wohl auf der Hand, und unser Gewährsmann weist auch besonders darauf hin. Dieser Mr.

17*

Thacker war übrigens ein·Mann, der sich brauchen liess, denn ehe er abfuhr, bat er den Residenten schriftlich um die Erlaubniss, nach seiner Rückkehr von Pulo-Penang 3 Mann beim Nangkowry-Hafen zurücklassen zu dürfen, damit diese Trepang fischen, Nibongpalmen fällen und Kokusnüsse sammeln könnten; dafür wolle er der Colonie unentgeltlich Muskatnuss- und Pfefferpflanzen sowie Cacaosamen mitbringen. Rosen fand sich nicht veranlasst, dies Gesuch abzuschlagen, da er glaubte, die nach ihm kommen sollten, würden von den angebotenen Sachen Gebrauch machen können. Uebrigens geschieht des Mr. Thacker nicht wieder Erwähnung.

Ehe Rosen von seinem Posten abberufen wurde, musste er noch eine naturgeschichtliche Entdeckung machen. Er wohnte bekanntlich seit der Piratengefahr in dem Hause über dem Kalkofen; als er eines Abends im Anfange des October bei seiner Lampe sass und in einem Buche las, bemerkte er, dass einige Ameisen über das letztere liefen; ein paar Mal blies er die Thiere weg, aber es erschienen immer wieder neue; nun stand er auf, um sie mit einem Lappen abzustreichen, denn er sah auch, dass auf dem Tische eine Anzahl umherlief. Hierbei fiel sein Blick auf seine Kleider, und nun sah er, dass diese völlig von Ameisen bedeckt waren, ja als er nun mit der Lampe umherleuchtete, fand er, dass das ganze Zimmer von ihnen wimmelte und dass sie an den Querbalken der Decke in Klumpen beisammen hingen, wie Bienen während der Schwärmzeit mitunter zu thun pflegen. Die ganze Luft des Zimmers wurde mit ihnen erfüllt, sie fuhren ihm in die Augen, in die Kehle, so dass er schliesslich vor Husten kaum mehr athmen konnte. Er rief drei, vier Mann zu Hülfe, die dann mit Besen, Säcken, wollenen Decken und was ihnen sonst in die Hände fiel, um sich schlugen, bis das Gewimmel nachliess. Es war ein harter Strauss, der da ausgefochten wurde und zwei Stunden lang dauerte, wobei die Thierchen millionenweise erschlagen wurden, ehe sie das Feld räumten. Diese seltsame Erscheinung wiederholte sich 4—5mal in demselben Monate, das letzte Mal, als Rosen schon im Bette lag und schlief. Er wachte von dem Kribbeln auf, welches die zu Tausenden über seinen Körper laufenden Thierchen verursachten; im ersten Augenblicke wusste er nicht, was ihm geschehen war, als er halb bewusstlos aus dem Bette sprang.*)

Am 1. November kam die „Cimbria" von Trankebar zurück und in ihrem Fahrwasser folgte die „Hebe", diesmal nicht von Mr. Robson, sondern vom Capitain Hazlewood geführt, aus Gründen, die nicht angegeben sind, also wahrscheinlich nicht wegen Todesfalles. Die „Cimbria" überbrachte Briefe an Rosen und einen portugiesischen Mischling Namens Kervere, der so zu sagen als Director den zurückbleibenden Rest der Colonie verwalten sollte, was A'Cunha jedenfalls besser gekonnt hätte, denn dieser Kervere entpuppte sich sofort als ein Trunkenbold, weshalb er auch sehr bald krank wurde und wenige Monate nach seiner Ankunft starb. Er hatte zwar mehrere Jahre auf Pulo-Penang gelebt, konnte also von Handel und Wandel etwas verstehen, war aber im Grunde genommen nur ein verkommenes Subject ohne Erwerb, weshalb er für 25 Rupien monatlichen Gehaltes den Directorposten übernahm — nicht grade zur Ehre des Trankebar'schen Gouvernements. Nach seinem

---

*) Diese Ameise ist klein, schwarz, hat zur Begattungs- oder Schwärmzeit Flügelchen von kaum bemerkbarer Grösse, ihre Beine sind etwas länger und dünner wie bei anderen Ameisen, und ihr Lauf ist fast so schnell wie bei anderen Insecten der Flug, weshalb sie von den Portugiesen den Namen „tolle Ameisen" erhalten haben. Ihre Nester aus schwärzlichem Thon bauen sie an der unteren Seite weit abstehender Zweige hoher Bäume, auch nisten sie sich gern in Häusern ein; sie thun aber nicht so viel Schaden wie die sogenannten weissen Ameisen oder Termiten.

Tode kam der Sergeant Buchsmann herüber, welcher bis zum Abzug, August 1837, ausharrte.

Obwohl der Schooner hätte abreisen können, so blieb er doch noch eine geraume Weile im Hafen liegen, indem die' Küste von Koromandel nicht vor Mitte December für die Schifffahrt sicher wurde. Rosen benutzte diese Frist noch zu mehreren Ausflügen nach den benachbarten Küsten und auf die See hinaus, vorzüglich um der Trepangfischerei der Birmanen und Malayen zuzusehen. In dieser Zeit ereignete es sich auch noch, dass 5 der vornehmsten Häuptlinge von Gross-Nikobar ihn um Certificate und Nationalflaggen ersuchten, damit auch sie die anlegenden Schiffe im Namen der dänischen Regierung controliren könnten; es wurde auf ihren Wunsch natürlich nicht mehr eingegangen. Rosen schritt demnächst dazu, die Einschränkungen auszuführen, welche die Regierung vorgeschrieben hatte. Die Kanonen und der grösste Theil der Munition wurden eingeschifft, zum Besorgen der täglichen Arbeiten wurden 5 Mann bestimmt; von diesen sollten 1 Muselmann und 1 Malaye nach dem Vieh sehen, ein anderer in Trankebar erzogener Malaye sollte die beiden chinesischen Gärtner beaufsichtigen, welch letztere sich der Pflanzungen anzunehmen hatten; Kervere und A'Cunha hatten die Erlaubniss, zu anderen Arbeiten gelegentlich Nikobaresen zu miethen; A'Cunha wurde zum Stellvertreter von Kervere bestimmt, im Falle dieser erkrankte oder stürbe; 6 Sipahies wurden als Flaggenwache zurückgelassen. Alle übrigen Leute wurden eingeschifft und mit fortgeführt.

Am 15. December gingen alle Colonisten zu Schiff; verschiedene nikobaresische Häuptlinge hatten sich eingefunden um Abschied zu nehmen und gingen mit an Bord. Mit herzlichem Händedrücken und den Worten; „Good bye, Rosen! Good bye, my friend!" schieden sie gegen Abend; der letzte, welcher abging, war der Häuptling von Malakka, der mit

Rosen am meisten in Verbindung gestanden hatte; ihm wurde der Abschied sichtlich schwer, denn als ihm der Resident zum Andenken ein paar weisse Tücher, ein Hemde und einen Hut überreichte, brach er in lautes Schluchzen aus, so dass man kaum seine Worte: „Gute Genesung, viel Glück, Signor! Kommt Ihr niemals wieder zu uns?" verstehen konnte.

Es hatte vorher immer geregnet, im Regen ging man an Bord und im Regen segelte man früh Morgens am 16. December fort; kaum war die „Cimbria" jedoch aus dem Bereich der Inseln, da klärte sich das Wetter auf, und ein beständiger Nordostwind führte das Schiff so hurtig, dass es nicht ein einziges Mal die Segel zu ändern brauchte, nach Trankebar, woselbst es am 23. December früh Morgens eintraf, obwohl Mr. Norfor's Berechnung die Landung um zwei Tage später angesetzt hatte.

Damit endete der Rosen'sche Colonisationsversuch, der 3½ Jahr gedauert hatte und, wie schon angedeutet, in dem Augenblicke aufgegeben wurde, da er die meiste Aussicht auf schliesslichen Erfolg zeigte. Das Andenken des rastlosen, menschenfreundlichen Rosen lebte noch lange in der Erinnerung der Nikobaresen, selbst die Herren von der „Novara"-Expedition wollen seinen Namen noch mit Achtung von den Wilden gehört haben.

Im August des Jahres 1837 wurde das kgl. dänische Etablissement auf den Nikobaren von der Regierung officiell und thatsächlich aufgegeben, alles bewegliche Inventar sowie die Wache eingeschifft und nach Trankebar gebracht, während man den Häuptlingen die Danebrogsflaggen und die Certificate abnahm, aber schon im Frühling des Jahres 1845 liess Dänemark die Nikobaren wieder für sich durch seinen

Consul Mackey in Calcutta provisorisch in Besitz nehmen, indem es den Schooner „l'Espiègle", geführt vom Engländer Lewis, von Calcutta aus nach den Inseln entsendete und durch die Dänen Busch und Löwert einige Danebrogsflaggen und Certificate an Häuptlinge der südlichen Eilande vertheilen liess. Es wurde gleichzeitig von Kopenhagen aus die Kriegscorvette „Galathea", geführt vom Commandeur-Capitain Steen-Bille, mit dem Auftrage entsendet, eine Weltumsegelung vorzunehmen und hierbei die Inseln anzulaufen, um das dänische Hoheitsrecht thatsächlich auszuüben · und ein einstweiliges Etablissement zu begründen, während dänische und deutsche Gelehrte die Inseln wissenschaftlich untersuchen sollten, damit man auf Grund ihrer und anderer Sachverständigen Gutachten in Kopenhagen sich darüber zu entscheiden vermöge, ob eine dauernde Besitznahme der Inseln überhaupt staats- und handelspolitisch für Dänemark durchführbar wäre, ferner ob eine grossartige allgemeine oder nur eine partielle, unbedeutende Colonisation (etwa die Anlage einer Kohlenstation) den finanziellen Kräften Dänemarks entspräche. Es kam nur zu einem kleinen Versuche, der darin bestand, dass der Commandeur der „Galathea" mit mehr oder minder Feierlichkeit einige der Inseln im Namen des Königs von Dänemark in Besitz nahm, auf den betreffenden und noch einigen anderen (jedoch nicht allen) Eilanden Danebrogsfahnen und Certificate an die Häuptlinge vertheilte, mit dem Befehle, die Flaggen zu hissen, wenn sich fremde Schiffe näherten, und den Schiffsführern ihr Certificat zu zeigen. Es wurden mit Hülfe des gemietheten Dampfers „Ganges" 40 Chinesen von Pulo-Penang geholt, man liess von ihnen die Höhe auf Nangkowry, an deren Fuss die Herrenhuter Ansiedelung gelegen, abholzen, einfriedigen und mit einem hohen Flaggenstocke versehen, ferner begann man die Lichtung der kleinen Insel Pulo-

Milú, welche zur Anlage der „Station" ausersehen war, wobei einmal 8 Eingeborene für Lohn einen vollen Tag lang
Holz fällen halfen und etwa 1½ Klafter niederschlugen; eine
Wache wurde aber überall nicht zurückgelassen, sondern nur
der Dampfer „Ganges" und der Schooner „Nancovry" zur
Aufrechthaltung des dänischen Hoheitsrechts und Verbindung
der Inseln mit dem Continent dort stationirt. Diese beiden
Handelsfahrzeuge waren erst gemiethet, dann gekauft und
hierauf in „Kriegsfahrzeuge" umgetauft worden; sie kosteten
80,461 Reichsbankthaler 46 Schilling, und die einstweilige
Occupation, sammt den von der „Galathea"-Expedition un-
abhängigen Untersuchungen der Inseln kostete ausserdem
80,349 Reichsbankthaler. Im Ganzen kostete demnach das
letzte Colonisationsunternehmen 120,608 preussische Thaler,
wozu noch ein Theil der für die Weltumsegelung der Corvette „Galathea" vorausgabten Summe von 226,670 preuss.
Thlrn. kommt, so dass man vielleicht 130,000 preuss. Thlr.
als die Gesammtsumme aller Unkosten betrachten kann, die
wegen der erreichten wissenschaftlichen Erfolge und des Auf-
sehens, welches sich an sie und das Unternehmen knüpfte,
für die dänische Nation jedenfalls nicht weggeworfen sind.
Im Januar 1848 wurde die Ansiedelung aufgegeben, indem
die Kriegscorvette „Valkyrien" Flaggen und Certificate den
Eingeborenen wieder abnahm, wie dies ausführlich in der „Ber-
lingske Tidende" vom August 1848, im „India Political Dis-
patch" vom 1. Februar 1848, im „Hamburger Correspondent"
vom 30. August 1848 und an a. O. zu lesen ist.

Mit der Vorbereitung von Pulo-Milú hat es folgende
Bewandtniss gehabt: Anfangs wurden 10 und später alle
40 Chinesen zum Roden verwendet, und zwar während der
Regenzeit; der grösste Theil dieser Arbeiter wurde abwechselnd krank, und zwei starben; aber auch die Mannschaft
an Bord des „Ganges" wurde so häufig vom Fieber befallen,

dass von allen Leuten nur der Chef und der Zimmermann gänzlich von der Krankheit verschont blieben; gegen Ende des Monats Mai musste der Commandeur, Capitain-Lieutenant Aschlund, sogar mit dem Dampfer nach Pulo-Penang gehen, nicht blos, um seinen Medicinvorrath zu ergänzen, sondern auch um die Mannschaft zu erfrischen, dies hatte der Arzt verlangt. Fragt man nach der Ursache dieser traurigen Erscheinung, dann scheint die Antwort nicht so gar schwer zu sein: Pulo-Milú hat gerade in seiner Mitte einen Süsswassersumpf, aus dem in vier Quellen der Bach des Eilandes entspringt; der Sumpf musste Miasmen aushauchen, und das aus dem Bache genommene Wasser konnte ebenfalls der Gesundheit nicht zuträglich sein. Die Hauptursache wird aber wohl die dichte Nachbarschaft der Brakwassersümpfe von Klein-Nikobar gewesen sein, deren Dünste der Landwind so wie der Seewind beständig über den Hafen und das kleine Eiland wehte. Was den „Ganges" betrifft, so lag dieser ja in unmittelbarer Einwirkung der Miasmen im Pulo-Milú-Hafen, ausserdem nahm er immer Brennholz zur Feuerung für seine Kessel an Bord, und dies frische Holz pflegt ebenfalls schädliche Dünste zu entwickeln, die sogar im Stande sind, Neger fieberkrank zu machen, wie Erfahrungen in Afrika gelehrt haben.*) Ueberhaupt muss man sich wundern, dass so alte Praktiker wie die Dänen auf die Idee kamen, eine der allerkleinsten Inseln desinficiren zu wollen, um erst Fuss fassen

---

*) Mit dem Brennholzeinnehmen ist es unter den Tropen eine eigene Sache, da dasselbe niemals vollkommen am Lande getrocknet werden kann, will man nicht Gefahr laufen, mit demselben Termiten in das Schiff zu bringen. Die Engländer helfen sich, indem sie auf ihre Flussdampfer höchstens einen auf 24 Stunden reichenden frischgefällten Vorrath schaffen und diesen auf dem Oberdeck aufstapeln, wodurch dasselbe freilich sehr beengt wird. Ein Stationsdampfer bei den Nikobaren bedürfte zu seinen Touren auch keines grösseren Vorrathes.

zu können, während es doch auf der Hand lag, dass die Des-
infection eines so unbedeutenden Punktes durch die unmittel-
bare Nachbarschaft einer für ihre colonialen Kräfte zu grossen
Insel völlig illusorisch gemacht wurde. Allerdings muss man
wieder zugeben, dass die einzige unabhängig von den anderen
zu überwältigende Insel — Kar-Nikobar — für die dänischen
Mittel noch zu gross war, um schnell bewältigt werden
zu können, auch nicht das bot, was die Dänen zu allererst
erwerben wollten, nämlich einen völlig gesicherten Hafen.

Wie wenig mit dem nikobarischen Klima zu spassen ist,
mussten die Dänen bei ihrem letzten Unternehmen wegen
Gewinnung der Inseln auch noch bei der Erforschung des
Galatheaflusses erfahren; wegen der bei dieser Gelegenheit
herbeigeführten Krankheits- und Todesfälle sind jedoch sie
und nicht das Klima verantwortlich zu machen, wie man beim
Verfolgen dieser höchst interessanten Flussfahrt und aller damit verbundenen Nebenumstände deutlich sehen wird, weshalb die Beschreibung der Boots-Expedition hier eine Stelle
finden möge.

Am 19. Februar begann man mit den Vorbereitungen
zur Flussfahrt; es wurde ein Zelt am Strande der Galathea-
Bucht aufgeschlagen, Lebensmittel, Privatbedürfnisse u. s. w.
hineingeschafft und eine Wache dabei aufgestellt; hierauf wurden die 22 und 23 Fuss langen Boote, nachdem sie durch
die Brandung gebracht worden, über Land in den Fluss hin-
eingezogen. Gegen Abend gingen Alle an's Land, nämlich
der Capitain Steen-Bille, der Etatsrath Hansen, die Naturforscher Rink, Behn, Kjellerup, Philippi und
Reinhardt, die Lieutenants Bruun und Roepstorff,
die Aerzte Rosen und Teilingen und der Capitain Lewis, sowie 19 Mann von der Besatzung. Als es dunkelte,
wurde vor dem Zelte am Strande ein grosser Scheiterhaufen
angezündet, worauf sich alle Eingeborenen der Bucht ver-

sammelten und mit verschlungenen Armen in der Zahl von 20 bis 30 Mann einen Rundtanz aufführten, der sich durch gelassene, langsame Bewegungen vorwärts und rückwärts, Sinken in die Kniee und dann und wann durch einen grotesken Sprung auszeichnete, während sich die Tänzer mit näselndem, kläglichem Gesang selber begleiteten; dann zeigten diese Leute ihre Fertigkeit im Kampfe mit sehr langen schweren Stöcken, die sie mit beiden Händen in der Mitte anfassten und bald das eine, bald das andere Ende zur Vertheidigung oder zum Angriff gebrauchten; sie sprangen dabei sehr schnell vor und zurück, zielten hauptsächlich nach dem Kopf und hielten inne, sobald einer getroffen worden war. Der ganze Abend wurde in lärmender Lustigkeit verbracht.

Um 5½ Uhr am andern Morgen machten sich die Dänen auf den Weg; jedes Boot hatte eine Besatzung von 1 Quartiermeister, 6 Matrosen und 1 Zimmermann; Waffen, Geräthschaften und Proviant waren natürlich mitgenommen und auf beide Boote vertheilt. — Der Fluss behielt etwa sechs Viertelmeilen oberhalb der Mündung eine Breite von 50 bis 60 Fuss, dann ward er schmaler und war da, wo die Expedition umkehrte, kaum 20 Fuss breit; diese Stelle lag von der Mündung, dem Flusslaufe folgend, 5 geogr. Meilen, in grader Linie aber kaum 2 Meilen von jenem Punkt entfernt, denn der Fluss macht eine unendliche Menge Biegungen, darunter mehrere in einem Winkel von 140—150 Grad. Die Ufer waren Anfangs so niedrig, dass sie gewiss einen grossen Theil des Jahres ganz unter Wasser stehen müssen; sie waren auch mit undurchdringlichem Mangrovedickicht bedeckt, das nur mit zerstreuten, schlanken Mangrovebäumen abwechselte. Die nächsten längeren Strecken hatte die Nipapalme vollständig eingenommen, schliesslich folgte auf den höher werdenden Ufern der Pandanusbaum, alle anderen Bäume ausschliessend. In der Nähe des Flusses sah man mitunter Kokus-, Bananen- und Arumpflanzungen der Eingeborenen liegen, welche von den Reisenden besucht wurden, um von den Früchten zu nehmen; es wurde auch öfter angehalten, um einen erlegten Vogel im Dickicht aufzusuchen, oder auch, um die von beiden Seiten über den Fluss gewachsenen Zweige und Aeste durchhauen oder die das Fahrwasser gänzlich sperrenden Baumstämme absägen zu lassen, bei welchen Verrichtungen die Zimmerleute oftmals in's Wasser herabgelassen werden mussten. Ein üppiges Wachsthum erfüllte das ganze Flussthal: Farrenbäume, Bignonien mit ihren prachtvollen weissen Blüthen, zahllose sich mit den benachbarten Gewächsen verwickelnde Rotangs und Bambusen und ein förmliches Netzwerk von Schmarotzerpflanzen, die über den Fluss hinaushingen, zeigten sich den staunenden Blicken. Mittlerweile wurden die Ufer immer höher und steiler; an den sanfter aufsteigenden Abhängen wucherte Zuckerrohr in üppiger Fülle, auf den Anhöhen liess sich sogar der Brombeerbusch sehen. Uebrigens näherten sich die Wasserpflanzen der mitteleuropäischen Flora. Dr. Teilingen, der einige Jahre zuvor im Innern von Borneo gewesen war, fand die ganze grossartige Natur dieses Flussthals mit jener der genannten Insel zum Erstaunen ähnlich.

Mittagsruhe wurde neben einem offenen Platze gehalten, bei dem sich einige Kokusbäume befanden, aber kein lebendes Wesen zu sehen war; die Hitze war unerträglich geworden und die Leute vom Arbeiten sehr ermüdet. Etwa 2½ Meilen flussaufwärts traten die Felsenwände so dicht zusammen, dass der Fluss wie durch eine tiefe Kluft strömte; sein Bett wurde hier plötzlich nur 2 Fuss tief, man musste durchwaten und die Böte hinüber schleppen, welche Erscheinung sich auf einer Strecke von 1000 Schritt dreimal wiederholte; der Fluss bildete hier auch einen kleinen Fall und Stromschnellen.

Nach Ueberwindung aller dieser Hindernisse und immer gegen den Strom anrudernd, wurde Nachmittags 5 Uhr eine winkelförmige Biegung des Flusses erreicht, woselbst ein waldiger, fast senkrechter Abhang aus dem Wasser emporstieg, hinter dem sich eine kleine Bucht befand, in der vier Kanoes am Lande festgemacht lagen. Hier wurde Halt gemacht und der schon unten mit einem künstlichen Zaun eingefasste Abhang erklettert. Nachdem man den Zaun überstiegen und den Abhang erklettert hatte, zeigte sich, dass das kleine Plateau oben und an beiden Seiten ebenfalls mit einer Umzäunung umgeben war. Innerhalb derselben standen eine Anzahl elender, von ihren Bewohnern verlassener Hütten, einige Stackete und in einem der letzteren ein halbverhungertes eingesperrtes Ferkel. Die Ansiedelung war neu angelegt, hierfür sprach das frische Aussehen der Palissaden und die zu den Hütten gebrauchten Stämme. Der Culturzustand der Bewohner dieses Dörfleins schien übrigens keinesweges um ein Bedeutendes niedriger zu stehen, wie jener der Küstenbewohner, denn wenn die Hütten auch so klein waren, dass kaum zwei Menschen darin Platz fanden, so waren es doch immerhin Hütten und zwar auf Pfählen stehende; sie hatten ein kümmerlich aus Nipablättern, Rotang und Baumrinden hergestelltes Dach, welches giebelförmig war und sich mit dem einen Giebel an einen hohen Baum lehnte, während der andere fast ganz offen blieb. Auffällig waren die Feuerherde, die aus schlecht gebrannten Thonsteinen aufgeführt waren und ein Kochgestell trugen, welches aus vier mit Hülfe eines Querstabes galgenförmig zusammengefügten Stöcken bestand, in denen dann Kochkessel aus Baumrinde hingen. Als die Gelehrten der Expedition ein solches Gestell aufheben wollten, um es mitzunehmen, ging dasselbe auseinander, und keiner vermochte es wieder zusammenzusetzen. Ausserdem lagen ein paar hölzerne Speere und einige sehr zerlumpte Stücke Zeug, das aus der Rinde des Celtisbaumes zusammengepresst war, umher; ferner eine Masse Reste von

Pandanusfrüchten und sogar ein Stück des aus jenen bereiteten Mellori oder Brodes; unfern von der Umzäunung fand
sich auch ein frisch gefällter grosser Baum, zu dessen Durchhauen unbedingt gute Beile gehört haben mussten. Als man
zu dem von Nangkowry mit herübergenommenen Nikobaresen
„London" äusserte, dass diese „Waldmenschen" ganz dieselben Menschen seien wie die Leute seines Stammes, gerieth
er über diese Beleidigung so in Wuth, dass er seinen Speer
durch einen der unschuldigen Kochkessel stiess. Die in der
Bucht liegenden Kanoes waren nicht so gut wie die der
Küstenleute und augenscheinlich nur für die Flussfahrt bestimmt. Eine weitere Merkwürdigkeit war die Rückzugs-
brücke der entflohenen Dorfbewohner über die Bucht, —
sie bestand aus einem grossen Baumstamme, der von dem
umzäunten Abhange quer hinüber nach dem jenseitigen Walde
gefallen war, ob mit Nachhülfe menschlicher Hände oder
allein durch die Natur, liess sich nicht bestimmen. Aus
allem ging hervor, dass die Wilden Feinde hatten und gegen
diese sich mit Hülfe von Befestigungen und Rückzugswegen
sehr gut zu vertheidigen wussten.

Die Dänen schlugen mittlerweile einige Zelte auf, ver-
täuten ihre Fahrzeuge, holten Proviant herauf, zündeten drei
grosse Scheiterhaufen an und lagerten sich in verschiedenen
Gruppen auf der Erde. Es war finstere Nacht geworden,
der Capitain Steen-Bille und der Etatsrath Hansen hatten
eine der Hütten in Besitz genommen, um die Aussicht über
den Fluss zu geniessen, da brach plötzlich ein tropisches Gewitter von furchtbarer Heftigkeit los und dauerte unter strom-
weise herabstürzendem Regen volle zwei Stunden. Jeder
Funke der Feuer war verloschen, alles schwamm selbst unter
den Zelten im Wasser und kein Mensch hatte einen trockenen
Faden auf dem Leibe. Mit Mühe und Noth gelang es, so
viel trockenes Holz zusammen zu lesen, um ein paar Feuer

zum Trocknen der Kleider und zur Bereitung des Abend-
brods anzünden zu können, dann legten sich Alle erschöpft
auf die nasse Erde oder den Boden der armseligen Hütten
zum Schlafen nieder. Es war eine höchst widerliche Nacht,
obwohl nach dem Schlusse des Gewitters das phosphorische
Leuchten aller Gegenstände und die vielen umherschwärmen-
den Feuerfliegen einen wundervollen Anblick gewährten.
Froh begrüssten alle den kühlen frischen Morgen, der sie
von dieser Schlafstätte erlöste. Die Fahrt wurde noch drei
Viertelmeilen weiter flussaufwärts fortgesetzt; man fand hierbei dasselbe Erdreich und dieselbe Vegetation wie schon
vorher, aber nirgends die Spur einer Wohnung; der Fluss
wurde dann so schmal, dass die Ruder nicht mehr in gewöhnlicher Weise gebraucht werden konnten, und da gleichzeitig der Capitain Steen-Bille entschlossen war, die
Mannschaft nicht eine dritte Nacht am Lande schlafen zu
lassen, wurde die Rückfahrt befohlen, die sehr schnell von
Statten ging, denn der Fluss war vom Gewitterregen hoch
geschwollen und strömte rasch, auch waren alle Hindernisse
Tags zuvor weggeräumt worden. Um 8½ Uhr passirte man
die Stätte des Nachtlagers, um 3 Uhr Nachmittags die Fluss-
barre und um 4½ Uhr war alles an Bord der Corvette. In
der Bucht hatte dasselbe Gewitter gerast wie im Walde, der
Blitz war in den grossen Mast eingeschlagen und hatte den
Wimpel versengt. Am anderen Morgen wurde das bei der
Flussmündung aufgeschlagene Zelt abgebrochen und alle in
demselben aufbewahrt gewesenen Gegenstände, darunter sehr
vieles, was den Wilden hätte gefallen können, an Bord gebracht. Es muss darauf hingewiesen werden, dass das Zelt
während der Nacht vollständig unbewacht war, die Eingeborenen hätten also stehlen können, wenn sie dazu Lust gehabt hätten.

Die Expedition hatte sich vom 5. Januar bis 25. Februar

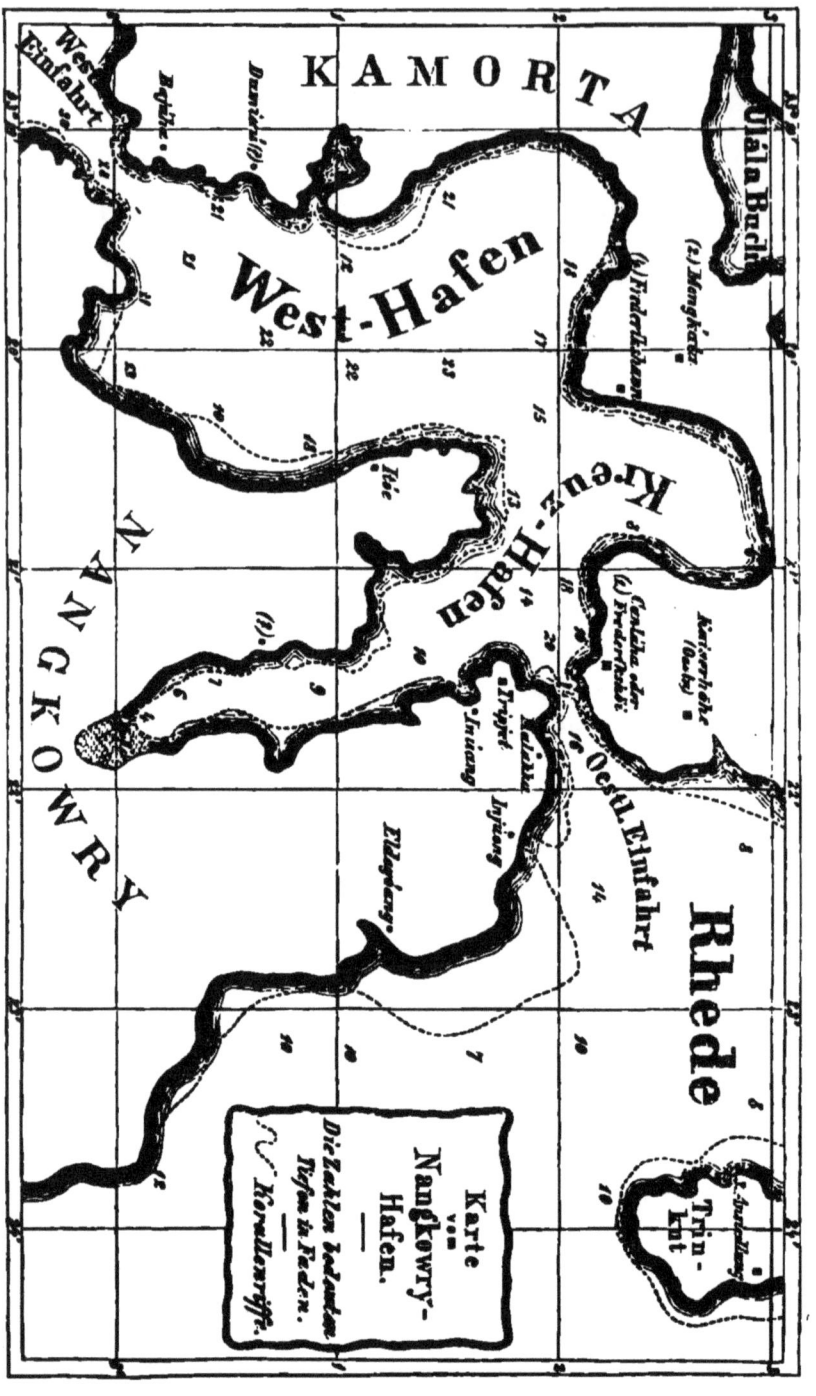

bei den Nikobaren aufgehalten; sie zählte 3 Schiffe, nämlich die Corvette „Galathea“, den Dampfer „Ganges“ und die Brigg „Christine“, welche zusammen 400 Mann Besatzung führten, darunter etwa 250 Europäer. Diese Leute hatten alle angestrengt arbeiten müssen, waren fast sämmtlich am Lande gewesen; die Mannschaften der Landgangs-Compagnie hatten bei den Zelten der Naturforscher Wache stehen und die Herren bei ihren Ausflügen in das Innere begleiten müssen, obwohl sie niemals am Lande schliefen. Die Schiffe hatten in den Buchten geankert, sich überall aufgehalten, freilich nirgends länger wie 14 Tage, und dabei meistens der frischen Seebrise ausgesetzt, aber deshalb bleibt es doch auffällig, dass keiner der Mannschaft während des Aufenthalts erkrankte oder dass Seuchen nach der Abreise an Bord der Schiffe ausbrachen. Was indessen die Leute betrifft, welche die Expedition den Galatheafluss hinauf mitgemacht hatten, so sollten sie nicht so gut wegkommen. Dreissig Mann hatten daran Theil genommen, 11 von der Cajüte und Messe, 19 von der Besatzung; von den ersteren erkrankten 7, von den letzteren 14, vier von diesen starben in drei Tagen, die anderen waren dem Tode nahe und genasen nur sehr langsam; die ersten Symptome des ausbrechenden Fiebers zeigten sich schon fünf Tage nach der Abfahrt der Corvette von Gross-Nikobar, der grösste Theil der Patienten wurde zwischen dem 14. und 17. Tage nach Aufnahme des Fieberstoffes in den Körper krank, zwei jedoch nach dem 25. Tage (der als äusserste Grenze des Ausbruches galt!), einer von diesen beiden sogar erst am 30. Tage nach der Infection, doch verlief ihre Krankheit äusserst milde, wohingegen die Krankheit der anderen, nach Aussage der englischen Aerzte von Pulo-Penang, genau dem in Singapur und Batavia endemischen Dschungelfieber glich. Die Hauptsymptome der Krankheit waren eine ausserordentliche Mattigkeit und oft von Ohnmachten begleitete Entkräftung, Reissen in allen Gliedern, besonders Schmerzen im Rücken und den Lenden, Cardialgie und Beklemmung der Brust, Uebelkeiten, galliges Erbrechen, Schwindel, Schwere, Schmerz und Eingenommenheit des Kopfes, etwas später auch Delirien. Das Fieber trat von Anfang an fast bei Allen als ein etwas unregelmässiges Wechselfieber auf, meist mit tertianem Typus; es zeigte indessen grosse Neigung, in eine remittirende Form überzugehen, und nahm alsdann einen äusserst bedenklichen Charakter an. Die Aerzte in Pulo-Penang riethen, vorzüglich Chinin und zwar gleich in grossen Dosen zu reichen, während sie jede Blutausleerung als gefährlich ansahen, weil durch dieselbe das Sinken der Kräfte noch mehr beschleunigt würde. Das nikobarische Fieber hinterliess bei mehreren der Leute eine langwierige Entkräftung, Diarrhöe und Leberleiden, bei einem sogar eine fast an Blödsinn grenzende Monate lange Abgespanntheit des Geistes; überdies litten so ziemlich alle an monatlichen Rückfällen des Wechselfiebers, das jedoch, selbst ohne den Gebrauch des Chinins, nach ein- oder zweimaliger Wiederkehr innezuhalten pflegte, freilich erst vollständig, nachdem die Corvette ein halbes Jahr nach Besuch der Nikobaren bei Honolulu ankam.

Auch hier zeigte sich wieder die alltägliche Erscheinung, dass der gemeine Mann schärfer angegriffen wurde wie der Offizier oder Gelehrte, wahrscheinlich, weil er sich weniger in Acht nimmt und sich weniger schonen kann wie dieser. Dr. Rink z. B. hatte den vollständigen Jahreswechsel des nikobarischen Klimas durchgemacht, er hatte lange vor Ankunft der Corvette auf den Inseln gelebt, zum Theil in einer Hütte auf einer frischen Rodung mitten im Urwalde, aber erst die Flussfahrt hatte ihn krank gemacht; doch genas er bald und kehrte nochmals nach den Inseln zurück. Die Schädlichkeit jener Flussfahrt dürfte gar kein Wunder nehmen, wenn man bedenkt, dass die Leute hierbei wiederholt

18*

nass wurden, jedenfalls häufig vom Flusswasser getrunken haben und dann auf durchweichter Erde in feuchten Kleidern schliefen. — Erkältungen mussten hierdurch unbedingt stattfinden, und es scheint, dass sich j e d e vorübergehende Stopfung der natürlichen Ausdünstungen als Fieber rächt, wenn ihr nicht gleich eine vermehrte Hautthätigkeit folgt, abgesehen von den Wirkungen, welche die Aufnahme von fauligen Stoffen in die Lungen bewirken mag, und wie schnell sich Fäulniss unter den Tropen, besonders nach einem Regengusse, entwickelt, ist für uns Nordländer kaum glaublich. Der dicke Nachtnebel, welcher sich mit diesen Stoffen dann förmlich sättigt und, je näher der Erde, desto giftiger sein muss, wurde von den auf blossem Boden schlafenden Dänen im wahren Sinne des Wortes eingesogen, wohingegen die Naturforscher und Offiziere, welche in jener Gewitternacht wenigstens auf einem Pfahlrost schliefen, etwas mehr gegen diesen Giftnebel geschützt waren.

Die O e s t e r r e i c h e r sahen sich in sanitätlicher Hinsicht besser vor und hatten deshalb k e i n e Ursache, sich über die Ungesundheit der Nikobaren zu beklagen, obwohl ihre Fregatte „Novara" vom 23. Februar bis 26. März 1858 zwischen den Inseln kreuzte resp. ankerte und Mannschaften wie Gelehrte fleissig an's Land gingen. Freilich stand den letzteren die ganze reiche von den D ä n e n gemachte Erfahrung zu Gebote, denn diese hatten ihren damaligen österreichischen Freunden sogar nicht veröffentlichte oder nicht allgemein zugängliche Ermittelungen und Karten freigebig zur Verfügung gestellt, abgesehen von dem reichen Schatz der über die Nikobaren von den Dänen in d e u t s c h e r und dänischer Sprache verfassten Publicationen, dessen sich die Gelehrten der „Novara" auch ohne besondere Erlaubniss bedienen konnten und umfangreich bedienten.

Das nikobarische Klima in Bezug auf eine deutsche Colonisation.

Dass das Klima der Nikobaren nicht gesund ist, das soll nicht bestritten werden, indessen, es giebt noch viele Punkte auf der Erde, die weit ungesunder sind; ihren schlechten Ruf haben die Eilande von den missglückten Colonisationsversuchen, dass diese aber sogar in b e s s e r e n Klimaten missglücken mussten, in d e r Art wie sie angestellt worden waren, dass liegt wohl auf der Hand und wurde schon im vorigen Jahrhundert von englischen Seefahrern, welche die Inseln zur Zeit der ersten dänischen und der Herrnhuter Colonisation besuchten, ausgesprochen. Man führt von dänischer Seite gern an, dass sogar die Eingeborenen vom Klima litten — als ob Eingeborene in ihrem eigenen Lande nicht ebenfalls krank werden könnten! Die Leute leiden zur Zeit der Südwestmonsune an Fieber mit Kälte und Hitze, aber Nachwehen desselben und Delirien sind ihnen unbekannt. Diese Fieber scheinen sie sich durch Erkältung zu holen, wenigstens sagt R i n k, dass die Nikobaresen in der Regenzeit zähneklappernd vor Frost zu ihm kamen und um Kleidung bettelten. Der Dysenterie und Cholera sind sie auch unterworfen, was gar kein Wunder nehmen kann, da sie unreinlich und ausschweifend im Essen, Trinken und Lieben sind, überdies ohne Kleidung während der für sie k a l t e n Jahreszeit umherlaufen. Merkwürdigerweise bekamen die Einwohner von Klein-Nikobar beim Anlangen der dänischen Corvette „Galathea" sämmtlich Katarrh, sie befanden sich also in der Lage wie weiland die Leute von St. Kilda oder den Färöern, die ja auch den „Chriim" bekamen, sobald ein Fremder den Fuss auf ihre Inseln setzte oder gewisse Sachen an's Land gebracht wurden.

Malariafieber und Dysenterie (rothe Ruhr) scheinen die beiden Hauptgeisseln der Nikobaren-Inseln zu sein, wenigstens sind nur diese bisher als die Ursachen der Nicht-Colonisirbarkeit angegeben worden. Die in unserem Klima vorkommenden Fieber sind an sich sehr lästig, oft sogar höchst gefährlich und entkräften den Menschen trotz ihrer Pausen, aber gegen tropische Malariafieber scheinen sie doch nur harmlose Unpässlichkeiten zu sein. Wenn nun ein Laie in der ärztlichen Kunst sich erlauben will, Vorschläge zur Bekämpfung des nikobarischen Fiebers und der nikobarischen Dysenterie zu machen, dann ist er zunächst genöthigt, seinen Lesern das vorzuhalten, was unter den Tropen beschäftigt gewesene praktische Aerzte über dortige Malariafieber und Dysenterie veröffentlicht haben, und dazu wählt er die Aussprüche und Aufzeichnungen des preussischen Marine-Stabsarztes Dr. Friedel, weil diese ihm von den vielen zu Rathe gezogenen am klarsten und verständlichsten erscheinen. Dr. Friedel sagt in seinem, das Thema völlig umfassenden Werke: „Die Krankheiten in der Marine", über das Malariafieber u. A. Folgendes: „Wenn es auch unwiderruflich feststeht, dass Exponirung an die Küsten-Sumpfluft jedesmal die Ursache der Fieber war, so hat doch keiner der betreffenden Aerzte das eigentlich schädliche Agens aufzufinden vermocht. Dass es eine Gasart sei, verwerfen die Meisten, schon aus dem Grunde, weil keine der uns bisher bekannten Gasarten oder Gemenge derselben jemals im Stande sind, Malariafieber bei den Experimentatoren zu erzeugen. Die Meisten suchen die Ursachen in der Zersetzung vegetabilischer und animalischer Stoffe in den Dschungeln und an der Oberfläche stagnirender, allmälig abtrocknender Wasserflächen, verhehlen aber sorgfältig ihre Vorstellung von diesem Processe; sie lassen es sich an dem Worte genügen. Am Bord des „Prometheus" wurde es Ende 1861 im Lagos-flusse evident nachgewiesen, dass ein grünlicher Schleim — den man in Deutschland „blühendes Wasser" nennen würde — eine Fieberepidemie hervorrief. Die Eingeborenen wussten dies im Voraus und suchten deshalb die an's Ufer gespülten Schleimmassen eilig in's Wasser zurück zu stossen, „weil sie dort weniger schadeten". In solchen Dingen kann man sehr oft von den Eingeborenen lernen.

Eine Erscheinung, die darauf hindeutet, dass gewisse aus den Flüssen stammende Gebilde die Träger der Krank-heitsmaterie oder die *materia peccans* selbst sind, ist das allgemein verbreitete Auftreten von Diarrhöen vor Eintritt der eigentlichen Fiebersaison. Diese Malariadurchfälle tragen alle das deutliche Gepräge der periodischen Affectionen, indem sie fast alle quotidianen Typus haben und ihre An-fälle von Abend bis Morgen machen. Sie haben den Charakter der durch Einbringung gährender, sich zersetzender Massen in den Darmkanal, erzeugten Diarrhöen, können sich bis zur cholerischen Form steigern oder in ein gewöhnliches Remit-tens übergehen. Reinigung des Darmes von den schmarotzen-den Massen durch eine Dosis Ricinusöl und später Chinin sind die charakteristischen Hülfsmittel gegen diese prämoni-torische Malaria-Diarrhöe. Genuss von gut filtrirtem oder gekochtem, destillirtem Wasser lässt sie überhaupt nicht zum Ausbruch kommen.

Endlich ist es eine oft beobachtete Thatsache, dass Baden oder sonstiges zufälliges in's Wassergelangen, in den Flüssen wie dicht an der Küste häufig Fieber nach sich zieht, wahrscheinlich weil bei der langen Berührung mit der im Wasser befindlichen *materia peccans* dieselbe oft verschluckt wird. Bei den häufigen Unfällen, denen die Boote an der brandenden Küste ausgesetzt sind, ist ein tüchtiger Fieberanfall, beim Kentern eines Bootes acquirirt, etwas Gewöhnliches; je länger die Verunglückten im Wasser zubringen müssen, desto heftiger die Erkrankung. (Galathea-Flussfahrt!)

Die vorzüglichste Zeit für die Malaria-Entwickelung (an der westafrikanischen Küste) ist von Ende April bis Ende December. Von Anfang Januar bis April ist die gesundeste Zeit, ohne dass aber bei Expeditionen, die deshalb in diese Zeit verlegt zu werden pflegen, die Vorsichtsmassregeln vernachlässigt werden dürfen. Diese Massregeln bestanden früher in allgemeinen diätetischen Anordnungen, besonders in der Verabreichung von Spirituosen und in Anlegung einer wärmeren Nachtkleidung. Seit wann das Chinin eingeführt ist, erhellt nicht aus den Berichten der englischen Marineärzte. Die ersten Notizen darüber bringt der Rapport von 1856. Im März jenes Jahres ging „Bloodhound" den Beninfluss 200 Meilen weit hinauf und verweilte 27 Tage auf demselben. Während dieser ganzen Zeit und 14 Tage später noch erhielt Jedermann an Bord täglich 3—6 Gran Chinin. Es erkrankten ganz leicht nur 6 Mann während dieser vierwöchentlichen Exponirung an die Malaria. Später wurden ähnliche Expeditionen in Bonny, Calabar und Sherbro ohne Verlust, unter gleichen Vorsichtsmassregeln, unternommen. Nur ein Mann, der absichtlich nicht regelmässig Chinin genommen hatte, erkrankte ganz leicht. Gleich günstige oder doch ähnliche Resultate lieferte in jenem Jahre dieses Verfahren auf anderen Schiffen, so verlor „Merlin" keinen einzigen Mann am Fieber, trotz seiner zahlreichen Flussexpeditionen. Vom „Merlin" wird wörtlich über die genommenen Vorsichtsmassregeln berichtet: „Um 5½ Uhr alle Mann auf! Nach dem Ankleiden nimmt Jeder ein halbes

Weinglas voll Chininwein. Frühstück um 6 Uhr, Mittag um 12 Uhr, Abendbrod um 5 Uhr. Decke nur mit heissem Wasser (aus den Maschinenkesseln) gewaschen Morgens um halb 7 Uhr. Kein Weisser wird in Bootarbeit verwandt. Blaue Sergehemden und weisse Hosen bei Tage, wollene Blanket-Anzüge bei Nacht. Wasser längsseit des Schiffes aufzupumpen wurde unter keinen Umständen erlaubt! Chininwein (6—8 Gran in 1 Unze Marsala-Wein) wurde der gesammten Mannschaft noch 14 Tage nach Verlassen der Flüsse fortgegeben. Keine Krankheit irgendwelcher Art folgte den verschiedenen Expeditionen in diese notorisch so ungesunden Gegenden. Im ganzen Jahre wurden nur 23 Fiebererkrankungen an Bord beobachtet, darunter nur ein schwerer Fall, der durch unvorsichtige Exponirung auf den Los-Inseln herbeigeführt worden war." Freilich überwiegt bisweilen die Vergiftungskraft der faulenden Stoffe die Schutzkraft des Chinins, die dann ausbrechenden Fieber sind aber immer sehr milde gewesen und es ist zu beachten, dass die betreffenden Leute sich vielfach durchnässen und mit dem unerträglich stinkenden Schlamme sogar besudeln mussten. Schädlich sind, auch bei ärztlichen Vorsichtsmassregeln, andere Vernachlässigungen oder Ungehörigkeiten, wie Ueberanstrengungen, Ausschweifungen aller Art, nächtliches Umhertreiben am Lande und Trunkenheit."

Das Malariafieber lässt sich also siegreich bekämpfen, wie die langjährigen Versuche an der gewiss nicht gesunden Westküste Afrika's bewiesen haben. Uebrigens haben die Engländer bei ihren letzten Untersuchungen der die Nikobaren an Ungesundheit noch weit übertreffenden Andamanen ebenfalls mit Hülfe des Chinins dem Malariafieber glücklich widerstanden. Dänische Berichterstatter neuerer Zeit haben auch unter Benutzung der vorliegenden Fälle herausgerechnet, dass das nikobarische Fieber lange nicht so schlimm ist, wie

das ceylonische, und das letztere ist auch noch kein
gelbes Fieber, welches am mörderischsten von allen und
überdies ansteckend ist.

Ueber Dysenterie, wie sie auf den ostindisch-chine-
sischen Marinestationen beobachtet worden ist, theilt uns
Dr. Friedel in seinem Werke mit:

„So sehr sich auch die einzelnen ärztlichen Berichterstatter abmühen, in jedem einzelnen Erkrankungsfalle in
allen möglichen Vorkommnissen die Ursache der Krankheit
zu suchen, Eines übersehen sie fast Alle: den anatomi-
schen Charakter der Krankheit, den diphtheritischen
Prozess. Diphtheritis der Darmschleimhaut wird wie jede
andere Diphtheritis durch ein, freilich noch geheimnissvolles,
aber, aus Analogie mit anderen Erscheinungen ähnlicher Art
zu schliessen, wahrscheinlich mikroskopisch kleines
Gebilde erzeugt und fortgepflanzt. Es ist übertragbar von
einer Schleimhaut auf die andere, wie Soorpilze, wie vibrio-
nenhaltige Secrete, wie Sarcinenmassen. Dass es zoologisch
noch nicht feststellbar gewesen, liegt vielleicht darin, dass
es, so lange es auf der Schleimhaut vegetirt, in einem Ge-
nerationswechsel-Stadium sich befindet und erst später eine
entwickeltere Form annimmt. Sicher ist im Secret von
Darmgeschwüren bei Lienterie ein Paramaecium, *P. coli* be-
nannt, schon gefunden und als Hauptursache des Nichtver-
narbens dieser Geschwüre erkannt worden. Die Keime solcher parasitischen Gebilde können aber nur mit dem Trinkwasser, seltener mit anderen Lebensmitteln, die man doch
meist gereinigt oder gekocht geniesst, in den Darm gelangen.
Wo in so ausgedehnter Weise grosse Landstrecken unter
stark mit Wasser verdünnten Faecaljauchen Monate lang
stehen, wie in ganz China, Hinterindien, Mauritius etc., da
ist eine so reichliche Gelegenheit zur bis in's Unendliche ge-
henden Vervielfältigung und Verbreitung dieser Keime ge-

boten, wie nirgend anderswo. Licht, Wärme und Feuchtigkeit begünstigen diese Vorgänge; daher die Verbreitung in
den südlicheren Breiten zur Regenzeit, in den nördlicheren
zur heissen und gleichzeitig zur feuchten Zeit, daher unter
gleichen Umständen die epidemischen Verbreitungen in nassen
Sommern selbst auf Marine-Stationen, wo die Ackerbau-
methode eine andere ist. Ja, man kann sich bei der grossen
Lebenszähigkeit der Keime dieser niedrigen Organismen sogar bei anhaltender Trockniss und Hitze ihre Weiterverbrei-
tung unter solchen Umständen in Staubform erklären und
daraus vielleicht die Beobachtungen rechtfertigen, welche
Dysenterie durch die Einwirkung von Landwinden (auf
Schiffen) schon entstehen gesehen haben wollen. (Dr. Friedel
spricht jedoch seinen Zweifel an einer ausgedehnten Infection in solchen Fällen aus.) Wir suchen daher, wie in neue-
ster Zeit die Aerzte mehrerer Schiffe der ostindisch-chine-
sichen Station es zu thun scheinen, die Ursache der Dysenterie in einem lebendigen Miasma, in einem mikroskopischen,
animalischen Parasiten der Dickdarmwände, und gestützt
darauf, empfiehlt sich als beste Prophylaxe nur gekochte
resp. destillirte Wässer in diesen Gegenden zum Trinken zu
verwenden. 1857 geschah dies mit gutem Erfolge auf der
Corvette „Esk"; man kochte nur mit Flusswasser, gab nur
destillirtes Wasser zum Getränk; wo Diarrhöen eintraten,
waren sie mild; Dysenterie war im ganzen Jahr nur in
12 Fällen unter 220 Mann aufgetreten, und als ihre Ursache führt der betreffende Arzt mit Bestimmtheit den heim-
lichen Genuss von rohem Wasser aus dem Fluss oder Brunnen — denn es liegt keine Ursache vor, weshalb der betreffende Parasit nicht in diesen auch vorkommen sollte —
an. (Auf dem wasserarmen Ascension brach Dysenterie aus in
Folge des importirten Trinkwassers!) Wo sich die Erkrankungen, vermöge einer nur kurzen Incubationszeit, mit Ge-

nauigkeit auf bestimmte Gelegenheiten zurückverfolgen lassen, finden sich fast jedesmal Bootsexpeditionen als veranlassende Ursache angegeben, und man beschuldigt Strapazen, Verkühlungen, Excesse etc. nebenher, statt die Ursache in dem Mangel von gutem Trinkwasser in den betreffenden Booten zu suchen, wodurch die Leute gezwungen oder freiwillig vom rohen Flusswasser tranken. Besonders ist also prophylaktisch auf eine sorgfältigere Ausstattung der Boote mit Getränk zu achten, und würde Ref. dazu kalten Kaffee resp. Thee empfehlen, wegen deren mehr durstlöschenden Eigenschaften. Die meiste Hülfe ist von einer oft wiederholten Belehrung der betreffenden Leute zu erwarten; sie sind durchschnittlich intelligent genug, um dieselbe zu verstehen und sich danach zu richten. Die unter den Seeleuten vielfach verbreitete Ansicht, dass die Cocosmilch die Ursache der Dysenterie sei, ist ausserdem möglichst zu bekämpfen, da vielmehr dieselbe eines der gesundesten Getränke und in jeder Beziehung zu empfehlen ist. Ebensowenig sind die übrigen tropischen Obst- und Fruchtarten darin gefährlich, nur müssen sie gut von allen anhaftenden Staub- und Schmutzmassen gesäubert sein, damit nicht mit diesen schädliche Substanzen verzehrt werden. Die Therapie ist nicht im Stande, einmal eingeleitete Dysenterie schnell zu beseitigen. Im Beginn, wenn man nämlich den Charakter der prämonitorischen Diarrhöen rechtzeitig erkennt, bleibt das Ricinusöl das Hauptmittel; man kann damit fast allein auskommen. Niemals greife man zu Calomel oder gar Opium; beide Mittel befördern nur das weitere Umsichgreifen des vielleicht noch beschränkten Prozesses. Schnelle Entfernung der infectiösen Darmsecrete ist die erste Indication. Ausserdem ist die Diät homöopatisch genau zu reguliren und durch Amylum-Klysmen dem Rectum Ruhe zu schaffen. Dass bei schwereren Fällen die symptomatische Therapie nicht zu vernachlässigen ist, versteht sich von selbst; man kann durch rationelle Mittel hier kaum noch helfen, höchstens durch Abhaltung aller Schädlichkeiten vom erkrankten Organ. Das vielfach beliebte und gepriesene *Argentum nitricum* gelangt nicht *ad locum affectum*, höchstens versuche man, es mit langen Canälen über das S Romanum hinauszubringen, was aber selten gelingen wird wegen der enormen Schwellung der das Lumen auskleidenden Membran. Hat man schliesslich den Prozess zur Vernarbung geleitet, so nützt Aufmerksamkeit des Patienten besser, als alle Mittel; wenn der Betroffene bei jeder Verzögerung (und sei sie auch nur um eine Stunde) seines Stuhlganges mit Ricinusöl zur Hand ist, - so wird er sich selbst am besten helfen. Die nachfolgende Anämie und die cachectischen Störungen sind in den Tropen nicht heilbar; sie erfordern, sobald der Patient reisen kann, Rückkehr auf dem kürzesten Wege. Neuerdings schicken die Engländer ihre Dysenteriepatienten allesammt über Suez nach Haus, theils mit den Postdampfern, die zur ermässigten Beförderung derselben verpflichtet sind, theils mit eigenen Transportern."

Nun wollen wir noch hören, was ein anderer deutscher Arzt, der Dr. Julius Kögel, der wiederholt eine Reihe von Jahren auf Java praktisch wirkte, über die Lebensart der Europäer auf Java sagt, denn die dortigen klimatischen Verhältnisse entsprechen ziemlich genau denen auf den Nikobaren. Dr. Julius Kögel sagt in der geographischen Wochenschrift „Das Ausland", Jahrgang 1863, Nr. 23, über die Diät der Europäer:

„Wenn fünf Sinne dem Europäer die Fähigkeit verleihen, nach seiner Ankunft auf Java zu fühlen, dass er das nicht mehr vertragen kann, was er früher vertragen konnte; dass geringe Diätfehler, welche er im Vaterland ungestraft beging, ihm hier Unpässlichkeit zuziehen; dass er nach dem Genusse des Kaffee's schon zu zittern anfängt; dass er drei-

mal am Tage das Hemd wechseln muss, wenn er seine Haut
nicht im Schweisse baden will; dass er zu keuchen anfängt,
wenn er tausend Schritt weit in der Sonne geht; dass seine
Arme nicht leisten können, was javanische leisten; dass seine
Beine schneller ermüden, als javanische; — wenn ihm seine
fünf Sinne ausserdem die Fähigkeit geben, zu hören und zu
lesen: dass Europäer leichter erkranken und sterben als
Javanen; zu sehen: dass die Javanen ganz anders leben als
die Europäer; dass jene ihren Appetit vorzugsweise mit Reis
stillen, diese vorzugsweise mit Fleisch; dass jene ihren Durst
vorzugsweise mit Wasser löschen, diese vorzugsweise mit Wein
oder Bier; dass jene am Tage halb nackt gehen, diese unter
der drückenden Bürde einer überflüssigen Kleidung; dass
jene fast den ganzen Tag im Freien sind, diese im Hause —
so sollte man meinen, dass es Europäer auf Java geben
müsste, die einsehen, dass die europäische Lebensweise
dort nichts taugt, und dass es sich durch Versuche längst
herausgestellt haben müsste, wie die Lebensweise der Eingeborenen dem Europäer bekommt.

Drei Haupt- und Generalfehler sind es, welche die
europäische Diät kennzeichnen; erstens abundante Einfuhr
von nahrhaften und erhitzenden Stoffen in den Blutumlauf;
zweitens Mangel an Muskelthätigkeit; drittens Lähmung der
Hautfunction durch überflüssige Kleidungsstücke.

Giebt es denn keine Europäer auf Java, welche mässig
im Essen und Trinken sind? Im europäischen Sinne
wohl, aber nicht im Sinne Buddha's. Wer sich mit Hühnern, Enten, Fischen und Eiern begnügt, statt Brod und
Kartoffeln . etwas Reis dazu isst, nicht mehr als eine halbe
Flasche Rothwein (der gewöhnlich mit Cognac gemischt wird)
täglich trinkt, der gilt und hält sich für ein Muster von
Mässigkeit. Bier gehört nach dortigen Begriffen nicht zu
den spirituosen Getränken, und kommt daher gar nicht in

Rechnung. Selbst warme Suppe, mit Muskatblüthe und anderen heissen Gewürzen übermässig geschwängert, fehlt auf den meisten holländischen und deutschen Tischen nicht.

Giebt es keine Europäer auf Java, die den zweiten Diätfehler, den der Muskelunthätigkeit, vermeiden? Ihre Zahl ist sehr gering, und kann schon deshalb nicht gross sein, weil der in europäischen Ländern so zahlreich vertretene Stand der Landbauer,· der Handwerker und der Künstler unter der europäischen Bevölkerung von Java fast gänzlich fehlt. Ein paar Schneider und Schuster in den Hauptstädten, welche mehr mit javanischen und chinesischen Händen, als mit den eigenen arbeiten, ein oder zwei Uhrmacher, Conditoren und Destillateurs, neben welchen noch einige Apotheker figuriren, sind alles, was man zur schaffenden europäischen Menschenklasse allenfalls rechnen könnte. Europäische Tagelöhner und Domestiken giebt es gar nicht, denn die Politik verbietet, dass ein Europäer den andern bedient. Die Hauptrepräsentanten des europäischen Stammes sind die Beamten, die Kaufleute und das Heer. Wenn man vom letzteren das administrative Personal absondert und zu den zwei ersteren zählt, so bilden diese drei in diätetischer Hinsicht eine einzige Klasse, die sogenannten Bureaumenschen, welche von 9 Uhr Morgens bis 4 Uhr Nachmittags wenig in's Freie und vor 5 Uhr selten nach Hause kommen. Wer früher zurückkehrt oder zu Hause bleibt, hält ein paar Stunden lang Siesta. Nach 5 Uhr fahren die meisten aus, einzelne machen einen kleinen Spaziergang, der Rest sitzt vor dem Hause, mit den Beinen auf dem Geländer oder Tisch, wartend auf das Mittagsmahl, nach welchem ein Spiel oder langweiliges Gespräch in der Vorhalle den Tag gewöhnlich schliesst.

Aber von allen diätetischen Fehlern, welche der Europäer auf Java begeht, ist es sein Kleidungsapparat, der seiner

Gesundheit am meisten schadet, weil das blutreinigende und
ausführende Vermögen der Haut dadurch gelähmt wird. Viele
schaffen sich über 50 Hemden an, in dem Wahne, durch
häufigen Wechsel die Wirkung der atmosphärischen Hitze
zu annulliren. Vergebliches Bemühen! Sie begreifen nicht,
dass grade von allen Kleidungsstücken ein europäisches Hemd
unter dem Tropenhimmel das dümmste und schädlichste ist.
Andere tragen unter dem Hemd noch ein Flanelljäckchen
und verwandeln dadurch ihre Haut nach und nach in ein
noli me tangere für den geringsten Luftzug. Alle begehen
den auffälligen Doppelfehler, dass sie den lästigen Wust von
Kleidern, welche das Hemd umgeben, grade in der wärmsten
Tageszeit auf dem Leibe haben, in der kühleren Nacht- und
Morgenzeit aber, oft schon am Abend, wenn gesellschaftliche
Rücksichten es nicht verbieten, ablegen. Kehrte man das
Blatt um, ich will sagen: setzte man den Fall, die Europäer auf Java legten ihre Tracht erst nach Sonnenuntergang
an, nach Sonnenaufgang wieder ab, so würde ein ganz anderes Resultat herauskommen, ihre Sterblichkeit würde —
dies halte ich für gewiss — ehe zehn Jahre vergangen wären, merklich abgenommen haben.

Jetzt noch ein paar Worte über die europäischen Wohnungen auf Java. Es sind meistens bequem und zweckmässig
eingerichtete Gartenhäuser, welche wenig zu wünschen übrig
lassen. Man sieht, der ganze Baustyl ist darauf berechnet,
das Innere der Häuser möglichst kühl zu halten. Dennoch
kann man beim Eintreten in die Gemächer, selbst in die
geräumigsten, wenn Fenster und Thüren eine Nacht hindurch
geschlossen waren, deutlich riechen, dass die Luft in denselben ihre Reinheit verloren hat. Daher die Regel: „nächt-
lich bei offenem Fenster zu schlafen", eine sehr
empfehlenswerthe ist, besonders in den Küstenstädten, wo sie
noch nicht allgemein befolgt wird."

Nach diesen Voraussendungen aus der Feder vollwichtiger Praktiker dürfen wir uns wohl erlauben, ohne Umschweife Vorschläge in Betreff des Verhaltens der Europäer auf den Nikobaren zu machen, die dahin gehen:

Es darf nicht gewartet werden, bis Jemand fieberkrank wird, sondern es muss jeder Gesunde so lange, wie er auf den Inseln lebt und diese noch im Rodungszustande liegen, täglich seine Dosis Chinin einnehmen und damit sogar nach dem Verlassen der Inseln noch 14 Tage bis 3 Wochen lang fortfahren. Es muss jeder Europäer sich ängstlich vor Erkältung hüten, mithin seine Kleidung nach der Tageszeit einrichten, sich nicht durchnässen lassen, und sollte dies durch Regen geschehen, sogleich die Kleider wechseln. Das Baden würde nicht zu entbehren sein, deshalb müssten bedeckte Badehütten im Seewasser an geschützten Stellen angelegt werden, unter denen die Leute eine gründliche Abwaschung, vorsichtig angewandtes Brausen, aber keine Schwimm- oder Tauchversuche vornehmen könnten. Das Baden oder Waschen im rohen Süsswasser müsste strenge untersagt sein. Vielleicht wäre es gut, ein gemauertes, innen mit hydraulischem Kalk abgeputztes Badehaus anzulegen, in welchem abgekochtes Süsswasser in irdenen Kühlapparaten bis zum Verbrauche durch die Brause aufgestellt würde. — Die Tageskleidung der Leute und der Chargirten hätte aus weitem baumwollenen Hemd, dergleichen Hosen, baumwollenen kurzen Strümpfen, leinenen Schuhen mit Ledersohlen und einem breitkrämpigen, groben Strohhute zu bestehen. Da ein blosser Strohhut gegen den Sonnenstich nicht schützt, müsste sein Cylinder mit dicken Falten eines dichten baumwollenen, weissen Stoffes wulstartig benäht werden. Eine solche Kopfbedeckung wäre billiger, kleidsamer und auch wohl praktischer wie die unter den Tropen beim Civil beliebten Korkhüte. Die Tageskleidung müsste vor Einnahme des Mittagsmahls, nach vorgängiger

19

Reinigung und Erfrischung der Haut gewechselt werden, gegen Abend wäre sie mit einer dickeren, halbwollenen, vielleicht dunkler gefärbten, zu vertauschen. Die wollenen oder halbwollenen Decken der Matratzen und die wollenen Bettdecken müssten nach jedem Gebrauche in kochendem Wasser gewaschen werden, ebenso die Anzüge nach einmaliger Benutzung, während die Matratzen täglich zu sonnen wären. Die Tischtücher und Schnupftücher sowie die Handtücher wären täglich zu waschen. Die Wasch- und Nachtgeschirre müssten mit peinlichster Sorgfalt gereinigt und die Closets desinficirt und täglich entleert werden. Alle Speise- und Fleischabfälle wären zu vergraben oder zu verbrennen, wenn sie nicht sofort den Zuchtthieren vorgeworfen werden könnten. Es versteht sich wohl von selbst, dass hinsichtlich der Ess- und Trinkgeschirre, der Wasserkühlapparate etc. die ängstlichste Sauberkeit zu beobachten und ein tägliches Revidiren durchzuführen wäre. In den Speinäpfen dürfte kein Sand, sondern Asche oder Kohle liegen, und sie müssten täglich mehrmals entleert und gereinigt werden. Der Boden der bewohnten Zimmer müsste jeden Morgen und ausserdem so oft es nothwendig wäre mit heissem Wasser begossen und gescheuert werden, die Wände hingegen wären mit Lumpenbesen abzufegen. Sollte ein nächtliches Patrouilliren der Wache nothwendig sein, dann hätten die betreffenden Leute Nase und Mund mit einem Respirator zu bedecken, um wenigstens den giftigen Nebel nicht unmittelbar einzuathmen. Roh zu verzehrende Speisen dürften nur nach geschehener Abwaschung in erkaltetem, aber abgekochtem Wasser, genossen und keine Mahlzeit, sei sie noch so unbedeutend, dürfte mit ungewaschenen Händen berührt und nur Kokusmilch dürfte ausserhalb des Hauses genossen werden. Der Genuss von heissem Kaffee wäre möglichst zu vermeiden, Spirituosen gänzlich zu verbieten, die Pflanzenkost müsste die Fleischkost überwiegen, häufige Abwechselung der Speisen und Mannigfaltigkeit derselben hätte die fehlende oder doch sehr einzuschränkende Beimischung erhitzender Gewürze zu ersetzen. Da es vorkommen soll, dass der die Dysenterien erzeugende Stoff oftmals den Seethieren anhaftet, so müsste bis auf Weiteres der Genuss roher Austern allen ohne Ausnahme untersagt bleiben. Man könnte diese auf den Nikobaren unter den Mangrovebäumen im Ueberfluss vorhandenen Thiere im gebackenen Zustande auftragen. Jeder Dienst der Leute müsste kurz sein, beständige Abwechselung desselben würde ihre geistige Spannkraft rege erhalten, ohne sie überanzustrengen. Grobe körperliche Anstrengung wäre überall zu vermeiden, um aber den Muskeln einige Thätigkeit zu geben, wäre es vielleicht zweckmässig, für Spiele zu sorgen, bei denen der Körper so zu sagen unbewusst mitarbeitet, wie Billardspiel, Kegelspiel etc., dadurch würde man dem trägen Umherliegen oder beständigen Sitzen der Leute beim Kartenspiel während aller dienstfreien Zeit vorbeugen.

Die grösste Sorgfalt, verbunden mit Freigebigkeit, müsste bei der Einrichtung der Wohnhäuser vorwalten. Da die Nikobaren nicht von Erdbeben heimgesucht werden, möchte sich das Bauen zweistöckiger Wohnhäuser mit 10 Fuss hohem Parterre empfehlen, aber gleichviel ob zwei- oder ob einstöckig, um jedes Wohnhaus müsste rundherum eine Veranda von mindestens 10 Fuss Tiefe im Lichten laufen, so dass dieser allgemein zugängliche, die Sonnenstrahlen abhaltende und der Luft Zutritt gewährende Raum vor jedem Zimmer zu finden wäre. Die letzteren könnten 20 Fuss Höhe bei 12—15 Fuss Breite und 25 Fuss Länge haben. Das Haus könnte demnach nur 2 Zimmer und 2 Verandaen Tiefe erhalten, etwa 70—80 Fuss im Ganzen; die Breite des Hauses müsste, bei der Höhe von 50 Fuss bis zum Dache, dem entsprechend bis 10 Zimmer resp. 179 Fuss betragen. Die unteren Gemächer würden dann zu dienstlichen Verrichtungen, zum Speisen, Exerciren, Spielen, gewöhnlichen Aufenthalt der Mannschaften, Arsenal, Apotheke etc. verwendet, die höher gelegenen zum Schlafen für Alle, zu Dienstwohnungen der Beamten, und vorläufig zu Krankenzimmern etc. Das hohe, lichtlose Erdgeschoss diente als Magazin für der Fäulniss nicht ausgesetzte Vorräthe, vielleicht auch zu Speisesälen (mit künstlicher Beleuchtung, ähnlich den in Ostindien gebräuchlichen). Das Dach eines solchen Hauses hätte, bei sanfter Neigung, aus doppelt gelegten und wasserdicht cementirten Ziegeln zu bestehen, der Bodenraum bliebe unbenutzt, doch müsste auch für seine Ventilation durch kleine, mit Drathgaze verschlossene Zugluken gesorgt werden. Zu den Fussböden der Zimmer hätte man entweder Steinfliesen, sonst aber Hohlziegel mit einer Decke von Cement zu nehmen. Wenn nicht Eisenbahnschienen zu allen Trägern verwendet würden, dann müsste das eisenharte nikobarische Kanápholz zu Balken dienen. Eine Bemalung oder sonstige Ausschmückung der Decken und Zimmerwände wäre nicht statthaft — weisser Mörtel aus Korallen- oder Muschelkalk, womöglich mit Kokuswasser angemacht (nach ostindischer Bauweise, um ihn klebender und gegen Feuchtigkeit fester zu machen), und dann allenfalls ein starker weisser Oelfarbeanstrich wäre Alles, was angewendet werden dürfte. Die nöthigen Spiegel könnten gleich in die Wände eingemauert werden, da diese überall frei bleiben müssten, wesshalb auch kein Schrank, keine Bettstelle, keine Gemälde oder gar Kleidungsstücke an denselben angebracht werden dürften, vielmehr zwischen den Möbeln etc. und den Wänden ein ca. 2 Fuss breiter Raum zu bleiben hätte, denn nur so liesse sich das Verschleppen, Verlegen von der Fäulniss ausgesetzten Stoffen und Sachen, das Verkriechen von Insekten und anderem Gethier mit völliger Sicherheit verhindern.

Die als Fenster dienenden Oeffnungen der Zimmer, welche nach der Veranda führten, hätten zugleich die Stelle von Thüren zu vertreten und wären Nachts mit einem doppelten Muskitonetz zu schliessen, dessen Säume mit Hülfe von drei Leisten dicht auf die Wand gepresst werden könnten; dadurch würde das lästige Liegen unter einem Muskito-Bettvorhang umgangen werden.

Da nach den übereinstimmenden Gutachten von Sachverständigen der Thonboden der Nikobaren das herabfallende Regenwasser nicht durchsickern lässt, sondern festhält, da ferner dem nikobarischen Humusboden jegliche Entwässerung fehlt, durch welche beiden Ursachen eine Fäulniss des Wassers und anderer Stoffe unmittelbar auf und dicht unter der Erdoberfläche stattfindet, so wäre das Legen von Drainröhren überall nöthig und würde in dem Humusboden auch die gewünschte Wirkung haben, obwohl vielleicht nicht im Thonboden; was die nächste Umgebung der Wohngebäude hingegen betrifft, da würde es wohl nöthig sein, dieselben mittels aufzufahrenden Korallensandes künstlich um 2—5 Fuss zu erhöhen und unter diese Aufschüttung Drainröhren zu legen, denn der Korallensand ist nachweislich bis jetzt am reinsten, er lässt das Regenwasser schnell durchsickern, wenigstens zu solcher Tiefe, dass es weder eigene noch fremde Fäulniss begünstigt, während die Oberfläche des Sandes steril und rein bliebe. Durch solches Verfahren, das nicht allzu kostspielig werden würde, könnte man sich wenigstens Wohnplätze schaffen, von denen mit Sicherheit anzunehmen wäre, dass sie gegen senkrecht aufsteigende böse Dünste sicher seien; gegen die in wagerechter Richtung von der Landseite heranwehenden müsste man das Etablissement durch Aufführung einer hohen Umfassungsmauer schützen, und eine solche würde Schutz gewähren wenigstens gegen die unteren, giftgeschwängerten und schweren Nebelschichten der nikobarischen Nächte.

Der denkende und seiner selbst mächtige Mensch kann Alles bezwingen, warum sollte sein Verstand und sein Wille an dem Clima der Nikobaren scheitern.

~~~~~~~~~

Entwurf zur Gründung einer deutschen Colonie und Marine-Station auf den Nikobaren.

Wenn Verfasser in der Einleitung schon darauf hingewiesen hat, dass dieses Buch nur geschrieben wurde, um die preussische Regierung zu veranlassen, die Inselgruppe der Nikobaren für den Norddeutschen Bund in Besitz zu nehmen und dieselbe mit nationalen Kräften zu colonisiren, so übernimmt er es in dem Schlussworte, einen Entwurf zu dieser Colonisation darzulegen und zu motiviren. Wohl weiss er, dass ein solcher Entwurf, sollte er überhaupt in massgebenden Kreisen einige Beachtung finden, einer sehr strengen Kritik unterzogen werden wird. Es werden die zahlreichen Sachkenner, über welche die Regierung verfügt, zu Rathe gezogen werden — und das Urtheil dieser Herren wird streng unparteiisch ausfallen; aber man wird auch in massgebenden Kreisen horchen und fragen, wie die Idee im Volke aufgenommen wird, und, sollte sich da herausstellen, dass sich mehr Stimmen dagegen wie dafür hören lassen, dann wird aller Wahrscheinlichkeit nach das Project entschieden verworfen oder bis auf Weiteres vertagt werden, was auf eins herauskommt, denn die Stunde, da auch die Nikobaren von einer europäischen Grossmacht in Besitz genommen werden, wird nach allen Anzeichen bald schlagen, und dann sind die schönen Träume, welche sich an den deutschen Besitz dieser Inseln knüpften, für immer vorbei.

Wer nicht wagt, der nicht gewinnt! Dies alte Sprüchwort erlaubt sich der Verfasser seinen verehrten Lesern und allen Landsleuten zuzurufen, indem er sie gleichzeitig daran erinnert, dass er schwerlich Gelegenheit gehabt haben würde, dies Buch zu schreiben, wenn die Nikobaren, statt als Pesthöhlen verschrieen zu sein, vielleicht seit Jahrhunderten als ein mit dem köstlichsten und gesündesten Klima gesegnetes Paradies bekannt wären. In solchem Falle würde diese ca. 40 Quadratmeilen grosse Inselgruppe nicht auf den nationalen Auferstehungstag des deutschen Michels bei Nikolsburg gewartet haben, sondern längst ihren weissen Herrn und Cultivator besitzen. Wir Deutschen sind nun einmal in der misslichen Lage, nicht mehr viel herrenloses Gut in anderen Welttheilen zu finden, und wollen wir das nicht nehmen, was noch zu nehmen ist, blos deshalb, weil es nicht ganz allen Anforderungen entspricht, nun dann muss eben unsere Auswanderung nach wie vor fremde Nationen stärken und uns selber schwächen, unsere Kriegsschiffe müssen nach wie vor in fremden Häfen als Gäste einsprechen und für schweres Geld, verbunden mit recht höflichen Bitten, auf den dortigen Regierungswerften repariren, im Falle eines ausbrechenden Krieges aber hinsichtlich der Einnahme von Kohlen und anderen unentbehrlichen Dingen von der Nachsicht der Neutralen und allen Zufälligkeiten abhängig bleiben.

Es soll nicht geleugnet werden, dass das Klima der Nikobaren zur Zeit ein höchst gefährliches ist, aber anderer-

seits kann wohl unter Hinweis auf die Einzelheiten des Ver-
laufes früherer Colonisationsversuche unbefangen behauptet
werden, dass die schädlichen Einwirkungen dieses Klimas
von vornherein zu schwächen und mit der Zeit gänzlich zu
überwältigen sind. Was war Pulo-Penang, die jetzige Er-
holungsstation für Europäer, noch vor kaum hundert Jahren?

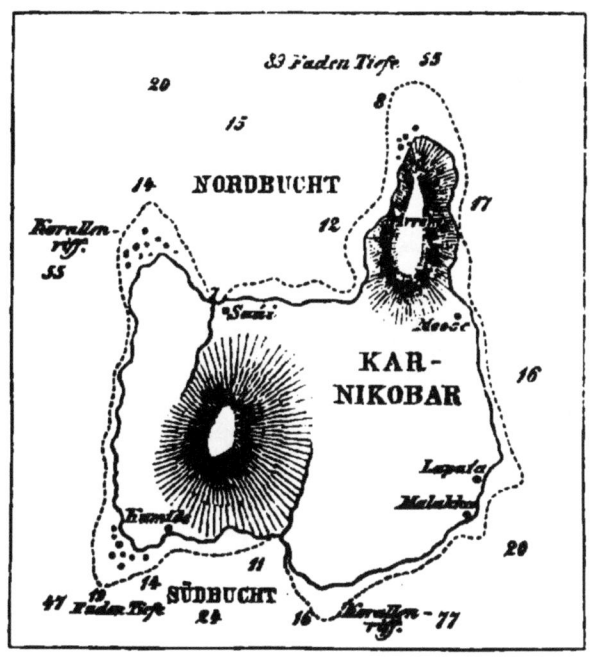

und lagen dort, in unmittelbarer Nähe einer versumpften
Continentalküste, die Verhältnisse nicht viel schwieriger, wie
auf den gänzlich vom Festlande und dann noch unter einander isolirten Nikobaren? Wollten doch die Richter aus dem
Publikum nur die eine Bitte des Verfassers beherzigen, hier
blos den vorliegenden Entwurf zu beurtheilen und nicht gleich-

zeitig bei dessen Kritisirung die Principienfragen, ob überhaupt deutsche überseeische Colonisation oder ob nicht, mitsprechen und mit entscheiden zu lassen.

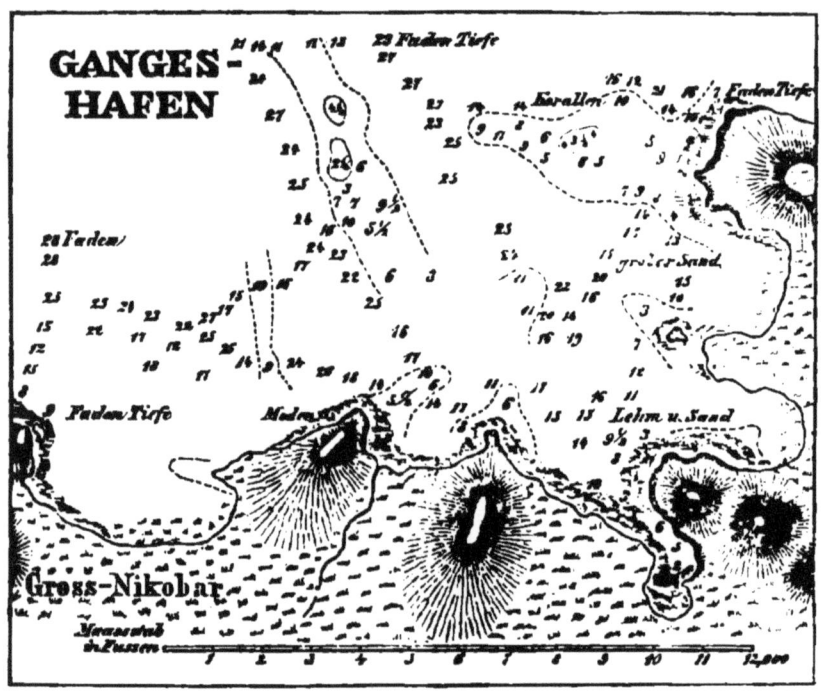

Bei der Colonisation der Nikobaren durch Preussen wären folgende Hauptpunkte in's Auge zu fassen:

1) Die Art und Weise, in der die Inseln zunächst provisorisch in Beschlag zu nehmen sind.

2) Wie diese Beschlagnahme in eine legale Besitzergreifung gegenüber anderen civilisirten Nationen umzuwandeln und zu behaupten ist.

3) An welchem Punkte man mit der Colonisation zu beginnen hat.

4) Welche Rolle man den Inseln von vornherein als zukünftigen Hauptberuf zuspricht.

5) Wie man die Colonisation über sämmtliche Inseln der Nikobarengruppe ausbreitet.

6) Welche Stellung man den Eingeborenen anweist und vor allen Dingen:

7) Wie man den ersten Schritt zur Bewohnbar- und Urbarmachung der zuerst in Cultur zu nehmenden Insel ausführt.

Hinsichtlich des ersten Punktes hätte man sich nur nach dem Beispiele der Dänen zu richten.*) Die „Vineta" ist

---

*) Man darf nicht glauben, dass das englische Publicum die letzte Besitzergreifung der Dänen mit günstigen Augen angesehen hätte, im Gegentheil, es erhob sich in allen englisch-indischen Zeitungen ein wahrer Sturm des Unwillens gegen die „Usurpatoren" und auch gegen die englische Regierung, weil diese geduldet habe, dass die Dänen sich in den Besitz „dieser für den englischen Handel schon so wichtigen Inseln" gesetzt hatten. Man verlangte geradezu, ihnen die Expedition dahin zu verwehren; besonders that sich ein gewisser Capitain Crisp hierbei hervor, indem er behauptete, er wäre laut Contract Besitzer einer grossen Strecke von Teressa, was natürlich nicht auf Wahrheit beruhte. Die englisch-ostindischen Behörden betrachteten auch wirklich Anfangs das dänische Hoheitsrecht über die Nikobaren als zweifelhaft, sie unterliessen aber doch die Absendung eines Kriegsschiffes zur Züchtigung der Kamortischen Strandräuber, weil die „Galathea" dort eintraf und Anstalten machte, die eingeborenen Missethäter selber zu züchtigen. Zwischen Steen-Bille und der englisch-ostindischen Regierung entspannen sich erst mündliche und vertrauliche Verhandlungen, in denen ersterer, um die Engländer auf ihre eigenen Schwächen zu verweisen, das englische Hoheitsrecht über die Andamanen anfocht, weil die Briten dort keine Ansiedelung hätten und auch kein Kriegsschiff zur Verhinderung

zur Zeit in den ostasiatischen Gewässern; dieses ansehnliche Kriegsschiff wäre das beste Mittel zur Ausführung eines von Berlin eintreffenden Befehles, die Inseln für preussisches Eigenthum zu erklären. Da jedoch aller Wahrscheinlichkeit nach die „Vineta" längst auf dem Heimwege und diesseits des Caps der guten Hoffnung sein wird, ehe ein Beschluss in der angegebenen Richtung in Berlin gefasst sein könnte, müsste man sich in anderer Weise helfen, indem ein preussischer Consul in Shanghai oder einem anderen Platze, oder ein direct von hier aus mit der Ueberlandpost abgesandter königlicher Beamter den Auftrag erhält, irgend einen Privat-Dampfer in Asien, gleichviel von welcher Flagge, zu kaufen und unter preussischer Flagge auf ihm nach den Nikobaren zu reisen, dort die Häuptlinge durch Geschenke zu bestimmen, die preussische Flagge aufzuhissen und Certificate als von der kgl. preussischen Regierung einstweilen bestallte Beamte anzunehmen. Von diesem Schritte hätte der betreffende Beamte oder Consul die englischen, französischen und vielleicht auch die holländischen Regierungsautoritäten der zunächst belegenen Küstenplätze in Kenntniss zu setzen, während die Kgl. preussische Regierung die ihr auf dem kürzesten Wege zugehende Nachricht von der geschehenen

---

von See- oder Strandraub unterhielten. Man antwortete ihm: „er habe wohl Recht, aber hiervon zu sprechen sei früh genug, wenn Fremde versuchen sollten, sich dort niederzulassen!" Das Ende des Streites war eine entschiedene officielle Note Steen-Bille's, die Besitzergreifung anzeigend, auf welche die englische Regierung höflich, aber völlig ausweichend antwortete. Es lässt sich mit Sicherheit erwarten, dass die Engländer auch im Falle einer preussischen Besitzergreifung viel Geschrei erheben werden — dies wird jedoch verstummen, wenn die Preussen sich nicht darum kümmern und der Gouverneur oder Director jede amtliche englische Erklärung oder Drohung kurz und bündig nach Berlin weist, ohne sich auf Antworten einzulassen.

Besitzergreifung in Berlin durch den Staatsanzeiger sofort publicirte und durch ihre Gesandten unverweilt allen europäischen Staaten mittheilen liesse, wobei natürlich darauf hinzuweisen wäre, dass die Regierung entschlossen sei, stets ein Kriegsschiff bei den Inseln zu halten, damit in den Gewässern derselben weder Strandraub noch andere seeräuberische Acte vorkommen könnten, auch besagte Gewässer mit Leuchtfeuern und Seezeichen so weit wie thunlich zu versehen, um der Schifffahrt aller Nationen zu nützen. Der gekaufte Dampfer müsste nothgedrungen so lange bei den Nikobaren bleiben und von Insel zu Insel fahren, bis ein kgl. preussisches Kriegsschiff einträfe; die Verproviantirung seiner Leute müsste er bis dahin durch andere Schiffe bewirken lassen; nach dem Eintreffen des Kriegsschiffes könnte er jedoch für dieses die Rolle eines Transportfahrzeuges übernehmen.

Das Kriegsschiff hätte die Mannschaften der Flaggen- und Colonialwache zu überbringen und an's Land zu setzen; seinem Commandeur fiele die Aufabe zu, noch einmal, aber in feierlicherer und mehr imponirender Weise den Besitzergreifungsact im Namen des preussischen Königs auf allen Inseln zu wiederholen und den von der Regierung hierzu bestimmten „Verwalter" oder „Colonial-Director" in gehöriger Weise in sein Amt einzuführen. Nachdem dies geschehen wäre, hätte er sich nicht mehr um die Verwaltungs-Angelegenheiten der Colonie zu kümmern, sondern nur noch um die maritime Sicherheit der Inseln sowie um die kräftige Repräsentirung der Flagge — hinsichtlich des letzteren Punktes müsste er natürlich eine sehr weit gehende Vollmacht erhalten, da es vielleicht nicht rathsam wäre, sein Auftreten in dieser Hinsicht von der Aufforderung oder dem Gutbefinden des Verwalters oder Colonial-Directors abhängig zu machen. Den Aufforderungen des Letzteren hätte er überhaupt nur Folge zu leisten, wenn es sich um Aufrechthaltung der Ordnung auf den Inseln handelte, z. B. im Falle einer Verschwörung der Kulies zur Desertion, Verweigerung der Arbeit, Plünderung oder Gewaltthätigkeit gegen die Eingeborenen, sonst nicht; zu seinen Beschäftigungen gehörte aber ausserdem die genaue Vermessung der Inseln und Peilung ihrer Gewässer. Gut würde es sein, wenn dem Director ein eigener Transportdampfer behufs Proviantirung, Reisen und Abwickelung von Handelsgeschäften zur Verfügung gestellt würde.

Die der Colonie zu überweisende Landmacht könnte Anfangs natürlich nur schwach sein und höchstens bestehen: aus 1 Officier, 1 Rechnungsführer oder Zahlmeister, 1 Schreiber, 1 Ober- und 1 Unterarzt, 1 Apotheker, 4 Lazarethgehülfen*), 4 Feuerwerkern, 3 Unterofficieren der Infanterie, 1 Pionier-Unterofficier, 3 Pionieren, 15 Artilleristen und 20 Füsilieren, im Ganzen also aus 51 Combattanten, wobei die Lazarethgehülfen mitgerechnet sind. Zur Bewaffnung resp. Ausrüstung dieser Truppe müssten gehören: 1 gezogener 12 Pfünder (Schiffsgeschütz) und 2 gezogene 4 Pfünder, sowie 1 alter glatter 6 Pfünder; letzterer zum Abfeuern der Salutschüsse des Morgens und des Abends oder zum Erwiedern des Grusses der ein- oder auslaufenden Kriegsschiffe. Jeder Mann müsste mit einem Zündnadelgewehr, einem Faschinenmesser und einem Revolver bewaffnet werden.

Zur erfolgreichen Vertheidigung der jungen Colonie gegen

---

*) Das ärztliche Personal müsste verhältnissmässig stark sein, weil es auch den erkrankenden Kulies seine Dienste zu widmen hätte. Uebrigens gehörten auch eine Anzahl Köche, vielleicht 5 Mann, zum Colonial-Personal, und 1 Fleischer sowie 1 Schneider und 1 Schuhmacher. Zur Führung der kaufmännischen Geschäfte wäre in Indien oder China ein mit den dortigen Verhältnissen bekannter junger Mann zu engagiren.

einen Angriff e u r o p ä i s c h e r Streitkräfte genügte dieses Häuflein selbstverständlich nicht — an ernstliche Vertheidigung
gegen derartige Eventualitäten könnte man überhaupt erst
denken, wenn die Besatzungstruppen nicht mehr in den Ausdünstungen des Bodens, den sie vertheidigen sollen, ihren
gefährlichsten Feind hätten — aber zur Abwehr blosser Piraterie und zum Imzaumehalten der wilden und halbwilden
Elemente der Colonie reichte diese schwache Mannschaft vollständig aus; sie reichte auch noch hin, um die Arbeiten der
Kulies zu beaufsichtigen und Naturforscher bei ihren Ausflügen
zu begleiten. Am besten würde es sein, wenn der die Truppe
befehligende O f f i z i e r gleichzeitig Verwalter oder Director wäre
(er könnte ja aus dem Landwehroffiziersstande in die active Ar-
mee übertreten), denn der Dienst der Mannschaften würde doch
hauptsächlich in Verrichtungen bestehen, bei deren Ausführung die Unteroffiziere sich gänzlich selber überlassen blieben
und alle Verantwortung zu tragen hätten, der Offizier hätte
also nur zu c o n t r o l i r e n, und diesen Dienst könnte der
Director, der ja doch an allen Orten selber nachsehen
müsste, ebenfalls verrichten oder einem d u - j o u r habenden
Unteroffizier übertragen.

Ueber den dritten Punkt, an welcher Stelle die Colonisation zu beginnen habe, kann jetzt nicht mehr viel Zweifel
herrschen: Der Nangkowry-Hafen kann vorläufig zur Niederlassung nicht empfohlen werden, so verlockend seine herrliche Lage auch winkt, noch viel weniger der nautisch so
vorzügliche Ganges-Hafen, denn wie ein Blick auf die Karte
lehrt, und wie die ausdrücklichen Berichte Steen-Bille's sagen,
ist er nicht blos äusserst ungesund, theilweise sogar von Moder s t i n k e n d, sondern auch für den menschlichen Fuss fast
unbetretbar, denn seine Ufer müssten erst aus dem Mangrovedickicht förmlich herausgehauen werden, um nur be-
tretbar zu sein. An die Galatheabucht könnte erst zuletzt

gedacht werden, nachdem der Fluss regulirt und mit Molen versehen worden wäre. Ziemlich ebenso verhält es sich mit dem Hafen von Pulo - Milú.

Es muss also eine von den anderen völlig isolirte Insel gewählt werden; dieselbe muss hinlänglich gross und zugänglich sein, um ihre Desinficirung und Cultivirung auch zu lohnen, um als Erfrischungsstation und friedliche Angriffs-basis für weitere Schritte geeignet zu sein; sie muss ferner Naturproducte in so ausreichender Menge haben, dass deren Ausbeutung von vornherein lohnend wäre. Eine Insel, welche alles dieses bietet, ist einzig und allein Kar - Nikobar. Seine gewaltige Menge von Cocusnüssen gäbe gleich einer grossen Oelfabrik das nöthige Rohmaterial, seine zahlreichen Nutz-hölzer könnten in einer Sägemühle zu Brettern verschnitten oder zu Balken zugerichtet werden, das schlechtere oder junge Holz gäbe das Feuerungsmaterial für die Locomobilen oder fixen Dampfmaschinen und die Kalk - sowie Ziegelbrennöfen, auch könnten Kohlen daraus erzeugt werden. Die jetzt in ganzen Schiffsladungen verfaulenden Arekanüsse könnten gleich-falls nützliche Verwendung finden. Die Landungsstellen in der Bucht von Saui sowie an der entgegengesetzten Seite der Insel sicherten eine beständige Verbindung der Colonie mit der See zur Ein- und Ausfuhr und zur Ergänzung der Men-schenkräfte. Wäre nach und nach das ganze, ca. 3 Quadrat-meilen grosse Areal der Insel urbar gemacht und drainirt, dann genügte die Anlage von zwei, höchstens drei Forts, zur erfolgreichen Absperrung des Ganzen, und dann stünde nichts im Wege, so viel Truppen und Kriegsmaterial nach Kar-Nikobar zu schaffen, wie zur würdigen Repräsentation Nord-deutschlands in Asien nöthig erachtet würden. Bis zu diesem Augenblicke könnte unser Besitz allerdings zeitweilig unter-brochen, aber wohl nie in Frage gestellt werden, denn der

Kampf um die Colonie würde stets in Europa entschieden werden.

Hinsichtlich der den Nikobaren zuzuweisenden Rolle und des Hauptberufes ihrer künftigen Colonisten lässt sich mancher von den Dänen gegebene Fingerzeig benutzen. Die Nikobaren müssten um jeden Preis eine deutsche Bevölkerung erhalten, ohne asiatisches oder afrikanisches Proletariat. Dies lässt sich nur bewerkstelligen, wenn der Boden der Inseln nicht durch die üblichen grossen Pflanzungen, sondern im kleinen Besitz ausgenutzt wird. Zehn bis zwanzig, höchstens 30 Morgen gross dürften die einzelnen Güter nur sein. Die fast gar keine Mühe verursachende Baumkultur müsste für die Landleute die Haupterwerbsquelle werden, daneben das Aufziehen von aromatischen Früchten, welche Schatten verlangen und deren Saft gleich an Ort und Stelle zu Essenzen oder Extracten verarbeitet werden könnte etc. Als Bevölkerung der Hafenplätze würden die feineren Handwerker, wie Uhrmacher, Holzbildhauer, Tischler, Kunstdrechsler, Instrumentenmacher, Optiker und Mechaniker, Kunstschlosser, Modisten, Kleidermacher, Spielzeugfabrikanten etc. gewiss ein gutes Brod finden, denn es giebt in den asiatischen Seeplätzen und auch auf den europäischen Schiffen immer eine Unmasse kostbarer oder dort wenigstens kostspieliger Sachen, welche einer Reparatur bedürfen, die sonst nur in Europa gemacht werden kann, es werden auch die genannten Fächer immer Gelegenheit oder Veranlassung haben, neue Artikel zu erzeugen, und wenn sie hierbei Geschmack und Originalität entwickeln, überhaupt die Sucht nach Neuigkeit und Abwechselung befriedigen, dann werden sie in allen asiatischen Häfen, besonders aber in den chinesischen, stets einen offenen und lohnenden Markt finden. Die Regierung hätte vor allen Dingen ihr Augenmerk darauf zu richten, die Nikobaren zu Schiffs-Reparatur- und zu Schiffsbauplätzen zu machen, dadurch machte sie dieselben nicht blos zu ihrem Stützpunkte für die event. weitere Ausdehnung ihres Colonialreiches über Westafrika, die Sunda-Inseln und Ostasien, sondern auch zu einem Anziehungspunkte für Schiffe aller Nationen, gleichviel, ob dieselben von Europa kämen oder dorthin wollten, oder sich mit asiatischer Küstenschifffahrt beschäftigten — sie alle würden den herrlichen Nangkowry-Hafen, den sicheren Ganges- oder den Pulo-Milù-Hafen aufsuchen, um dort zu repariren, wenn sich daselbst erst Docks, Schmieden und Werfte befänden oder gar noch auf Hin- und Rückfracht zu rechnen wäre. Ohne eine so leicht bis zur Uneinnehmbarkeit zu befestigende Station, wie die Nikobaren für Norddeutschland sein könnten, hingen die auf Formosa, den Sunda-Inseln und im Stillen Ocean noch für uns zu machenden Erwerbungen geradezu in der Luft.

Was die allmälige Cultur der ganzen Inselgruppe betrifft, so dürfte diese nicht mehr schwer fallen, sobald man nur erst auf Kar-Nikobar einen festen, gegen Seuchen und feindliche Angriffe geschützten Halt gewonnen hätte. Man würde dann in der Lage sein, mit Hülfe von 3—5000 chinesischer Kulies zunächst das unmittelbar an die Ulálabucht und den Nangkowryhafen grenzende Terrain von Kamorta und Nangkowry zu roden, umzubrechen, zu drainiren und auf's Neue zu bepflanzen, die Sümpfe zuzuschütten und an den Hafeneingängen die nöthigen Erdwerke aufzuwerfen, sowie Kalk- und Ziegelbrennöfen in hinreichender Zahl zu errichten. Zu dieser nöthigsten Arbeit würden bei Anwendung so zahlreicher Kräfte vielleicht 12 Monate genügen, nach deren Ablauf man zum Errichten der steinernen Beamten- und Militär-Wohngebäude schreiten könnte, so dass nach nochmaligen Jahresverlauf die Ansiedelung für geöffnet erklärt und der allgemeinen Einwanderung zugänglich gemacht werden dürfte.

— Nach Sicherung dieser wichtigsten aller Positionen wäre
es Zeit, an die Cultur und Ausbeute der Steinkohlen führen-
den Inseln Gross- und Klein-Nikobar, sowie der Neben-
Eilande zu gehen. Das kleine, unter frischem Windzuge
liegende Pulo-Kondul könnte bei Inangriffnahme der südlichen Gruppe die Arbeiterstation hergeben.

Was die Stellung der Regierung zu den Eingeborenen
beträfe, so würde, bei dieser wohl der Geist deutscher Humanität den Ausschlag geben. Die Nikobaresen sind die
rechtmässigen, aber unzurechnungsfähigen Besitzer des Bodens.
Sie müssten in jeder Hinsicht geschützt und es müsste für
ihr leibliches wie geistiges Wohl in ausreichender Weise gesorgt werden. Die bis jetzt vorhandenen Kokuspalmen sind
ihr Eigenthum und müssen dies bleiben, wo es daher zur
Anlegung von Landungsplätzen nöthig wäre, eine Abtheilung
dieser Bäume niederzuschlagen, da müssten die Eigenthümer
hierfür in entsprechender Weise entschädigt werden. Die
Leute müssten Lehrer erhalten, zu denen sich Herrenhuter am besten eignen möchten, welchen letzteren daher
von der Regierung gerodetes Land und Wohngebäude (jedoch
als Eigenthum der Herrenhuter Gemeinde und unter Vor-
behalt des staatlichen Vorkaufsrechts!) anzuweisen wären.
Das Abschliessen von Verträgen mit den Eingeborenen dürfte
nur der Regierung gestattet sein, auch der Handel mit diesen
Leuten — wenigstens soweit es sich um Kokusnüsse handelt
— wäre zu untersagen ebenso wie die Verabfolgung von
Spirituosen oder unnützen Sachen an sie. Die von den Nikobaresen geernteten Nüsse oder sonstigen brauchbaren Producte hätte die Regierung zu den gangbaren Preisen jederzeit anzunehmen, den Werth aber in Naturalien und nur
nach genommener Rücksprache mit den Lehrern zu verabfolgen. Es müsste für jeden auf den Nikobaren zur Zeit

der Besitzergreifung vorgefundenen Eingeborenen eine gewisse Summe in das Schuldbuch der Colonie geschrieben und verzinst werden, auch für jeden der Betreffenden ein unveräusserliches Stück Land reservirt bleiben, damit ihnen die Möglichkeit bliebe, im Laufe der Zeit und der zunehmenden Civilisation eine˙ eigene Wohnstätte in der Nähe der anzulegenden Küstenplätze zu errichten. Bis dahin wären die Zinsen des einzutragenden Capitals im Interesse der Eingeborenen direct oder indirect (z. B. für die Missionsstationen) zu verwenden, die Ersparnisse aber dem Capitale zuzuschreiben. Bei milder und kluger Behandlung der Nikobaresen liesse sich mit Sicherheit erwarten, dass in nicht zu langer Zeit brauchbare Hafenarbeiter (Lastträger und Fährleute), Fischer, Boten etc. aus ihnen gemacht werden könnten und sie würden dann die Einnistung eines schwarzen oder gelben Proletariats verhindern.

Sollte je der schöne Traum einer preussischen Colonisation der Nikobaren verwirklicht werden, dann stände mit Sicherheit zu erwarten, dass auch die Katholiken ihren Antheil am Missionswerk begehrten — und derselbe dürfte ihnen nicht vorenthalten werden, denn ihr Bekenntniss ist dem unsrigen im preussischen Staate völlig gleichgestellt, und überdies haben sie ja auch, wenngleich nicht in so grossem Massstabe, wie die Protestanten, schon ihr Contingent von Märtyrern für Bekehrung der Nikobaresen gestellt*), aber so viel dürfte doch auch feststehen, dass der Staat in einer neuen Colonie das Recht hätte, beide Confessionen im Heidenbekehrungswerke auseinander zu halten und der einen diese, der andern jene Insel als Wirkungskreis anzuweisen,

---

*) Die 1711 auf Nangkowry angekommenen 4 Jesuiten starben sämmtlich am Orte ihrer Missionsthätigkeit, ebenso die beiden Jesuiten, welche sich 1841 auf Teressa niederliessen.

20*

zumal es sich bei diesem Werke hauptsächlich um Erziehung von Staatsbürgern handeln würde.

Verfasser hätte nach alter deutscher Weise, die ja immer mit dem Ei anfangen muss, den Punkt eigentlich zuerst erledigen sollen, auf den es bei einer Colonisation zunächst ankommt — nämlich den ersten Anfang derselben. Es scheint aber praktischer, wenn auch nicht systematischer, grade diesen Punkt als Schluss des Buches zu behandeln, wie nunmehr geschehen soll.

Nachdem alle Inseln, sei es mit Hülfe eines Kriegsschiffes oder eines angekauften Privatdampfers, im Namen des Königs von Preussen in Besitz genommen und mit unserer Nationalflagge versehen worden sind, werden in Pulo-Penang, Atschin oder an sonstwelchem geeigneten Platze, zunächst Balken und Bretter zur Aufführung eines provisorischen Wohnhauses für die von Europa zu erwartende Flaggenwache bestellt, desgleichen Cement und eine hinlängliche Anzahl Steine, um eine kleine Pulverkammer anlegen zu können. Gleichzeitig mit dieser Bestellung werden vorläufig 30 meist bauverständige chinesische Kulies auf ein Jahr gemiethet und zugleich mit den bestellten Sachen (zu denen auch ein hinlänglicher Vorrath von Reis, lebendem Geflügel und etwas Schlachtvieh gehörte) nach Kar-Nikobar übergeführt. Von den dortigen Nikobaresen werden 3—4 Hütten gemiethet, um die Kulies und die Reis-Vorräthe einstweilen unterbringen zu können. Zum Vermiethen der Hütten werden die Nikobaresen gegenüber den Deutschen gewiss nicht minder bereitwillig sein, wie sie dies gegenüber den Dänen bei deren „Galathea"-Expedition gewesen sind. Die Kulies haben zunächst das Haus für die Europäer dicht bei den Hütten der Eingeborenen aufzurichten, mit einer starken Bleiweissfarbe zu streichen und den darunter befindlichen Erdboden mit einer dicken Lage Mörtel auf Geröllsteinen oder Kalktrümmern zu bedecken. Den hierzu nöthigen Kalk müssen sie, in Ermangelung eines Ofens, in grossen Scheiterhaufen brennen. Dann haben sie die provisorische Pulverkammer oberirdisch aufzumauern und mit Erde, wie einen Eiskeller, zu bedecken, so dass nur ein kellerhalsartiger doppelt verschliessbarer Eingang bliebe. Dieser Bau wird mit einer hohen Palissadirung eingefasst, ebenso das Wohnhaus und der Raum, in dem sich das Schlacht- und Federvieh über Nacht aufhalten soll.

Gleich nach dem Eintreffen der zuerst bestellten Sachen und Menschenkräfte werden an den vorerwähnten Plätzen 300,000 Stück Backsteine bestellt, die etwa ein Gewicht von 1200 Tons repräsentiren und 4—5 kleine Schiffsladungen oder Ballastfrachten abgeben. Bei der Bestellung ist auszubedingen, dass die Lieferungen möglichst schnell, aber in allmälig auf einander folgenden Raten eintreffen; sollte die erste Sendung keine volle Schiffsladung bilden können, dann müsste sie durch Reis complettirt werden, auch könnten mit der ersten Sendung 10—20 Kulies eintreffen.

Haben die dreissig Kulies die oben angegebenen Arbeiten vollendet, dann hätten sie sich mit aller Kraft an die Aufführung von zwei hölzernen ·Häusern zu machen, von denen jedes 50 Kulies aufzunehmen im Stande wäre. Zu dem Auswählen und Fällen der Bäume müsste man versuchen, die Nikobaresen heranzuziehen, indem man ihnen jeden nach dem Bauplatze gelieferten Stamm (je nach Conjunctur!) hoch oder billig bezahlt. Kurz vor Vollendung dieser Hütten sind weitere Hundert, meist bauverständige Kulies anzuwerben und sofort überzuführen; die mittlerweile event. eintreffenden Steine würden vorläufig in dem freien Raume unter dem Hause der Europäer und in dem unter den Kuli-Hütten aufgesetzt, um sie gegen Regen zu schützen. Die weitere Arbeit der älteren und der jüngeren angeworbenen Kräfte hätte

ihr Wasser nur zur Kalk- und Mörtelbereitung benutzen,
späterhin könnte man dasselbe zum Kochen verwenden.
Diese Brunnen müssten vollständig bedeckt sein und dürften
nur eiserne Röhren enthalten, denn obgleich solche in heissen
Klimaten schnell angegriffen werden, können sie wenigstens
keine Fäulnissstoffe erzeugen, wie hölzerne Röhren. Vielleicht
liessen sich unter einem geräumigen, mit Glasfenstern ver-
sehenen und dicht verschliessbaren Brunnenhause auch Win-
den mit Schöpf-Eimern anbringen. Da jedes Wasser vor
dem Geniessen doch abgekocht werden muss, möchte letztere
Brunnenart als die einfachste zu empfehlen sein, obwohl sie
leichter dem Hineinfallen von gesundheitsgefährlichen Stoffen
ausgesetzt wäre.

Zu der Oelmühle würden sich, wenn sie nur erst
fertig dastände, gewiss sogleich Käufer finden, der Verkauf
würde auch die Functionen der Verwaltung nach einer Seite
hin erleichtern, andererseits jedoch viele Uebelstände im
Gefolge haben, denn auf die Besitzer der Fabrik und die
von ihnen besoldeten Leute könnte die Colonialverwaltung
unmöglich so weitgehenden und unmittelbaren Einfluss üben,
wie nöthig wäre, um eine unter misslichen Verhältnissen
beginnende Colonisation ohne störende Zwischenfälle durchzuführen, überdies hätte die Verwaltung mit der Oelmühle
dennoch beständig zu thun, da sie derselben Nüsse und
Brennmaterial, vielleicht auch Wasser zu liefern hätte. Wenn
die Colonie wirklich in vollendeter Einrichtung dastände,
müssten natürlich alle Fabrikanlagen verkauft werden, schon
deswegen, damit eine feindliche Invasion dieselben nicht als
Staatseigenthum behandeln, d. h. zerstören könnte.

Die ersten Baulichkeiten der Ansiedelung könnten nur
in der Nähe des Strandes stehen, womöglich auf dem Boden,
den zuvor Kokuspalmen eingenommen hätten, nur die Ring-
und Kalköfen, sowie die Ziegelpresse müssten da aufgestellt

werden, woselbst das von ihnen zu verarbeitende Material und klein geschlagenes Brennholz am nächsten zur Hand wäre. Seitwärts hinter dem Etablissement müssten die Holzhauer 2—3 Ruthen breite Wege durch den Urwald in der Richtung nach der Mitte der Insel zu hauen. Von der Mitte aus hätte dann die Rodung weiter um sich zu greifen, damit die aus dem blossgelegten und aufzureissenden Boden empor-steigenden Dünste nicht unmittelbar über das Etablissement, sondern östlich und westlich vorbei nach dem Meere geweht oder in der Waldbarrière zum Stehen gebracht und absorbirt würden. Ein ziemlich breiter Landgürtel müsste überdies zwischen dem urbar gemachten Lande und dem Etablissement ausgespart werden, wenn derselbe auch in sich da und dort gelichtet würde, um sich unter den Sonnenstrahlen nach und nach zu desinficiren. In der trockenen Jahreszeit müssten die gerodeten Flächen morgenweise mit Hülfe des Holzabfalles abgesengt werden, weil dies Verfahren sehr wirksam desin-ficirt und Insectenbrut zerstört, dann wären sie mit Gewächsen zu bepflanzen, welche die trocknere Zeit vertragen können, während der nassen Jahreszeit wäre hingegen Mais oder Hochlandsreis sofort dem umgepflügten Boden anzuvertrauen. Auch da, wo wegen Abführung eines Nutzholzbaumes im Walde eine Fläche von einigen Quadratruthen entblösst würde, müsste sofort für Bedeckung des Bodens mit Pflanzen gesorgt werden.

Hinsichtlich des Arbeitswerthes der Kulikräfte lässt sich nach angestellten Berechnungen von Sachkennern behaupten, dass 100 chinesische Kulies etwa so viel Lohn und Unter-haltungskosten erfordern, wie 60 europäische Arbeiter bean-spruchen würden, ihre Leistungen aber nur denen von 45—50 Europäern gleichkommen. Die zum ersten Coloni-sationsversuche gewünschten 300 Kulies entsprächen demnach nur 135—150 europäischen Arbeitern, und sollten sie dies

wirklich thun, dann müssten nicht bloss die Mannschaften
der Flaggenwache beständig in der Nähe der vorzunehmen-
den Arbeiten verweilen, sondern auch mindestens 25 sachverständige Europäer die Arbeiten leiten. Es wären nöthig
1 Maurermeister, 3 bis 4 Maurer- resp. Zimmerpolirer, 8
Maschinenmeister, 12 Werkführer zur Oel- und Schneidemühle, zur Ziegelpresse sowie zum Ring- und Kalkofen.

Die Vertheilung der asiatischen Arbeitskräfte denkt sich
Verfasser folgendermassen: 10 Mann zur unmittelbaren Be-
dienung des Ringofens, 20 Mann für die Ziegelpresse und
zum Thonkarren, 10 für die Schneidemühle nebst Locomobile, 5 Mann für den Kalkofen, 5 Mann zum Kalkbrechen
resp. Sammeln, 50 Mann zum Holzfällen und Holzspalten,
10 Mann für das Fuhrwerk, 15 Lastträger, 25 Erdarbeiter,
25 Kalklöscher und Handlanger beim Bauen, 100 Bauhand-
werker, 5 Viehwärter, 15 Mann zur unmittelbaren Bedie-
nung der Flaggenwache und europäischen Handwerker, d. h.
zum Waschen, Scheuern, Kehren, Wasserdestilliren und Unterhalten der nöthigen Koch- und Destillirfeuer. Am Hafen
müsste man sich von Nikobaresen helfen lassen, die auch
Botendienste übernehmen würden. Von der Summe obiger
Arbeitskräfte wären dann noch die asiatischen K ö c h e für
jede Abtheilung abzuziehen — sie müssten in der Nähe der
Arbeitsstätten auf Feldherden kochen ; Wasser, sowie Fleisch
und Gemüse, unter Umständen auch Brennholz, würde ihnen
zur bestimmten Stunde durch Wagen oder Lastträger an
Ort und Stelle geliefert. Die Viehwärter müssten zugleich
Fleischerdienste verrichten, aber nur für die Kulies; für die
Europäer hingegen müsste ein europäischer Fleischer zum
Schlachten des Gross- und Kleinviehs angenommen werden;
bliebe ihm Zeit übrig, so könnte er das Schlachten für die
Kulies beaufsichtigen, das Abwiegen des Fleisches wäre auch
jedenfalls dort seine Sache.

Die Arbeitsvertheilung unter den Europäern könnte folgende sein: Der Zahlmeister, 2 Unteroffiziere und 10 Mann sind beständig in dem umfriedigten Raume, welcher das europäische Wohnhaus, den Flaggenstock und die Geschütz-stände einschliesst; 1 Unteroffizier und 5 Mann halten wirklich Wache, während 1 Unteroffizier und die übrigen 5 Mann im Wohngebäude dienstfrei ruhen und nur in wirklich dringenden Fällen zur Mitbetheiligung am Wacht- oder sonstigen Dienste herangezogen werden können. Der Rechnungsführer müsste den Director in seiner Abwesenheit nöthigenfalls vertreten, d. h. nur in den Fällen, in welchen es sich nicht um Anwendung von Gewalt gegen fremde Europäer handelte. Seine Sache wäre u. A. die Entgegennahme und Revision von Schiffspapieren, überhaupt der Schreiberdienst der Colonialverwaltung; zu seiner beständigen Verfügung wäre der Colonial-Schreiber oder bei dessen Erkrankung ein zum Geschäfte brauchbarer Combattant. — Ein Unteroffizier hätte das Proviantmeisteramt zu verwalten, wobei ihn 2 Gemeine unterstützten. Die letzteren könnten diesen Dienst entweder beständig oder mit zweiwöchentlicher Ablösung versehen; erstere Weise würde sich jedoch am meisten empfehlen. Der Proviantmeister hätte aus den Vorräthen jeden Morgen die vorgeschriebenen, resp. geforderten Quantitäten an die europäische Küche, an die Arbeiterabtheilungen event. an das Lazareth zu verabfolgen. Ein Unteroffizier und 1 Gemeiner, denen zwei Kulies zur Verfügung ständen, hätten die Wäsche und Kleidung, deren Abgabe an das Waschhaus und Wiederentgegennahme zu beaufsichtigen. Ein Gemeiner hätte die Hauspolizei in Bezug auf das Reinlichkeitswesen, 2 andere die Vermittelung mit der Küche zu übernehmen. — Zwei Unteroffiziere und 6 Mann hätten den Patrouillendienst zu verrichten und zwar die eine Hälfte des Vormittags und die andere Hälfte des Nachmittags. Die übrigen Unteroffiziere und Soldaten hätten bei den Arbeiten Aufseherdienste zu thun und zwar ebenfalls mit Ablösung nach zurückgelegter Tageshälfte. Diejenigen, für welche sich keine derartige Verwendung findet, exerciren unter kühlem, bedecktem Raume mit den Handfeuerwaffen oder Geschützen bez. sie machen eine Schiessübung. Einmal im Monat müsste übrigens jeder Combattant zum Exerciren und Schiessen nach dem Ziel herangezogen werden, selbst wenn deswegen eine Abtheilung Kulies einen Ruhetag erhalten sollte. Selbstverständlich wären die Wachmannschaften bei allen Dienstverrichtungen zu schonen, indem strenge darauf gehalten werden müsste, dass die Leute bei ihren Gängen von und zum Hause sich nie den Sonnenstrahlen aussetzen, sondern lieber Umwege machten, um im Schatten zu gehen; auch müsste ein Sonnenzelt mit doppeltem, wasserdichtem Leinwanddach stets da aufgeschlagen werden, wo sie Posten zu stehen hätten. Auch zwischen den einzelnen Gebäuden müssten bedeckte Verbindungswege, Anfangs aus Holz und Bambus, später aus gemauerten Pfeilern und Ziegeldächern angelegt werden, um unnöthiges Blossstellen an die Sonnenstrahlen zu vermeiden.

Hinsichtlich der Speisung wäre unnachsichtlich darauf zu halten, dass die zum Dienstpersonal der Colonie gehörigen Europäer (d. h. Alle, ohne Ausnahme) an gemeinsamer Tafel speisten, denn nur so liessen sich die peinlichen diätetischen und Reinlichkeitsvorschriften, die dort zur Erhaltung der Gesundheit nöthig sind, genau beobachten. Bei Einnahme von Frühstück und Abendbrod stände der gemeinsamen Speisung nichts im Wege, misslicher wäre die Sache beim Mittagbrod, da Wachen und Beamte, welche Sachen zu beaufsichtigen haben, ihren Posten nicht ohne Ablösung verlassen dürften. Mehr wie dreiviertel aller Europäer würden dennoch der ersten und der kleine Rest dann der zweiten Speisung beiwohnen können. Vor Einnahme der Mahlzeit wäre, wie schon angedeutet, eine Reinigung der Hände, des Gesichts und des Mundes sowie ein Wechsel der Kleidung vorzunehmen. Bei der Speisung der Kuli-Abtheilungen müsste man sich freilich damit begnügen, die Leute zum Waschen der Hände und des Gesichts zu zwingen, obwohl der Wassertransport oftmals viele Schwierigkeiten bieten mag; vielleicht ergiebt es sich in der Praxis, dass man diese Leute auch zum Kleiderwechsel vor der Mahlzeit nöthigen kann — man müsste ihnen die dazu nöthigen Garderoben aufdringen und deren Kosten vom Lohn abziehen.

Humanität und Nützlichkeitsgründe geböten, auch den Kulies die sorgsamste Gesundheitspflege angedeihen zu lassen. Kranke Kulies kosten so gut Lohn wie gesunde, sie arbeiten jedoch nicht und sind Anderen zur Last. Massen-Erkrankungen könnten sogar das ganze Unternehmen in's Stocken bringen und ziemlich häufige Krankheitsfälle genügten, um die Arbeitsberechnungen zu durchkreuzen. Es würde daher nöthig sein, auch den Kulies jeden Morgen eine halbe Stunde vor dem Frühstück eine Dosis Chinin einzugeben, desgleichen dafür zu sorgen, dass ihnen zum Getränk stets destillirtes Wasser verabreicht werden könnte, und nicht zu dulden, dass sie sich eigenmächtig Speisen verschafften.

Die Ausrüstung der Ansiedelung mit allen Erfordernissen hätte von Deutschland aus zu erfolgen, und es könnten die betreffenden Einkäufe in dem Augenblicke angeordnet werden, da die Nachricht von der erfolgten Besitznahme der Inseln in Berlin einträfe. Zu dieser ersten Ausstattung würden gehören: 1 Apotheke mit Arzneimittelvorrath für 500 Mann auf 1 Jahr, unter Annahme der stärksten Benutzung. Bureau-Einrichtung für die Colonialverwaltung, wobei 3 feuerfeste grosse Schränke, und eine kaufmännische Bureau-Einrichtung für die anzulegenden Fabriken, wobei

3 kleinere feuerfeste Schränke. 50 Kasten von je 15 Kubikfuss Raum, mit gusseisernen bronzirten Böden, Wänden und Deckeln von grünem, gebuckeltem Glase, in gusseisernen Gestellen verkittet, zur Aufbewahrung von 2400 baumwollenen und halbwollenen Hemden, eben so vielen Hosen und Strumpfpaaren, 300 Zeugschuhen mit Ledersohlen, den nöthigen Tischdecken, Servietten, Handtüchern, Taschentüchern, Baumwollen- und Halbwollen-Vorräthen sowie Strohhüten. (Eisen und Glas ist das einzige, welches gegen Termiten Sicherheit giebt, deshalb müssten auch für den Papier-, Tabacks- und Cigarrenvorrath der Mannschaft derartige Kasten angeschafft werden.) 10,000 Quadratfuss stärkste Segel-Leinwand zu Zelten etc. und doppelt so viel Gaze zu Muskitonetzen. 160 zusammenlegbare eiserne Bettstellen mit Spiralfederböden, 400 Matratzen und 1500 wollene Decken. (Es werden hiervon ca. 80 Bettstellen für die Lazarethe gedacht, die übrigen für die alltägliche Benutzung der Europäer, die Matratzen hingegen für Europäer und Asiaten, ebenso die Decken, welche nach einmaligem Gebrauche gewaschen werden müssten und deshalb einer starken Abnutzung unterlägen.) 240 Ellen Wachsleinwand, 30 luftdicht schliessende Closets, Lazareth- und Nachtgeschirre in hinreichender Anzahl, sowie einige Krankenkörbe. 10 kupferne Waschkessel zu je 400 Quart. Eine vollständige Kücheneinrichtung mit 4 Kochmaschinen und Tafelgeschirr für 100 Europäer sowie 400 blecherne verzinnte Speisenäpfe und eben so viele Trinkgeschirre für die Kulies. Wasser- und Butterkühlapparate aus Sidrolithcomposition für die Europäer. 20 kupferne, stark verzinnte Kochkessel von 20 bis 50 Quart für die Kulies. 1 Seifen-Kochapparat. 1 grosser und 1 kleinerer Wasser-Destillirapparat. 30 Lampen mit Reserve-Glastheilen, 6 transportable Laternen für den gewöhnlichen Gebrauch, 6 Signallaternen mit farbigen Gläsern und 6 Hoflaternen auf gusseisernen Ständern;

zu allen Lichtspendern ein Reservevorrath von Glas. 200 zusammenlegbare Stühle, 14 grosse Speisetische und 16 kleinere Tische, womöglich auf eisernen Beinen, 1 Bibliothek mit den nöthigsten technischen Werken und Nachschlagebüchern in 2 Schränken von Eisen und Glas. 20 Ruhebänke von Gusseisen, mit aufzurollenden Polstern. 10 Schränke von Glas und Eisen zum einstweiligen oder beständigen Aufbewahren solcher Sachen, deren Umherliegen Insectenfrass oder Einschleppen dieser Thiere verursachen könnte. 10 derartige Schränke zum Aufbewahren der Waffen. (Alle Möbel von Glas und Eisen könnten wegen des bequemeren Transports zerlegbar sein.) 40 gusseiserne Kasten von verschiedener Grösse für die Munition, 2 Sonnenuhren, Fernröhre, Messapparate und 2 Chronometer für die Colonialverwaltung. 6 grosse Decimalwaagen. 2 grosse und 1 kleinere Feuerspritze; alle drei mit Saugwerken. 1 Centrifugalpumpe. Eine Anzahl grosser, gut gestrichener Fässer. 1 Schmiede-, 1 Tischler- und 1 Böttchereinrichtung für je 4—6 Mann. Bau-Handwerkszeug für 150 Mann, Sägen, Aexte und Beile für 100 Mann. Ackergeräthe, Schaufeln und Spaten in hinreichender Anzahl. Die vollständige Einrichtung einer Oelmühle mit einer Dampfmaschine von 20 Pferdekraft; eine vollständige Schneidemühle nebst Holzspalte-Maschine und Dampfmaschine von 30 Pferdekraft, 1 Ziegelpresse nebst Locomobile von 15 Pferdekraft, 1 Locomobile von 10 und 1 von 6 Pferdekraft. 1 Bohrmaschine (Drehbank). 5 starke Kastenwagen, 5 Blockwagen, 5 Leiterwagen, 4 Wagenkarren, 2 Dutzend Schiebekarren mit Kasten, 1 Dutzend ohne Kasten, Reserveräder für alle Fahrzeuge in hinreichender Menge und die nöthigen Pferdegeschirre in Juchten. 2 Brunnen-Bohr-Apparate, 1 grosser und 1 kleiner eiserner Krahn. 1 Erdwinde, 3 Wagenwinden, einige Flaschenzüge, ca. 1000 Fuss Stricke und Taue, einige Hundert Fuss Ketten, Stechschlösser

und Vorlegeschlösser, ein Vorrath Portlandcement zum Herstellen von hydraulischem Kalk. — Diese sämmtlichen Sachen
und die europäischen Handwerker könnten 2 mittelgrosse
Dampfer mit Segeleinrichtung in 4 Monaten von Hamburg
nach den Nikobaren schaffen, und rechnet man 3 Monate
für das Herstellen und Zusammenbringen aller Gegenstände,
dann vergingen im Ganzen 7 Monate bis zum Eintreffen der
Sendung auf der Colonie und bis dahin würde daselbst so
viel vorgearbeitet worden sein, als nöthig wäre, um die kost-
baren Dinge gleich in Gebrauch nehmen zu können.

Ehe diese Ausrüstung der Colonie einträfe, würde der
provisorische oder wirkliche Director derselben viel Noth mit
der ordnungsmässigen Verpflegung der schon angeworbenen
Kulies haben. So lange der Dampfer im Hafen läge, könnte
dieser vielleicht die hinreichende Menge Trinkwasser destil-
liren oder doch abkochen, ein Theil seines Kochgeschirrs
könnte möglicherweise auch ans Land gebracht werden, ginge
dies aber nicht an, dann müsste beim Miethen eines Arbeiter-
trupps auch gleich das zu dessen Speisung und Reinlichkeit
nöthige Geschirr angekauft werden, wodurch dem Unternehmen
viele Kosten nebenher erwachsen würden. Auch die Apotheke
würde während der Zeit erheblich theurer zu stehen kommen,
da sie vermuthlich stärkeren Zuspruch erhielte, wie jemals
später, und das in den britisch-indischen Häfen gekaufte
Chinin viel theurer ist, wie das über Europa bezogene.

Es soll allerdings beim Colonisiren kein Geld verschwendet werden, wo es aber darauf ankommt, einen
Vorsprung zu gewinnen oder Menschenleben zu sparen, da
darf die Ersparniss von Geld erst in zweiter Reihe oder
besser, gar nicht, in Betracht kommen. Nimmt der
preussische Staat die Colonisirung der Nikobaren in die
Hand, dann muss er sich auch darauf gefasst machen, im

ersten Jahre des Unternehmens eine halbe Million Thaler daran zu setzen, und wenn er für diese Summe nichts weiter erreicht, als das Fussfassen auf einer der Inseln, dann hat er ein gutes Geschäft gemacht — eine kleinliche Profitrechnung darf nicht als Massstab für das Gelingen aufgestellt werden, deshalb ist auch der Hinweis unstatthaft, dass der Staat für die angelegte Summe ein paar Transportdampfer, einige Baulichkeiten zum Werthe von vielleicht 100,000 Thlr., einige Fabriken und, je nach Umständen 50 oder 100 Morgen gerodetes Land zum Verkaufswerthe von 5000 oder 10,000 Thlrn. erhält. Es wäre viel wichtiger, wenn am Ende des ersten Colonialjahres der Director resp. Verwalter nach Berlin melden könnte: „Der Gesundheitszustand der Colonie war ein vortrefflicher, von den 90 Europäern ist kein einziger, von den 300 Asiaten sind nur 2 Procent gestorben, die klimatischen Krankheitsfälle traten fast immer milde auf."

Und es würde alles gut gehen, wenn der Staat zur Ausführung des Unternehmens nur die rechten, für die Sache begeisterten Werkzeuge wählte, wie sich nicht anders erwarten lässt. In den Reihen des preussischen Beamten- und Kriegerstandes mangelt es nicht an Männern, welche freiwillig bereit wären, zur Ehre unserer Flagge und unseres Vaterlandes den ruhmlosen Kampf mit einem gefährlichen Klima fern von der theuren Heimath und getrennt von ihren Lieben aufzunehmen und Leben oder Gesundheit dabei aufs Spiel zu setzen, wenn ihnen nur eine Aufforderung dazu würde.

Möchte doch ein solcher Ruf bald durch das Land ergehen!

Verzeichniss

der bei Ausarbeitung dieses Buches hauptsächlich benutzten Quellen.

Bidrag eller Udkast til Frederiks-Öernes eller de Nikobarske Öers, Indbyggeres, Producters o. s. v. Beskrivelse, ved N. C. E. Möller, Capitain af Infanteriet og Resident i Ostindien. Kjöbenhavn 1799.

De nicobariske Öers närvärende Tilstand samt Nytten for den danske Handel at befolke samme. Tilegnet Statens Handelsmänd af B. Prahl. Kjöbenhavn 1804.

Letters on the Nicobar islands etc. Adressed by the Rev. J. Gottfried Hänsel, the only surviving missionary, to the Rev. C. J. Latrobe. London 1812.

Uebersicht der Missionsgeschichte der Herrenhuter etc. II. Theil. J. R. Römer. Meissen 1834.

Erindringer fra mit Ophold paa de Nikobarske Öer, med en kort Skildring af Öernes naturlige Beskaffenhed, og deres Indbyggeres Eiendommelighed, af D. Rosen, forhenvärende Missionär i Ostindien og fleeraarig Opsynsmand over den Nikobarske Colonie. Kjöbenhavn 1839.

H. Busch's Journal of a cruise amongst the Nicobar Islands. Calcutta 1845. (In's Dänische übersetzt im Nyt Archiv for Söväsenet No. 2, 1846, Kopenhagen.)

Uddrag af de paa Nicobar-Öerne i Foraaret 1846 anstillede Undersögelser. (Nebst einem Anhange von Kamphövener, Kjellerup, Didrichsen und Nopitsch.) Kjöbenhavn. 1846.

Die Nikobarischen Inseln. Eine geographische Skizze, mit specieller Berücksichtigung der Geognosie von Dr. phil. H. Rink, Naturforscher der Expedition mit der Königl. dänischen Corvette „Galathea". Kopenhagen 1847.

Steen Bille's Bericht über die Reise der Corvette „Galathea" um die Welt in den Jahren 1845, 46 und 47. I. Theil. (Deutsch und Dänisch, letztere Ausgabe jedoch die reichhaltigere. Die deutsche Uebersetzung ist von W. v. Rosen.) Kopenhagen und Leipzig 1852.

Der Brüder-Bote. Redigirt von J. R. Römer in Herrnhut. 1. und 2. Heft, 1862. Bautzen.

Wochenschrift „Das Ausland". Redigirt von Dr. O. F. Peschel. Augsburg. (Die Jahrgänge 1859 — 1867, vornehmlich die Originalbriefe aus tropischen Plätzen.)

Die Krankheiten in der Marine. Geographisch und statistisch nach den Reports on the health of the royal navy dargestellt von C. Friedel, M. D. und Stabsarzt in der Kgl. preuss. Marine. Berlin 1866.

Pharmazeutische Waarenkunde von Dr. Otto Berg, Professor an der Universität zu Berlin. Berlin 1863.

Irrthümer.

Auf der Karte vom Nangkowryhafen lies 17 statt 1 Faden Tiefe bei Frederikshavn; auf der von Kar-Nikobar ist die Höhe bei Arrow und Moose zu hoch und steil gezeichnet.

Berliner Associations-Buchdruckerei (Urbat & Genossen)
Commandanten-Strasse 65.